U0543589

尼阳尼雅·那丹珠（白玉芳）著

生命·生命

中国海洋萨满女神系列丛书

上海社会科学院出版社

谨以本书化为最虔诚的感恩，敬献给为保护、记录、整理满族海洋萨满女神文化而真诚无私、默默奉献的满族氏族萨满和各民族学者。

——尼阳尼雅·那丹珠（白玉芳）

序一

萨满，传递生命和文明的智者

田兆元

作为人类最古老的口头与非物质文化遗产，萨满文化是一种世界性的原始宗教文化。在国际学术界，萨满文化研究已经成为一门独立的学科，经历了近二百年的历史，形成了若干学派和研究中心。而今，上海作为国际知名的大都市，也迎来了由一位中国满族作家白玉芳历10多年在东北、华北、华东、西南等地进行田野调查、文化考察和实践而撰写的"中国海洋萨满女神系列"丛书隆重出版。

认识白玉芳女士源于网络，2000年她通过电话找到我，请我为她即将出版的第一部长篇小说《秋霄落雁女儿情》在历史方面把关，在阅读了她的作品后，我为她神奇的部族身份和文化现象而惊讶，开始了对她的关注。10多年来，见证了她辛勤艰苦的田野和文化考察，见证了她孜孜不倦的学习和创作，见证了她由一位上海通信业的从业人员，成长为一位中国作家、一位中国海洋萨满女神文化研究专家、一位中国通信史专家。她常说感谢各兄弟民族学者和同胞的支持和帮助，实际上，我们知道，她是以自己的人格魅力和坚韧的毅力，以她独到的文化眼光和对中国海洋萨满女神文化的深入研究，完成了个人的成长和对中国满族及少数民族文化的贡献。如在文学创作上，中国现代文学馆馆长舒乙先生评价她的长篇小说"填补了满族文学的空白，丰富了少数民族文学宝库"。在萨满文化研究上，国际萨满学会副主席白庚胜先生评价她的著作"以文学语言诠释萨满学术论点，以历史资料和现代影像为素材，展现了满族漫长族群史及与各民族融合的历史，可谓是中国萨满文化研究乃至国际萨满文化学研究的新成果"。国家民族学长江学者，现任国际萨满学会副主席纳日碧力戈评价她的著作"为彰显中国的多元文化，为续地天通，作出了重要贡献"。

"中国海洋萨满女神系列丛书"，全书四卷，100多万字，近2000张图片，图文并茂地记录了满族旧石器时代母系氏族社会历史。作为长期研究神话学、民俗学的我来看，一个民族的历史、民俗、传说皆由氏族的生命体来传承，只是其人群大，就范围广泛，人群小，就集中在局部区域，但是不论大小，都是生命的记忆，这

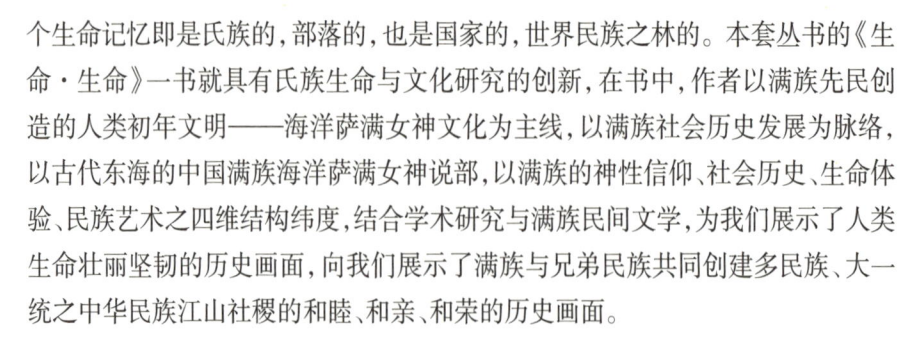

个生命记忆即是氏族的、部落的，也是国家的，世界民族之林的。本套丛书的《生命·生命》一书就具有氏族生命与文化研究的创新，在书中，作者以满族先民创造的人类初年文明——海洋萨满女神文化为主线，以满族社会历史发展为脉络，以古代东海的中国满族海洋萨满女神说部，以满族的神性信仰、社会历史、生命体验、民族艺术之四维结构纬度，结合学术研究与满族民间文学，为我们展示了人类生命壮丽坚韧的历史画面，向我们展示了满族与兄弟民族共同创建多民族、大一统之中华民族江山社稷的和睦、和亲、和荣的历史画面。

在《生命·生命》一书中，我还看到了这些色彩斑斓的多元生命文化画面，白玉芳以满族的萨满祭祀之源，连接满族部落氏族的居住地、姓氏、迁徙史、社会历史、文化进化、文化名人、满族文化传承人等元素进行创作，使得本套丛书中，既有满族信奉的海洋萨满女神和古老的族源，又有满族萨满祭祀和世传萨满文物的展示；既有满族众多古老部落的形成，又有中国封建社会历史上满族建立渤海、金、大金、清的进程；既有人类狩猎时代满族先民的生存状况，又有如今满族民众在聚居和散居地与各兄弟民族和睦相亲的文化表述；既有对满族古代萨满文化符号之谜的破解，又有现代萨满文化在民族文化活动中的展现，以满族先民海洋萨满女神文化起源和传承，丰实了中华民族的海洋文化。

白玉芳的这种文化探索和学术研究，具有传承、开拓、创新的个性，正如吉林省民间文艺家协会主席曹保明先生评价的：白玉芳从海洋文化内涵去探研满族萨满传承的说部文化内涵，会使我们走入说部的本真文化结构，从而放弃了单一看待一个民族一种文化的行为和习惯，这往往会让人从多视角、多侧面地来对待一种文化，认知一种文化，开创了一个全新的中国海洋萨满女神研究的文化局面。山东大学一级教授刘铁梁评价她：上海满族女作家白玉芳的书写，实际上成了一种文化资源的积累，对于当代城市而言，是难能可贵的文化精神。上海的作家提供了一个榜样，那就是自我的努力。

中国有一句古语"一分耕耘，一分收获"，白玉芳创作"中国海洋萨满女神丛书"的文学创作和学术研究之路，说明了作者深入实际，进行田野调查，获取原始资料和心得，才能收获丰收的喜悦，这是在我们学术研究中应该大力提倡的文风。她的精神值得我们敬佩和学习。

是为序。

2015年夏于樱桃河畔

（作者为华东师范大学社会发展学院副院长）

序二

跋涉在寻找生命灵魂之路

田 泥

中国文学的地域版图,是由中国各个民族的文学所共同构成。

每个民族作家的文学创作,包含着其自身民族的发展历史、社会结构形态、生活习俗、生产方式、民族性格以及地域自然环境等方面的影响,它们最终构成了这个民族所特有的民族精神和民族文化形态,也很自然地就成为民族作家所拥有的独特性文学基因。尼阳尼雅·那丹珠(白玉芳)女士就是这样的一个满族作家,有所不同的是,从踏入文学创作之路,她的写作就呈现了文化的多元性,即有北方地域性的满族文化,又有南方地域性的壮、苗、瑶、侗等多民族文化,还有华东地区满汉融合文化。2001年,她的第一部长篇小说《秋霄落雁女儿情》就广为民族文化界学者赞赏:通过满族普通民众的生活去记录历史,这是对历史的重新塑立。

2002年的春天,在由中国社会科学院民族文学研究所、上海社会科学院上海研究中心联合举办的"中国当代少数民族文学发展暨《秋霄落雁女儿情》研讨会"上,我认识了尼阳尼雅·那丹珠(白玉芳)女士,作为一名女性文学研究者,我被其书中激情、素朴、原始意味的叙事方式所吸引,在会上,我评论她的作品是诠释了"女性孕育了整个人类,也孕育了整个民族,孕育了整个社会历史,女性生命具有坚韧与不羁性,更具有永恒性。自然、追求、切近民间寻找女性的存在有其积极的意义。"

研讨会以后,白玉芳的文学创作没有停步,她以文学创作+学术研究的独特思维彰显了自己的书写能力,跋涉在寻找满族生命灵魂的文学创作之路上。历10多年的田野调查、民间采风和艰辛笔耕,她终于完成既有世界性的海洋萨满女神文化,又有满族先民原始文化,还有现代民族文化交往、交流、交融文化的"中国海洋萨满女神系列丛书"的创作,并荣幸地由鼎力支持中国少数民族文学创作的上海社科院出版社出版。一套四本书,皆为经典之作,作为一个女性文学研究者,我非常看重的是《生命·生命》一书,它给了我一个全新的阅读质感——仿佛沿着鄂霍次克海与作家一起前行，寻找人类初年满通古斯语族（满族）先民氏族的生命灵魂……

我认为很难把《生命·生命》一书定位在某一种类别上。首先它是文学的民族志。在本书中，作家以氏族萨满世代传承的满族说部，将散落于民间的萨满文化、历史记载和研究著作中的满族说部、神词、神歌、神舞、祭祷仪式等对海洋萨满女神的崇拜与满族先民的族源的生命、迁徙的生命、渔猎的生命以及世间万物的生命结合在一起，体现了满族氏族生命的繁衍生息、氏族绵延、思想意识、社会科学、语言文字、文学艺术等生命灵魂的形成和发展。作家也因此而成为一个在文学与史学间跨界书写的作家，这在中国作家中，亦为不可或缺。

我们还可以说，《生命·生命》是一本人文的满族氏族族谱。在本书中，作家以满族人汉姓中所含满族老姓的历史与名人，连接满族氏族史、中国封建社会历史、现代民族文化史，使作品具备了文学创作与口传历史、民间文学、社会历史结合，满族与多民族文化结合，北方民族与南方民族文化结合的新民族文学元素，为我们呈现了一条流淌在中华民族多元文化中的氏族嬗变之河，族群生命灵魂之河。

我们还可以说，《生命·生命》是一本寻求民族精神贴近的民族心理认同之作。这也是尼阳尼雅·那丹珠（白玉芳）在文学创作中的精神内核。作家承接了满族萨满纯真朴实、平等惠世的人文关怀心灵，她笔下的字句既是文学的，又是史实的，涉及地域广阔、民族文化多元，既歌颂了满族先民部族的古老历史，为我们描绘了一幅色彩斑斓的人类社会初年文明景象，也赞扬了兄弟民族文化的悠久与绵长，为我们点染了一幅中华民族共有精神家园的美丽景致。

在当下物欲至上的社会里，我为作者的文学生命本质之坚守和出版社的文化生命眼光而钦佩："中国海洋萨满女神系列丛书"之《生命·生命》是中国女性文学，也是世界部族女性作家寻根文学的典范之作，让我们看到了作者在中国多元民族文化的抢救、重构中作出的贡献，她求真、务实的创作精神，更让我们为之敬佩：文学的生命灵魂，因跋涉之路而奉献真实；文学的生命灵魂，因海纳百川而璀璨。

是为序。

2015年12月15日于北京
（作者为中国社会科学院文学研究所现当代文学博士）

丛书引言

中国海洋萨满女神壮哉、美哉！

在世界地图上，有一片蔚蓝的海域——鄂霍次克海，她也叫通古斯海。中华民族大家庭的一员，远古满通古斯族之一的满族先民，就生活在她东面的堪察加半岛，因此，称她为东海。她是满族先民敬崇的海洋萨满创世女神诞生的地方，是德立格恩嘟哩赫赫（东海女神）诞生的地方。满族先民——东海女真萨满以海鹅、海狮、海豹、海狗、海鱼骨、鲸鱼、长须鲸，搭起神坛，敲响鱼皮神鼓，唱起祭海神歌，率族众敬崇母亲海：东海，妈妈的海，东海，生命的海，东海，丰饶的海，东海，不息的海。一代一代又一代在这连接欧亚大陆的海岸线上镶嵌了一串生命的东珠，以渔猎时代的生存繁衍，开创建立了人类始前文明——海洋萨满女神文化。

世界上的水是相连的，浩瀚的东海日夜奔腾，连接着北美、北欧以及环亚太平洋地区的江河湖海。远古人类渔猎初年，满族先民东海女真人因学会了使用火而与野兽揖别，开创了人类第一大文明——火文明，他们颂唱着人类初年文明的神歌："我的神歌神话啊，它来自东海堪察阿林火山的最低层；它发自东海堪察阿林火山地母神的心底。"在氏族女萨满的带领下，裂石分支，箭环（扳指）为记，在海岛、海浪、海鸟、海兽女神的佑护下，在海上太阳、月亮，海上双马女神奥都妈妈恩赐的光明下，乘上用鹿筋扎起的大木排，摇着漕船浮海而渡，唱着"鄂啰啰，鄂依啰啰"的萨满神歌，开启了人类航海的行程，进入到逐水草迁徙时代。一路前行的先民，从堪察加半岛出发，向北、向东、向西、向南出发，生命的足迹印在北欧、北美、东北亚、环亚太平洋区域浩瀚海洋的火山、冰海之中的海涛、海汐、海峰、海岛上的篝火之光亮中；印在了白令海峡、鞑靼海峡的海汊、海谷、海礁中；印在了广袤的贝加尔湖、库页岛，黑龙江、乌苏里江、松花江、兴凯湖、牡丹江等流域以及渤海海域中；他们最初的氏族是以鹰母呼噜坤命名为鹅鹮（肃慎），尔后，氏族嬗变如星星般遍布黑水白山，氏族部落的称谓以鹰、虎、狼、鱼、犬、鹿、马、山、河等大自然生物圈的万物而命名。最大的部落是东海窝集部，最初的女罕王为爱坤沙德。

698—926年，满族先民——粟末靺鞨崛起，建立震国。713年，唐玄宗册封大祚荣为"渤海郡王"并加授忽汗州都督，始以"渤海"为号震世。762年，唐朝诏令将渤海升格为国，因此，渤海国成为中国社会纪年史上第一个以海洋文化命名的区域政权年号，并因其管辖的渤海海域特有的海洋文化印记而史称"海东盛国"。尔后200多年的时间里，渤海国承满族先民东海女真之海洋文化（如果以新开河出土文物论证，为6600年以前），派出使者渡海为唐朝与日本建立了联系，将满族先民的东海文化输入日本。以历年带领黑水靺鞨部落首领朝唐之路，接受了中原文化，也将东海满族先民的海洋女神文化圣物——鲸鲵鱼睛、海豹皮、鱼牙绸、朝霞绸、乾文鱼等带到了中原，正如唐代大诗人李白曾赞颂出现在唐皇宫殿里的海洋萨满女神象征万鹰之神——海东青那样，"翩翩舞广袖，似鸟海东来"，原发于满通古斯语族先民的海洋文化、渔猎文化、森林文化、草原文化与中原文化相连，开创建立了中华民族文化的广泛交往、交流、交融之路。更为重要的是，由此中国社会记年史，奠定了中国东北是满族的世居地，东北是中华民族领土的历史定论。原发于满族先民的海洋萨满女神文化，随着渤海国的归属，也成为属于中华民族的、历史悠久的人类初年之海洋文化。

1115年，金崛起，宋金使者往来于海上，南北方文化在战火中虽金戈铁马，却也文化交融，一首杭州岳庙墙上的"满江红"，一座依兰的五国头城，一南一北地述说着曾经的金宋之战、金宋议和、宋帝北迁，述说着北方人类初年海洋文化与南方海洋文化交融的新篇。

1616年，人类大航海时代中的女真族各部统一于清王朝奠基人努尔哈赤旗下。1635年，皇太极立大清国，以古女真语"满洲"为"海洋、海浪、海洋女神、曼珠（妙吉祥）"之意定族名为满洲族。1644年，清王朝入关，由满族先民东海窝集国敬崇的鹰神、江河湖海神、日月星辰神、山岭动植物神、部落英雄神等女神进入紫禁城皇后的宫殿里，与观音、菩萨、关帝、蒙古神一起，受到皇帝皇后、亲王贝勒、福晋格格、八旗大臣，满洲、蒙古、汉军八旗将士的虔诚尊崇和祭祀。从此，在金水河畔的太和殿里，大清皇帝身着绣有海水江崖、龙腾寰宇之海洋文化符号的龙袍，头顶象征天子敬天的东珠龙冠，以海螺为军号统领天下，20万满洲、蒙古、汉军八旗将士奉旨出发，携带随军家属，驻守在全国各军事要地；在长江、黄河、淮河、海河、辽河、黑龙江、松花江、珠江、西江、澜沧江、怒江等流域，在黄海、南海、东海、渤海等海域，传承、延续、创建着清王朝多民族、大一统的海洋文化和江河文化：康熙年间渡海收复台湾，乾隆年间渡海平定台湾，在雅鲁藏布江平定西藏，在大金川河平定大小金川，在伊犁河畔平定西部，收复新疆，开拓创建了中华民族的领土版图。雍正年间建立满洲八旗水师营，八旗将士在祖国的海域里进行军事训练、清剿海匪，驱除外侵。至晚清，清政府以自建和海外购置的军舰，开山建立海军部队。中国海军的舰艇游弋海洋，访问欧美各国，保卫祖国的领土海疆。

1861年，清政府以洋务运动踏上中国数千年巨变之路。1871年，越鄂霍次克海而来的丹麦大北电报水线"一道光明海上而来"登陆中国上海。在清政府的统一部署下，满汉大臣齐心合力，忠贞报国，他们在一张白纸上描绘着中国走进现代化的蓝图：送幼童、学子赴海外学习军事科学、现代科技、社会哲学、现代社会管理制度等。开山建立船政、电报学堂，以西方工业文明成果——电文明，开创了中国电文明之路，其建立的中国电报公众线路，以现代化的通信信息传播，连通全国，创树中国封建社会历史上最大规模的东西方文明融合之进程，为中国社会的政治、军事、经济、文化全面进入现代化铺设了一条前瞻性、引领性的智慧之路。

1906年，历时45年的洋务运动，终结了中国封建社会管理制度，建立了全新的现代化国家管理制度，完成了中国社会的"数千年之变"。与此同时，也由一张中国电报网，完成了广泛连接欧洲、美洲、亚洲间以及环亚太平洋地区因海洋文化而相连的人类文明。在这条路上，中国海洋文化、西方工业科技文化、东方文化在战争与和平中交融共进。中国海洋文化在外来侵略与中华民族坚强抵抗的战火中涅槃，多民族、大一统的清代国家领土上，中华民族多元文明凝聚形成，响彻海空的天籁之音是"共和共敬共荣"。对此海洋文明盛景的悠久历史，哲学家黑格尔在《历史哲学》一书中写道：人类的文明是从东方开始的，就像太阳从东方升起并向西方行进，人类的文明在中国开始以后，逐步传到印度、波斯、巴比伦、拜占庭、希腊、意大利、西欧。亚洲是文明的诞生之地，但亚洲的文明是静止的，它的贡献主要是将文明之薪火传向欧洲。

1912年，清王朝完成历史使命而逊朝。这一历史正是海洋萨满女神初年文明中所蕴含的"青天高大，神祇原道"之敬天法祖，更新迭代的创建与轮回。曾经是满洲八旗最大家祭的原始萨满神歌"鄂啰啰"飘离紫禁城，化为江河湖海的浪

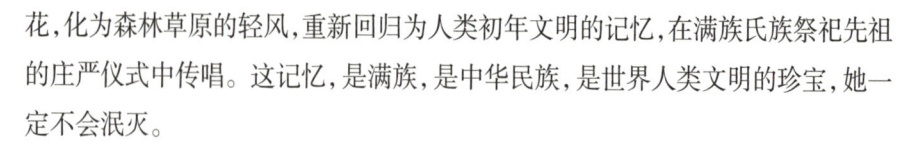

花，化为森林草原的轻风，重新回归为人类初年文明的记忆，在满族氏族祭祀先祖的庄严仪式中传唱。这记忆，是满族，是中华民族，是世界人类文明的珍宝，她一定不会泯灭。

而今，在中华民族文化复兴的伟大时代，以往对萨满文化的谬解随风飘逝，于1912年以后沉寂近70年的萨满文化，在20世纪80年代拂尘而出，以其尊崇自然、敬畏万物、崇拜女神、心灵清澈的萨满本根文化之精髓，世传神歌在满族原始氏族部落后裔再唱。在世界萨满文化圈里，中国海洋萨满女神之光辉，在21世纪电脑、键盘、鼠标的现代化通信信息之中，重新光亮世界。在海底光缆连通的国际互联网通信信号灯的闪亮中，我们听到、看到了"中国海洋萨满女神系列丛书"中满族古代萨满世传的神词、神歌、神舞，再度绕鄂霍次克海、中国东海、南海、北海、台湾海峡等海域，环太平洋而传唱。

黑格尔在《历史哲学》里写道：在精神的历史发展中，曾经有三个主要阶段：东方人、希腊人与罗马人和日耳曼人。让我们翻开百余万字、以2000余张历史和当代图片资料而成的"中国海洋萨满女神系列丛书"，走进早于西方一个世纪，并由满通古斯语族的满族先民萨满创造，由满族萨满世代传承祭祀，族众敬崇的东海创世海洋萨满女神之"一切生命，赋予无尽的精神之源，一切心孕，饱含不尽的再生之本"的心灵精神世界，在21世纪人类每一个地球村的星空下，共同仰望天宇银河繁星，共同聆听天鼓传声，敬畏自然，憧憬一个蓝天白云、星空璀璨、万物繁茂、生命吉祥的大自然生物圈；憧憬一个文明和谐、氏族平安、族群和谐、人类和平的美好人间！

海洋，人类生命的共同体；海洋，人类文明的共同体；海洋，人类历史的共同体。

创造人类始前文明的中国海洋萨满女神壮哉、美哉！

目录

序一　萨满，传递生命和文明的智者 …………… 田兆元　001
序二　跋涉在寻找生命灵魂之路 ………………… 田　泥　001

丛书引言　中国海洋萨满女神壮哉、美哉！…………………… 001

第一章　萨满女神与生命记忆
　　第一节　氏族生命信息女神 ………………………… 002
　　第二节　氏族、部落、国家 …………………………… 004
　　第三节　神词、神歌、神舞 …………………………… 007
　　第四节　刻木、结绳、神偶 …………………………… 009
　　第五节　绘形、文字、语言 …………………………… 012

第二章　萨满女神与满洲源流
　　第一节　氏族的生命起源 …………………………… 020
　　第二节　氏族的原始部落 …………………………… 022
　　第三节　氏族的萨满祭祀 …………………………… 024
　　第四节　氏族的生命记忆 …………………………… 025
　　第五节　虎尔哈哈拉传承的满洲族源 ……………… 028

第三章　萨满女神与天体崇拜
　　第一节　天崇拜 ……………………………………… 034
　　第二节　星崇拜 ……………………………………… 041
　　第三节　火崇拜 ……………………………………… 058
　　第四节　冰雪崇拜 …………………………………… 068

第四章　萨满女神与自然崇拜
　　第一节　山崇拜 ……………………………………… 087
　　第二节　水崇拜 ……………………………………… 105

	第三节	神石崇拜	127
	第四节	神树崇拜	134
	第五节	花草崇拜	149

第五章　萨满女神与动物崇拜
　　第一节　鹰鸟崇拜 163
　　第二节　乌鸦崇拜 171
　　第三节　马崇拜 182
　　第四节　蛇蛙崇拜 191
　　第五节　虎崇拜 200

第六章　萨满女神与祖神崇拜
　　第一节　抓罗格格（神鹿女神）崇拜 212
　　第二节　多龙格格（弓箭女神）崇拜 228
　　第三节　鄂多玛发（部落迁徙神）崇拜 243

第七章　民族团结美美与共
　　第一节　满洲族进关后的文化嬗变与融合 255
　　第二节　上海知青与黑龙江满族人 263
　　第三节　上海、河南知青与逊克人 265
　　第四节　上海知青与鄂伦春人 266
　　第五节　上海、浙江知青与大兴安岭人 270
　　第六节　上海知青与珲春人 271
　　第七节　北京、浙江知青与达斡尔人 272
　　第八节　满族、鄂伦春族、鄂温克族、达斡尔族、
　　　　　　赫哲族、锡伯族的文化影像 273
　　第九节　亲爱的祖国母亲，我爱您！ 276

参考文献　图版文献 278

后记　女神颁金　生命吉祥 281

特别声明 286

第一章　萨满女神与生命记忆

吉林九台瓜尔佳（罗关）家族堂子西墙上的祖宗匣子

　　人类在漫长的岁月中，不论取用什么用具，不管表示得如何粗犷简约，能够最先懂得并创造记录自身群体生存轨迹和历史的人们，永远是功不可没的伟大智者。

　　是萨满为我们留下了原始先民叱咤风云的历史，及其粗犷强劲的原始文化，留下了原始先民走向文明踪踪蹒跚的脚印

——引自《萨满论》　富育光著

第一节　氏族生命信息女神

生命信息是什么？是人在想的，做的事的记录。就满族先民古老的萨满文化来说，想的和做的事来自人的魂魄。

魂为何物？在萨满文化理念里，人有三魂：命魂、浮魂、真魂。命魂是人活着的身体，浮魂是人的思想意识，真魂为人的转世魂，预示人类生命的传递生生不息。三魂的理念可以理解为：我活着，我所做的事；我所想，准备做的事；我去了另一个世界以后做的事。

这一人类童年时期对生命形态的朦胧科学认知理念延续至今，虽说后世的认知有新的诠释，但万变不离其宗，从人类文明初起，到现在的人类思想意识形态，都没有离开过人有三魂的这个思想内核。

人有三魂的朦胧科学理念是人类生命的内容，创造了人类初年的原始文化。这个文化的记录和传播者，是萨满。

在满洲氏族萨满传世的萨满神歌里，有众多歌颂沟通、记录、传递信息的女神崇拜，最有代表性的是由富育光翻译的萨其勒氏萨满鹰祭颂觉昆恩都哩赫赫的神词：

这位阿林（山）觉昆恩都哩赫赫，
生长着代敏妈妈（鹰神）的神爪、
塔斯哈（虎神）的牙、啄木鸟嘴、
者固鲁（刺猬神）的针光。
它先知先觉地将林莽山岩刻出符号，
传递信息，
祐护北征的人有了活路，看到生存之光。

觉坤信息女神

萨其勒氏是满洲最古老氏族之一。辛亥革命后，多冠姓为常、隗、骆、苍、罗、李等姓。以上姓氏中包含的还有萨克达氏、萨哈尔察氏、萨察氏等。以上姓氏著名人士有：罗常培，语言教育学家，中国社会科学院语言研究所所长，著有《汉语音韵学导论》等著作。常书鸿，著名画家、敦煌学学者，被誉为敦煌的保护神。李玉茹，著名京剧艺术家、作家。李万春，著名京剧表演艺术家。李铭玉，福州三江口水师营后裔、著名闽剧演员。隗福临，曾任成都军区司令员、解放军副总参谋长，现为全国人大民族委员会副主任委员。李景田，中央党校常务副校长。常宝堃、常宝华、常远，著名常氏世家相声演员。李祥霆，古琴演奏家、中央音乐学院教授。李大铮，高级国际商务师。李霄明，《民族文学》杂志社副主编。李阳鸣，著名京剧武生演员。李胜英，国家一级编剧、上海话剧艺术中心——青话制作体制作人。获得的奖项有：第六届中国话剧金狮奖编剧奖、上海新剧目展演优秀剧目奖、宝钢高雅艺术奖剧本奖、国家广电总局广播连续剧二等奖、第三届中国戏剧文学奖金奖、第十一届中国人口文化奖金奖、中宣部第九届"五个一工程"奖等。李青青，国家一级演员，中国戏剧家协会会员、江苏省演艺集团话剧院领衔主演之一、南京艺术学院电影电视艺术系客座教授。李德，曾任辽宁省民族研究所研究员、《满族研究》副主编。李隽士，上海东方电视台、上海电视台戏剧频道、娱乐频道、电视剧制作中心制片人项目主管。李娜，上海悠凯健康管理有限公司总经理。李红元，老北京八旗营餐饮文化传承创研人。李红军，辽宁抚顺千台春酒业公司总经理，满族酒文化传承人。

罗常培 　　　　常书鸿 　　　　李玉茹

生命·生命走·走

李铭玉	李景田	隗福临
李胜英	李祥霆	李隽士
李霄明	李　娜	李红元

第二节　氏族、部落、国家

　　每一个人来到世上，就拥有与生俱来的氏族，都承担着氏族生命传递的责任。所不同的是，在传递的过程中，有的氏族消失了，有的氏族壮大了。氏族的生命，就如荒原上的绿草一样，岁岁枯灭，岁岁峥嵘。氏族的历史，就如江河上的浪花一样，波峰拍岸，涛声起伏。

在漫长的社会发展历史中，满洲先民从弱小而偏居在东北亚的氏族，到部落，到建立渤海国、大金国、后金国，再到建立多民族、大一统的清王朝，走出了一条从氏族、部落到建立国家的道路，在中国纪年史上留下了一座座封建社会历史文化的里程碑。

至康熙二十八年（1689年）《中俄尼布楚条约》之前，清朝在东北方向上的全部领土，大致上西迄贝加尔湖、叶尼赛河、勒拿河一线，南至山海关，东临太平洋，北抵北冰洋沿岸，囊括了整个亚洲东北部海岸线，包括楚克奇半岛、堪察加半岛、库页岛、千岛群岛的广阔地区是满族先民（肃慎族系）的发祥地。在这长长的一条路上，其源头是生活在鄂霍次克海（原称通古斯海或拉穆特海），迁徙至在东北亚远东地区的东海女真，亦称为野人女真的由"希普苏""塔穆察""图尔塔拉""傲拉托欣""粕米纳""多林嘎""布察""吴扎"等无数的妈妈窝（母系氏族）组成的总部落，在族群的拥戴下，恩切布库成为第一个女萨满罕（王）。

在这条长长的路上，一个妈妈窝就像一棵大树，大大小小的分支，枝干越来越多，越来越密，一个枝干，就是一个姓氏，一个部族，就是这些妈妈窝的子孙。他们在堪扎山脉（现俄罗斯远东地区的堪察加半岛），在布尔丹江，在恩切布库山，创造出了"阿浑"一词，刻出来两个小人并肩站在一起的阿浑柱（团结柱）的图腾，以滴水不成泉，单枝不成林，脆弱的同类，合抱方可无敌，不能以强凌弱，不可以大欺小，不能以熟欺生，不应以智欺愚，要懂得同心的生存理念，学会了用火，保存火。在火山爆发、冰山雪海的苦寒环境下，他们在高山密林里打猎捕鱼，创造出人类初年文明——萨满海洋女神。从妈妈窝里走出的氏族，承载着海洋女神的信仰——海洋，人类生命的共同体，海洋，人类文明的共同体，海洋，人类历史的共同体，传承生命，传承人类初年文明，唱着千万年世传的萨满神歌，跨海踏浪地走出了一条从氏族、部落到国家的道路。

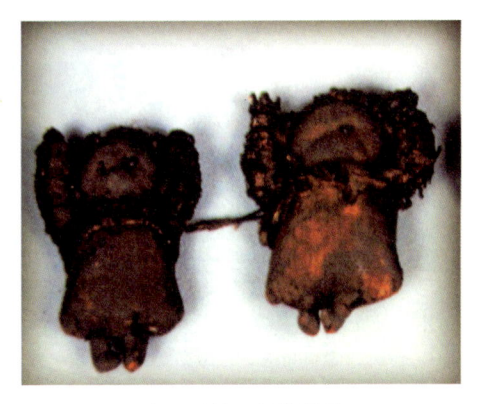

象征氏族团结的神偶

第一章　萨满女神与生命记忆

005

在这条长长的路上,东海女真人最早为"国"的是东海窝集国,女罕王为爱坤沙德,女罕城在兴凯湖。俄罗斯考古学家从2000年起,在现今俄罗斯滨海边疆区的乌苏里斯克进行考古发掘工作。在地下2米多深处发现了被现代建筑物叠压的古代城址。据学者们考据,乌苏里斯克的疆域在古代属于金朝恤品路的政区范围,而后者正是当时的区域中心。公元10世纪至13世纪时期,女真人逐渐强大,并建立金国,此时期生活在如今滨海边疆区范围内的女真人,有成熟的文字,以农业、畜牧业、手工业为生,并与宋朝、日本有着贸易往来。在现今滨海边疆区范围内,女真族的遗址和文化遗存比比皆是。

　　16世纪末至17世纪初,女真人各部纷纷南下,前往赫图阿拉城,来归努尔哈赤。奠基大清王朝。天聪九年(1635年),皇太极改大金为清,顺治元年(1644年),顺治在沈阳大政殿登基。号令八旗将士举族进关,入主中原,创立多民族、大一统的封建王朝之千秋伟业。

先民初诞——东海渔猎　　粟末靺鞨——渤海震国　　女真英雄——金国崛起

大金风云——赫图阿拉　　满洲颁金——盛京建清　　清朝入关——天下泰和

第三节　神词、神歌、神舞

当人类在黑夜第一次仰望星空的时候，一定跟现代人一样，在浩瀚原野上听到了神秘的天鼓之声。古代女真人把来自高天之上的声音，视为女神的声音。雷电声是女神在天宇间走路的脚步声；神鼓声是人间敬请女神，从人间达至天庭的声音；腰铃声和晃铃声是女神"我来了"的说话声。

女真人森林符号文字之萨满歌舞

在古代，女真人以海洋和森林动物的皮制作神鼓。萨满祭祀的神词，后世记录在满族祖宗匣子里的神本上；神歌，满语叫做乌春；神舞，满语叫玛克辛，有野血舞、格格舞和模仿鹰、虎、雁、蛇动物的舞蹈等，有一人跳的，也有两人跳的，更有众人一起跳的，这些舞蹈早期称为东海蟒式，后发展成为达子秧歌。至今，吉林九台瓜尔佳氏罗关家族的萨满还在祭祀中跳格格舞，宁安市萨满跳鹰舞。

中华人民共和国成立以后，满洲族后裔中的原满洲、索伦部后裔分别被定为满族、鄂伦春族、鄂温克族、达斡尔族、赫哲族等，生活在黑龙江沿岸和内蒙古草原上的鄂伦春族、鄂温克族仍然保持着这神圣的信仰。随着现代文明的发展，鄂伦春、鄂温克族逐渐走出山林狩猎生涯，进入到半农业半畜牧生活状态。

而今，古老的萨满文化焕发出勃勃生机，文化复兴的春天里，萨满女神拂去了1912年以来被强加在她身上的枷锁，不再是迷信的代名词，在地方政府举办的文化节里、在满洲氏族隆重的家祭里，还原了其所承载的人类初年文化，以古老神秘的祭祀仪式，敬天地、敬祖先、敬万物，为国为民祈福。

神圣庄严的萨满祭祀，给人们以敬神的洗礼，造就了满洲先民萨满祭祀的神词、神歌、神舞，陶冶了满洲先民勤劳勇敢、刚毅乐观、热情诚挚、相爱互助、奋发向上的民族性格；形成满族后裔的文学艺术、音乐舞蹈等艺术基因之DNA，在进关后，成为曲剧、龙江剧、评剧、京剧、相声、京韵大鼓等的艺术元素之一。满族的歌唱家、舞蹈艺术家也如群星璀璨，在人类艺术的舞台上展示中华民族文化的光彩！如被誉为"千年玉笛第一人"的中央民族歌舞团笛箫演奏家曾格格与冯晓泉创作的音乐作品《踏春歌》《中华民谣》《人间天上》等在世界范围内的音乐圣地上演。著名的满语原创音乐人宋继东为永陵满族小学创作了校歌，他创作的满汉双语的《望祭山》《松花江神》《摇篮曲》等在满族同胞中广泛传唱。满族的萨满祭祀、萨满舞蹈亦在《望祭山》的背景音乐下，在上海的社区文化课和在由上海、

新宾永陵小学学生在上剪纸课

九台满族萨满舞蹈

上海满族萨满舞

上海社区的萨满文化课

荣获国家级奖项的满族新城戏《洪皓》

岫岩满族中学运动会上"赛威呼"

山东、福建、台湾、香港满族同胞与浙江乍浦、江苏镇江等地共同举办的民族活动中隆重呈现。在吉林、黑龙江、内蒙古、新疆等地的文化节上，萨满祭祀舞蹈中的"东海蟒式"亦隆重上演，成为萨满祭祀歌舞"娱神娱人"的现代版大型群众歌舞表演。

在人类沟通信息进入移动互联网以后，女真后裔新涌现出的"萨满乐队""通古斯"等音乐人，使满洲萨满音乐歌舞艺术成为新时代的演奏曲，女真后裔聚居地的满、鄂伦春、鄂温克、达斡尔、锡伯、赫哲族音乐会也层出不穷。古老萨满祭祀里的神鼓声、腰铃声和神词、神歌的唱颂声，以原发于鄂霍次克海（东海）的人类原始海洋萨满女神文化，融合进现代歌舞艺术文化的灿烂光芒，宛如彩虹般亮丽，宛如阳光般热烈，在世界民族文化歌舞艺术之林里，展现着中华民族悠久灿烂的多元文化，展示着中华民族多元文化中魅力多姿，含有北方民族特色的曲艺和歌舞艺术。

2008年，被称为"我国最后的狩猎部落"的内蒙古根河市敖鲁古雅鄂温克民族乡的巴拉杰依、阿荣布、德克莎、古香莲分别被确定为鄂温克驯鹿文化、萨满服饰与器具和鄂温克叙事民歌三个项目的代表人物，成为内蒙古自治区首批非物质文化遗产代表性传承人。而满族传统萨满祭祀里的神歌、神舞也在众多满族后裔里恢复，在这一祭祀里，他们传承文化，纪念祖先，由此而凝聚族群的感情，焕发出对家乡、对民族、对祖国的热爱。

第四节　刻木、结绳、神偶

在古代，东海野人女真生于东海，渔猎在东海岸，其创造的记事法带有深刻的海洋文化和渔猎文化气息：

一、刻木记事

乌布西奔女军为广谕东海，以自创凿木刻记法传令，凡事小科记浅文，凡事大刻记深纹，事事各有刻记符标。先民萨满还以海豹骨制作了骨历，创造了积石法，

生命·生命 卷·卷

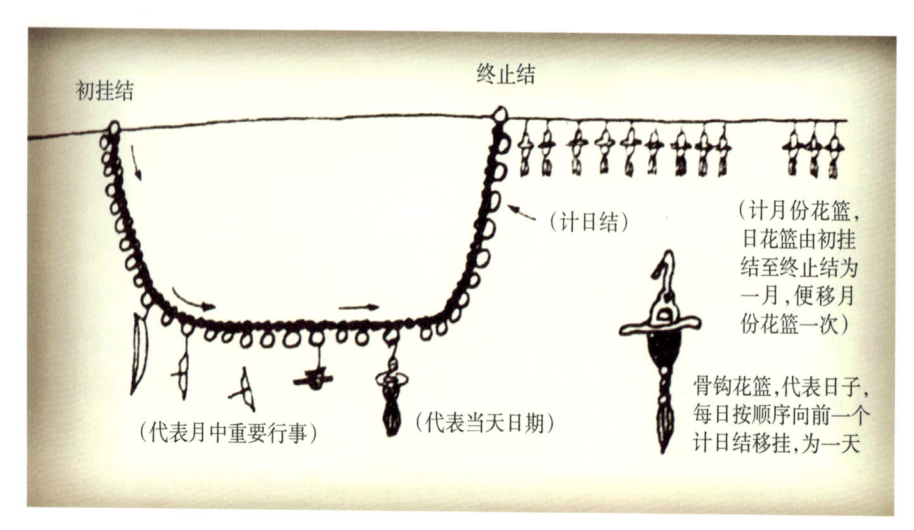

初挂结　　　　　　　终止结

（计日结）

（代表月中重要行事）　（代表当天日期）

（计月份花篮，日花篮由初挂结至终止结为一月，便移月份花篮一次）

骨钩花篮，代表日子，每日按顺序向前一个计日结移挂，为一天

满族先民结绳制作的绳历

东海窝集部的海豹骨历

板绳法、拨木法、皮绳木板历等计算日期用具，以聪明和智慧，培育了满洲氏族自然科学的萌芽。从官方来说，至清初，清王朝仍然使用木牌以传递信息。从民间来说，至1934年，居住在宁安原始森林中的满洲氏族中还有使用者。

二、结绳记事

结绳之初所用的兽皮条和日后的布条，还是萨满祭祀中的神器之一，在萨满祭祀中，这条记录氏族渔猎生产和生活状态的结绳，称之为子孙绳。这条子孙绳，是氏族所有，是萨满祭祀仪式中祭祀柳母神非常重要的祭祀圣物，又是充满家族之爱、氏族之爱、敬老爱幼、独特而充满温馨和庄严的重要仪式。

1.结绳法：将一根染了颜色的彩绳打上30个结，代表一月30天，然后，将彩绳两端拴在已备好的一根长绳上，开始计日前，用彩色皮条制作出精巧别致的花穗或鱼穗为记日标注悬挂在起始日标志上，另做十二个花篮，挂在长绳的一端，以月圆为始，每过一天，便将彩穗前移一结，直至移至最后一结，表

010

明已过一月,即把悬在续航绳上的"计月花篮"摘下一个,挂到绳的最顶端,以此计月。

2. 记录部落大事,如出猎或是部落战争,就在代表那天的结上挂一副弓箭。出远门则在绳上挂舟车。同为女真族后裔的鄂伦春人在出门打猎时,用绳子结疙瘩,一个疙瘩代表过去一天。

3. 记录人生大事。结绳记事还是满族民俗中的生育习俗和成人礼。阿哥出生时,阿玛在氏族的子孙绳上挂一把木刻的小弓箭,格格出生时,挂一皮(布)条。在举行萨满柳祭时,将世传的子孙绳一头拴在西墙,一头拴在柳枝上,年轻的父母们在绳上挂上小弓箭,或者小布条,为哈哈珠子祈福。小阿哥成丁,小格格成人,在举行换锁仪式时,要在象征佛托妈妈的柳枝上挂上七彩的布条。要由萨满唱颂神歌,穆昆达在哈哈珠子的手腕上拴红的丝线。

三、神偶记事

神偶崇拜与结绳记事相关联。神偶产生于远古东海野人女真时期,神偶形象均为实体真像形,有人形,亦有动物。在举行萨满祭祀时,氏族敬奉的祖先神祇有木刻的,也有各色兽皮条敬做的。日后开始以布条取代。各氏族均由萨满妥善珍存,待家族祭祀时,隆重请出祭祀。贵为皇家的爱新觉罗家族,供奉在坤宁宫祭祀堂子西墙上的祖宗匣子里,亦保存着布制的喀屯诺延(蒙古神祇)。满族进关后,在八旗奉旨迁徙时,阿玛、额娘割下袍子的一角,或者是将从东北带来的的祖物,分送给去向祖国各地驻防或屯垦戍边的族人带着,至今,在广州八旗驻军后裔里

子孙绳和佛立佛多鄂谟锡妈妈　　坤宁宫里的喀屯诺延(蒙古神)

还有装祖物的祖宗袋，在迁旗屯垦戍边的黑龙江五常、双城等地京旗后裔的祖宗匣子里，还保存着这样的祖物。至今，在满洲族后裔的聚居地举行的萨满祭祀里，还有结子孙绳，挂小弓箭，敬请祖先神祇的仪式。

四、图腾柱记事

满族的图腾柱也称为英雄柱，有以泥、石、骨、木雕刻，如舒克都哩艾曼（原始部落）夹坤艾曼的鹰头人身像、塔思哈艾曼的虎头柱、木克艾曼的德立格神柱等，从此，北方古老的氏族中，世世代代都镌刻自己氏族的图腾柱。

第五节　绘形、文字、语言

在遥远的古代，东海女真人类没有文字，"听、说、鱼泳网纹绘形"是最初的沟通方法。而后，"听、说"形成语言文字，鱼泳网纹绘形字亦转为文字与画图。

俄罗斯出版的锡霍特阿林题材的纪念邮票

一、鱼泳网纹绘形字

绘形为东海女真人最初的文字,亦称为鱼泳网纹字。古老的鱼泳网纹绘形字"写"在哪里?

古老的鱼泳网纹绘形字"写"在现俄罗斯远东区南部的锡霍特阿林德烟山洞穴里。在古代东海,锡霍特阿林有九个山峰,分别为德烟山、嘎尔玛、德彼利、胡忻、壹鲁、鲁尔布、努荼、拜钦、多辟,德烟山居中。

德烟山洞穴里记述的是怎样的故事?

寻找太阳东升的地方,乌布西奔妈妈决定亲自远涉重洋,在历尽五次千辛万苦的航程,终于到达北海(北冰洋)时,乌布西奔妈妈看到,太阳升起,冰上白熊似披红衫,她向白熊招手问安:"活绰勒夫啊,赛音,赛音(满语:俊美的熊啊,好啊,好!)。"但就在这时,有问天抱负、有宇宙胸襟的乌布西奔妈妈却突发急病,留下三副符号绘形字而终别人寰。族众为她举行隆重的海葬,乌布西奔妈妈成为永远的海中女神:

她将回到太阳的故乡,回到浩瀚的星空,
为她的额恩(后代)指点方向和时辰。
特尔沁、特尔滨、都尔芹三位女萨满,
忽然启迪聪慧之海,
用乌布西奔妈妈传授的画图符号——东海绘形字,
铭刻妈妈之事,让子孙代代永记妈妈,千古不忘。

于是,他们密议计谋,密选山地洞穴——德烟阿林密穴,将妈妈的故事,用图符计述,铭刻在锡霍特阿林的洞穴里,年年祀祭,代代年息香缭绕。一年、二年……五年,五个春夏秋冬过去,特尔滨、都尔芹因劳累过度,相继病死在洞穴旁,埋在了小白桦树下。特尔沁也已是长发如雪,驼背弓腰,她把乌布西奔妈妈的一生编成万句长经,依图颂唱。从此,人们年年拜祭,盛祭不衰,千秋万代唱颂和祭拜着乌布西奔妈妈……

从此,满族先民的绘形文字,黑龙江沿岸的岩画,锡霍特山德烟古洞的满

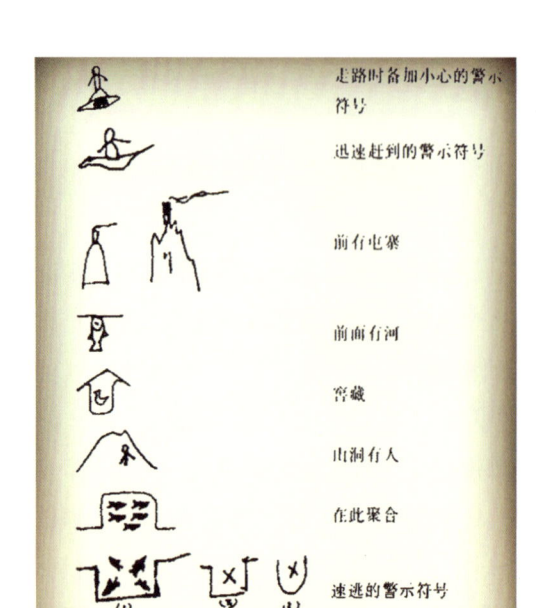

生命·生命 走·走

族英雄史诗，留在了自然的天空下，成为人类文明的宝贵遗产。并随着女真先民迁徙之路，传承至古代满族先民最大的部落——东海窝集国。

满族先民在茫茫的原始森林里打围狩猎，留下了许多文化遗迹。俄国学者E.N.杰烈维扬科在他的著作《黑龙江沿岸的部落》里写道："阿穆尔河（黑龙江的俄称）沿岸的所有通古斯人，在狩猎季节来临的前夕，都要在林中选择一株特殊的树，在上面刻上神像。"刻在树上的神像包罗自然世界万象，纪录满族先民——肃慎（古满通古斯语为女真）以及后来的最大部落挹娄（依伦）、勿集（窝集），皆有大量萨满神符、人物、动物、山河等符号图形留存。

岩画也是满族先民符号文字的载体，它记录了古代人类的生活状态，传递着人类生命行走的信息。逢迁徙时，满洲先民以一块石头砸成几块，来为日后氏族后裔传承分支和寻亲所用，以岩画来记录狩猎生涯和宗教信仰。在黑龙江沿岸，满洲先民留下了许多的岩画。在中国将萨满文化作为迷信来批判和打击的时候，俄罗斯的学者却在进行着萨满文化的调查和研究。如阿巴奥克拉德尼科夫于1973年就出版了《远东古学新发现》等学术著作，考证了那乃人（与中国赫哲族

女真先民符号文字

符号文字：女真人 　　符号文字：女真索伦部人 　　符号文字：女真鱼皮部人

014

同源)、乌德盖(满洲原始氏族)萨满在岩石上刻下的岩画是"古人祖先崇拜和神灵崇拜的面具造型"。

二、语言与文字

远古,满洲族先民在鄂霍次克海(原称通古斯海或拉穆特海)的西伯利亚、鞑靼海峡、库页岛(萨哈林岛)、锡霍特山东海岸及远至北海的区域里生活。这里的部族使用的语言为通古斯语,包括以下几种语支:

秽貊语支:该语支属于古代通古斯语族的一部分,包括高句丽语、扶余语、秽貊语、窦莫娄语等,现均已消失。

满语分支:包括古代的靺鞨语及女真语(现已演化为满语、锡伯语、赫哲语等)和现代的满语、锡伯语、满浑语等。埃沃基分支:埃文语/拉穆特语、鄂伦春语、埃文基语。鄂温克语/索伦语、涅基达尔语。那乃分支:赫哲语/那乃语、乌利奇语、奥罗克语、乌德盖语、奥罗奇语。

至粟末靺鞨建立渤海国、东海女真人含海洋和森林文化的文字与汉字结合,形成新的文字结合体。据渤海国志三种渤海国国志长编卷二十载:哈尔滨博物馆俄员帕米索夫、衣家驹于1931年在宁安东京城渤海国遗址采获文字瓦片二十余枚,1933年又与地方考古学会学者再至东京城,采获残瓦尤多,瓦上文字分类为:汉字数字为一至九;干支为乙、丙、丁、卯、午、末;姓氏为王、尹、田、年、大、金、乌、高、甘、方、盖、仇;冠名可见:臣、官、文等。在人名的复名中出现汉字与符号文字结合体,同时,也发现渤海国传承的符号文字。因此,长编卷者论定:渤海国别制新字,含有一切音义,一如契丹、女真文字之字母相生。

金收国元年(1115年),女真族建立大金,创制女真文字,与汉字同为官方文字。13世纪金亡后,仍在部分女

渤海国文字

女真文字

真诸部中使用至15世纪中叶,到努尔哈赤创造无圈点满文时才逐渐停止使用。在这一文字历史时期,女真、满洲族直到进关前还保留木牌刻字记事的这一文化现象。同时,也是北方渔猎民族与中原稻耕民族文明结合的文化历史。

天命元年(1616年),努尔哈赤建立大金国(史称后金),创立无圈点满文。皇太极于天聪三年(1629年)四月设文馆,命儒臣分为两直,翻译典籍,记注政事。巴克希库尔缠等奉命用老满文纂修史书,遂以为制。皇太极还下旨,将无圈点满文改为有圈点满文。顺治元年(1644年),清王朝入主中原,满文成为国家官方文字。在清代康熙大帝时期,就迈开了民族文字融合发展的脚步,满文被翻译为汉文、罗马文、拉丁文等中西方文字,成为世界了解中国,中国了解西方的文化体,成为国内民族文化融合的文化体。乾隆六年(1741年),内阁大学士鄂尔泰、徐元梦奉命将无圈点字档册中难以辨识的无圈点老满文捡出,附注新满文,按十二字头序列编成《无圈点字书》一部,存于内阁。清王朝以满汉双语文字形成国书,实行至清王朝逊朝,向世界完美地展现了中华民族形成的历史,也完成了其使中华民族文明与世界各民族文明进行沟通的历史使命。现在,由

清代《满洲实录》

清代《万国来朝图》(局部)

于种种原因，尚有众多清代的满文档案还未翻译，如全部翻译出来而面世，一定是绚丽多姿，精彩纷呈。

20世纪80年代以来，满文开始受到重视。黑龙江省委党校教研室副主任穆晔骏首任黑龙江省满语研究所所长。他一生致力于满语抢救与研究，记录下了一万多张满语卡片，深入民间考察满语地名，研究满语方言，足迹踏遍了黑、吉、辽和内蒙古自治区的山山水水。考证了一大批满语山名、水名和地名，为后人研究东北地区的文化留下了珍贵的资料，为满族语言的传承作出了巨大的贡献。

尔后，继任的所长刘景宪、赵阿平亦尽心尽力，薪火相传。赵阿平以中华民族大文化的视野，把满族语言放在世界人类学、民族学的框架下加以审视和研究，将满语研究所转制为黑龙江大学满族语言文化研究中心，使之成为世界研究满学学术界的重要机构之一，也是国家重点科研项目基地。其主编的《满语研究》是中国中文核心期刊、国际学术交流期刊。在这所高等学府的科研机构里，来自美国、日本等国的研究生纷至沓来，国内报考满语的研究生、硕士生也是踊跃有加，满族语言的研究真可谓是后继有人。现在东北各地均有大学、小学、高中、职业学校开设满语班，如辽宁北镇市满族高中还被命名为满族文化教育传承基地。民间亦有许多热爱民族文化的青年们开班自学满语，满语音乐制作人、满文书写电脑软件、学习满语的网站也纷纷应运而生。而就文字来说，女真文、满文则在满族类社团及民族文化活动上应用。在满族聚居地的满族自治县，政府机关办公地牌匾、店招等也用满汉双文书写。这种情况在散居地，如台湾彰化、福建泉州的粘氏宗祠，上海、广州、成都等地的满族社团场所也都可见。

地方政府文化部门重视、研究萨满文化、满族文化的也越来越多了，如：

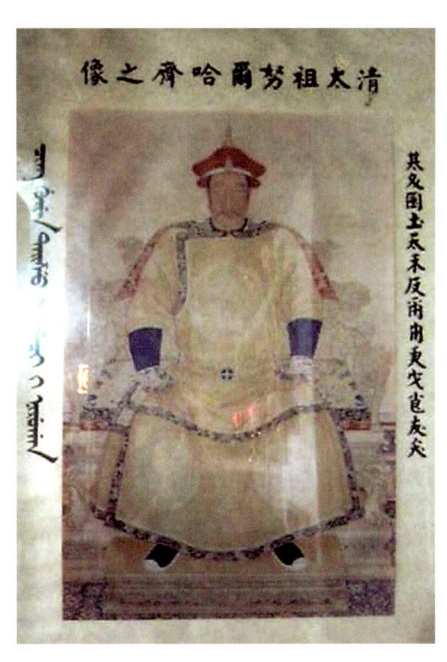

台湾粘氏宗亲会女真、满、汉文字的清太祖像

生命·生命 炎·炎

刻着"曼恩心经"的福建泉州满族粘氏向善堂

吉林省《满族口头遗产传统说部丛书》的出版、满族说部学会的成立；传统的萨满祭祀成为黑龙江省双鸭山市友谊县等地的满族先民挹娄族系文化；黑龙江阿城金代的金源文化、辽宁抚顺的前清文化都成为当地的经济与文化的亮点；上海与青州满族八旗后裔及浙江乍浦、镇江还举行了纪念八旗将士英勇保卫祖国海疆领土的活动。产生于中国东北的人类初年文明——满族海洋萨满女神文化，在21世纪民族文明交往交流交融中，已成为中华民族团结和睦和亲和荣的重要文化因素，在共建民族大家庭精神家园和丰富发展中华民族文化中，在全人类的文明进程中演绎着新的历史。

第二章　萨满女神与满洲源流

黑龙江省海林市萨虎关姓家族萨满祭祀上的祭神树仪式

夫勒赫,夫勒赫(满语,根,一棵树上的根须),
吉哩赫,吉哩赫(满语,鹿角,一个鹿角的枝杈),
特巴赫,特巴赫(满语,胞胎,一个胎胞的儿女)。

——满洲先民族源神歌

第一节　氏族的生命起源

满洲先民的始母神是谁？满洲先民诞生于哪里？

在中华人民共和国首都北京中华世纪坛旋转的坛体上，镶嵌着56个民族风格鲜明的由米黄色花岗岩雕刻而成的图腾浮雕。满族图腾是一只展翅飞翔的鹰。

民族图腾包含着族源生命、生产状态、宗教信仰、社会历史诸多要素。

在宇宙万物之中，文化上的表现都离不开自然的因素——水、火、山、石、植物、动物。人类初年，人类也是自然之物，世间的万物为满洲先民所敬畏，人们把天地间的一切都视为神。满族先民创造的原始宗教为萨满教——自然为神，万物有灵。鹰以高飞蓝天，俯瞰大地，而受到人类的崇拜。所以，在萨满文化里，鹰是天母神阿布卡恩都哩赫赫的使者，以达拉代敏鹰星的身份，承担人与天地之间沟通信息的重要使命。满族人敬奉鹰为始母神。鹰祭，是满族萨满祭祀里重要的仪式。

满洲先民的始母神为海东青鹰神，其分别来自天宇（鹰星女神、彩鹰女神）、大地（恩切布库女神、珊延安班女神）、山河（呼鲁坤雪鹰女神）。

鹰，满语为海东青，是满族萨满文化自然崇拜，是满族民族意识的重要组成部分，是形成早期满族民族性格、民族文化的重要来源。这一人类原始文明的文化基因，现被称为原始活态文化。创造这一原始活态文化的满族族群生命，起源于何时？

千百年来，生命起源是人类一直在探讨的问题。满族创世史诗《天宫大战》《乌布西奔妈妈》《恩切布库》等述说了满族先民的生命起源及生命迁徙地：

世上最先有的是什么？最古最古的时候是什么样？

世上最古最古的时候是不分天不分地的水泡泡，天像水，水像天，天水相连，像水一样流溢不定。水泡渐渐涨，水泡渐渐多，水泡里生出阿布卡赫赫（天母神)。阿布卡赫赫下身裂变出巴那姆赫赫(地母神),上身裂变出卧勒多赫赫(星神),并合力造育世界,造人造兽,从此大地上有了赫赫(女人)、合合(男人)、野兽……(《天宫大战》)

此时的诞生地为鄂霍次克海、堪察加阿林、库页岛等西伯利亚地区。

三女神的传说传至17世纪30年代。据《旧满洲档》天聪(1635年)条载:五月初六日(霸奇兰、萨木什喀)率兵向黑龙江往征虎尔哈部。众大臣与携来所降诸头目人等竭汗行礼,此次军中携来所降之名为穆克什喀者,告云:我之父若祖,世代生活在布库哩山麓和布勒和理湖一带。我等地方无档册,从前的生活情形全凭口头传说相传下来。在布勒和理湖内,有三仙女:恩古伦、正古伦、佛库伦来浴,一神鹊送来一朱果,为幼女佛库伦所得,衔于口内。吞之成孕,生布库哩雍顺。其同族即满洲是也。

此时的满洲先民已迁徙至锡霍特阿林、恩切布库阿林、萨克达比干衣窝籍(后称兴根里阿林,大兴安岭)、果勒敏珊延阿林(长白山)萨哈连乌拉、乌苏里乌拉、松阿里乌拉流域,生命的足迹遍及东北亚。

三仙女为何人?过去未有说明,如今,我们可以从满族萨满文化和满语的根源去追溯,这三仙女为三女神的化身,她们的名字是萨满世传的满洲氏族之生命起源记忆:恩古伦(恩切布库女神、地母神,氏族的英雄女神);正古伦(天母神,国家英雄女神);佛库伦(原始满洲先民部落女神)。其隐含的寓意也正是东海女真、海西女真、建州女真共同成为满洲族群的象征和化身。

1940年,满洲富察氏后裔富希陆,在黑龙江省孙吴县大桦树林子屯臧姓家族发现了"妥勒痕部"传家故事。为了解这个满族原始氏族承替的历史,富希陆分别走访了黑龙江沿岸的乌索木氏、托霍洛氏的老人。据三位老人回忆,妥勒痕部图表列十七世,没有文字谱。

其传承的故事是:最古代时,一只呼鲁昆雪鹰生下兄妹三人,分住在混同江(黑龙江下游)的山坎处,建下噶栅,留下后代。后来,在一次洪水中,部落族众被冲散,六部宗支,各逃东西。其中有三支逃到东海窝集岭,在乌苏里江以东的锡霍特山等地繁衍生息。

综上所述,现多地都称自己为满源之地,均不妥当。实际上,从人类狩猎

第二章 萨满女神与满洲源流

021

时代开始，就开始了迁徙之路，初始为逐水草而求生存，在有了国家以后，开始进行政治、军事、经济、文化利益的迁徙。在世界人类迁徙史里，满洲先民以自己的迁徙路线，完成了人类族群生命大迁徙之旅程，验证了"海洋，人类生命共同体，海洋，人类文明的共同体，海洋，人类历史的共同体"之人类氏族生命融合的路线。其所建立的大清王朝在19世纪60年代兴起的洋务运动中发生了剧烈的变革，最终于光绪三十二年（1906年）废止了封建社会管理制度，建立了现代化的国家管理体系，其所创建的政治、军事、经济、文化等现代化体制，开创了中国社会的新纪元。

在这个历史进程中，满洲族群成为中华民族大家庭的一员。

第二节 氏族的原始部落

满洲氏族原始部落产生于何时？第一个女萨满罕是谁？
满洲氏族诞生地：东海岸堪扎阿林、恩切布库阿林。
在满族英雄史诗说部《乌布西奔妈妈》里，氏族的原始部落之诞生是那么的神圣而壮美：

银色的苦寒世纪，东天突然响起滚滚的雷鸣。雷声里，一只金色的巨鹰，从天而降。她的鹰爪抱着一颗白如明镜的"乌莫罕"（乌蛋）。在天际飞来，鹰爪抱着一枚雪白晶莹的"乌莫罕"在空中盘旋，将"乌莫罕"抛向地面。顿时，耀眼炽热的光芒漫天漫地，雪岩融化为一汪汪清水从冰川中喷起一堆堆水泡银珠。水泡中飞起一只绚丽的火燕，瞬间又变成一位鱼首裸身美女，头向着北方，化为波澜壮阔的东海。火燕妈妈的羽毛化为迎日莲，莲花的花瓣则化为七百部落的族众……

堪扎阿林即为现俄罗斯远东地区的堪察加半岛。恩切布库阿林地名现已不详，但是以其名化身为恩切布库女神而传承至今。时岛上的佟阿嘎霍通（霍通即山沟）、布尔丹比拉（比拉即河）、坦布尔比拉等地居住着庞大的野人集群，群居的洞穴称为"妈妈窝"。恩切布库让各妈妈窝出一个人，在女罕柱前刺额滴血结盟，在众多大大小小的艾曼里，建立了东海第一个艾曼（氏族部落）——舒克都哩艾曼，各妈妈窝的人们拥立恩切布库为"乌朱扎兰达妈妈"。恩切布库成为第一个女萨满罕。

随着人口的增加，恩切布库在高高的树巅上，主持神判选举，诞生了满洲先民的原始三大部落：一、堪扎山南麓的"夹昆艾曼"，其女罕身披鹰羽，头扎鹰冠，为万鹰之神崇拜。二、堪扎山北麓诞生了"塔斯哈艾曼"，其女罕为虎形装扮，为百兽之王。三、"木克艾曼"其女罕为东海女神，其女罕身披银光衫，统驭东海生命与海疆。四、留下名号的还有希普素、塔穆察、图尔塔啦、傲拉托欣、柏米纳、多林嘎、布察、吴扎等共72个艾曼。

随着逐水草而迁徙，几百个满洲氏族原始部落一支来到荒野无垠的大漠北、萨克达比干衣窝籍（后称兴根里阿林，大兴安岭）、库页岛等地，留下名号的有：

嘎钮古伦，莎吉巴那，查彦都鲁，格杜尔钦，班达尔查，古敏乌尖，其卡尔，布尔堪，打胡杜立，巴布其泰，小嘎吉，赫舍里，钮钴禄，尼玛察，穆林穆林，阿其哈，温卡尔，董克勒，荇嘎。

另一支迁徙至锡霍特阿林、舜吉雅峰、德烟阿林、乌布逊毕拉（乌苏里江源头）、舜吉雅毕拉、都鲁坎毕拉、依曼比拉。由乌布西奔妈妈任女罕，留下的部落名号有：乌布林、乌布逊、珠鲁罕、辉罕、彻沐肯、安查干、巴特恩图、黄獐子、棕熊、扶尼、窝尔浑、外海石窟等700毛尼雅（东海女真人）。这时的部落开始有了旗号：海东青（鹰）为最高升阶。具体分系为：（1）鼠—狐—狼—麋—豹—棕熊—鹰隼。（2）锦雉—海鸥—白雁—天鹅—鹰隼。（3）白鱼—鲨鱼—海蟒—海龟—长鲸与海鹰。

日后，东海野人女真形成了最大的部落"东海窝集国"，时其属地南到图们江，东到东海，北到外兴安岭。东海城在今兴凯湖西南。辖管的部落为萨哈连部、巴拉部等。最大为东海窝集国（部），辖领佛涅部、穆伦部、珲春部、虎尔哈部、卧楞部、东山部、菲沃部、乌苏部等16部，遍及东北亚的满洲原始氏族达到约1000

多个。

至女真先民后裔靺鞨人建立渤海国后，与唐结好，从原始社会进入封建社会，满洲先民原始部落开始成为国之群体。见于唐史记载的部落有思慕部、郡利部、莫曳皆部、窟说部、佛涅部、越喜部、虞娄部（挹娄）、铁利部、黑水部等。

第三节　氏族的萨满祭祀

满洲氏族敬奉的女神是哪些女神？萨满祭祀起始于何时？

大自然女神：天母神阿布卡赫赫，星母神卧勒多赫赫，地母神巴那吉地母神赫赫、东海女神德立格赫赫以及石神多喀霍，风神西斯大林、雪神等。

动物女神：鹰、乌鸦、马、海豹、海鸥、鲸、鱼、虎、豹、熊、鹿、蛇、刺猬、貂、土拨鼠、林蛙以及百兽、百虫等。

植物：柳、榆、松、花草等。

对于人类生活，阿布卡恩嘟哩赫赫送来的神是战神、箭神、阿里什、狩猎神、穴居神、舟筏神、育婴神、产孕神、媾交神、驭火神、唤水神、山雪神、乌春神（歌神）、玛克辛（舞蹈神）、说古神，等等。

满族先民的萨满祭祀仪式，由恩切布库妈妈在堪察加半岛的堪扎山确立。

在举行萨满祭祀时，堆积起高高的石头祭坛。各个氏族献上野果或打来的野物，以水代酒，跪地裸拜。

萨满祭祀的第一祭为神树祭。祭祀的神是天母神阿布卡赫赫，地母神巴那吉地母神赫赫。

第二祭是堪扎阿林的山神、地神。

第三祭是东海与布尔丹比拉的海祭。

满洲先民的祭祀仪式中有大型的野祭、火祭、海祭、星祭等。这些萨满仪式的举行，确立了"祭我号令、祭为神示、祭为常归"的族规和戒规，使氏族团结"像鱼群一样，时时向群"，氏族萨满将祭礼、祭规、神谱、神歌铭记在心中，绘形在山岩上,刻在剥皮树上,"望画念神,抚树咏歌,永不泯灭,神谕百世,"在荒莽的东北亚原野上"同心戮力,视死如归,开天辟地"。

直至今日,满洲氏族后裔的萨满祭祀,还在继续。

第四节　氏族的生命记忆

满洲族先民最早进入文字记载的氏族历史由汉字书写。《竹书纪年》载:帝舜二十五年,息(肃)慎来朝献弓矢。《山海经》载:大荒之中,有山曰不咸(今长白山)。有肃慎氏之国。《晋书·四夷传》载:肃慎氏,一名挹娄,在不咸山北。挹娄亦被记录为"邑伦""邑落",这些称谓都是满语"依伦"的汉字读音译写。古代挹娄人的属地为:挹娄在夫余东北千余里,滨大海。南与北沃沮接,未知其北所极。

其后,满族先民族称再度变化,文化链接为肃慎—挹娄—勿吉。勿吉为满语窝集的转写。勿吉国分为七大部:粟末部,伯咄部,安车骨部,拂涅部,号室部,黑水部,白山部。隋唐时,勿吉称靺鞨,同为七部。满洲氏族如繁星般遍及白山黑水。勿吉国的第一代部落王为德风阿。

698年,满族先民后裔粟末靺鞨人大祚荣建立震国,结束了满通古斯人从无建树的历史。705年,唐王朝册封大祚荣为渤海郡王,震国转变为唐代地方民族政权,762年,唐诏令将渤海升格为国。原生于鄂霍次克海(东海)的满洲族先民文化与中原文化结合,并发生历史性变化。

金收国元年(1115年),黑水靺鞨后裔女真族崛起,建立金国,攻陷五京,挥师向南,饮马淮河,兴修中都,威镇中原半壁江山。

至明末清初,满洲氏族形成建州女真、海西女真、东海女真(野人女真)三大部落。满洲氏族日益强盛。作为满洲氏族直系先民来说,由元代史籍所记的三姓为翰朵里、虎尔哈、托温。而其后由《朝鲜实录》所记载的野人东海女真姓氏增加到波卯乙、尼麻车、亏乙未车、伊乙未车、亏乙仇车、都骨、南纳、巨节、沙车等诸姓。这些历史记载因为记录人在语言上的差异,部落名称已有很大差别,尚有待满族

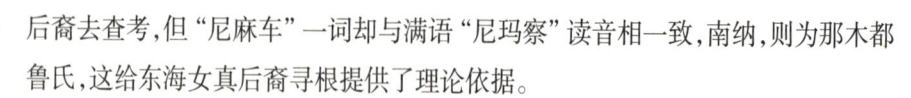

后裔去查考，但"尼麻车"一词却与满语"尼玛察"读音相一致，南纳，则为那木都鲁氏，这给东海女真后裔寻根提供了理论依据。

天命元年（1616年），清太祖努尔哈赤建立大清，创制满文，满族开始以自己的文字记录历史。清代"国初来归"的部分满洲氏族资料记载为：瓜尔佳氏459户，钮祜禄氏65户，舒穆禄氏78户，赫舍里氏113户，塔塔喇氏85户，伊尔根觉罗氏184户，佟佳氏130户，那木都鲁氏41户，纳喇氏224户，富察氏185户，完颜氏75户，兀札喇氏55户，郭络罗氏24户，尼马察氏13户，虎尔哈氏9户等，满洲本部姓氏924个，5185户。

天聪九年（1635年）农历十月十三日，清太宗文皇帝皇太极在关外紫禁城——盛京大政殿前举行满、蒙、汉三种文字的《国史实录》告成大典，改大金为清，改女真为满洲。至此，满洲族继其先民女真族之根脉，完成了从氏族—部落—大一统、多民族国家的历史进程。同时，也踏上了自己本身从海洋民族—渔猎民族—森林民族—马背民族—中华民族一员的文明进程。

顺治元年（1644年）清王朝入关，满洲八旗将士携家眷往全国各军事要地驻防，保卫国家领土海疆，屯垦戍边。

1912年，清王朝逊朝，满洲八旗军营解体，八旗将士成为当地居民，满族形成小聚居、大散居局面。

20世纪80年代中期，满族颁金节诞生。颁金为满语，汉意为诞生、新生、欣欣向荣之意。"颁金"一词即契合了满族悠久的历史，也蕴含了满族与各兄弟民族的民族文明交往交流交融的团结史，成为满族同胞与各兄弟民族同胞、海内外同胞共同欢度的节日。每逢农历十月十三日，散居和聚居在全国各地的满族同胞，在地方政府民族工作部门的关心下，与兄弟民族同胞一起欢度民族节日。在上海，每逢颁金节，满族同胞邀请社区、企业以及各兄弟民族同胞、台湾同胞一起欢聚一堂，载歌载舞，共叙民族团结，共同交流文化。

2014年11月，由复旦大学民族研究中心、华东师范大学社会民俗学研究所、吉林满族说部等单位在沪联合举办了上海城市民族与民俗文化"颁金节"研讨会。

会议由国家民族学长江学者、复旦大学民族研究中心主任、复旦大学人类学民族学研究所所长纳日碧力戈，华东师范学院统战部副部长、民俗学社会学专家、

与佳音合唱团一起欢度颁金节　　　　与台湾同胞一起欢度颁金节

上海市民委特聘专家安俭主持；海东青文化研究会会长粘伟诚、上海市静安区少数民族联合会副会长兼秘书长李培勤在会上讲话；上海电信西区全国劳模徐郡代表徐和芬局长就企业文化与社区少数民族文化契合，体验社会企业公民责任经验作发言。

上海城市民族与民俗文化颁金节研讨会

会上，著名社会学民族学专家、华东师范大学民俗学研究所所长王晓葵（中）点评道：由海东青文化研究会、颁金文化工作室组织的颁金节节庆活动，是上海城市名片中一张多民族多元文化的名片。上海外语学院那传林教授宣读吉林省满族说部书面发言，并就上海城市满族民俗文化与俄罗斯民族文化进行比较点评。

纳日碧力戈教授总结道：在上海有多个民族参与的颁金节和民族文化活动，展现了多元的民族民俗文化，体现了中华民族大家庭成员在"千灯互照，光光交彻"中以文化的交往、交流、交融，达到"各美其美，美人之美，美美与共"，并由此寻求精神大同和价值共生，建设民族大家庭共有精神家园的文化境界。

华东师范大学统战部副部长、上海市民委特聘专家、民俗学家、教授安俭在总结中谈道：各民族同胞在颁金节期间欢聚一堂、载歌载舞，交流文化，是上海城市民族民俗文化一道亮丽的风景线，颁金文化工作室组织的民族文化活动，体现了民族文化交往交流交融、民族团结和睦，也体现了各民族同胞爱国爱家，共同建设民族大家庭共有精神家园的文化内涵。

第五节　虎尔哈哈拉传承的满洲族源

满族广泛流传的三女神族源之说部，是先民崇拜自然和部落英雄的记忆，也是满洲族源的记忆，由虎尔哈部萨满（萨满即为部落领袖，史记中记为头人）的穆克什喀讲述而记入《旧满洲档》。

据《八旗满洲氏族通谱》卷之四十八载：虎尔哈本系地名，因以为姓，氏族散处于虎尔哈、新达、谟城及各地方。虎尔哈是满族直系氏族，也是满族先民最早见于史记的一个氏族。汉字译音亦写为胡里改、斡朵里、火儿哈等字。其氏族世系古为东海窝集国—肃慎—挹娄—勿吉—唐为黑水靺鞨、辽、金、明、清为女真族诸部落之一。

满族先民原始氏族居住地

满族先民居住地与建筑图

虎尔哈氏世居黑龙江下游乌扎拉以南，西北至黑龙江上游雅克萨一带以东（今俄罗斯布拉戈维申斯克）。南至雅兰河、西林河、绥芬河以北。元末明初，酋长阿哈出率部南迁至松花江下游、图们江以西、牡丹江一带。1403年，明朝置建州卫，委虎尔哈部首领阿哈出为首任建州卫指挥使。1416年，明政府置建州左卫，努尔哈赤六世祖、建州女真虎尔哈部首领猛哥帖木儿任该卫都指挥使。1423年，阿哈出之孙李满柱率建州卫迁至浑河上游苏子河流域。1439年，建州左卫亦迁至此地。1442年，明朝将建州左卫一分为二，增设建州右卫，猛哥铁木儿之子董山掌左卫,董山异父弟凡察领右卫事。建州三卫形成。

清初,虎尔哈各部来归,其中居虎尔哈地方来投的纳汉泰和其族弟乌勒穆编入正红旗,并分任佐领。至此,虎尔哈部分化组合为建州五部,是满族共同体之一。正红旗建于1601年,因旗色纯红而得名。初由努尔哈赤亲领,后由褚英、代善等贝子和贝勒分统,是八旗中人口最少的一个旗,下辖74个整佐领,兵丁2.3万人,男女老少总人口约11.5万人,著名作家老舍先生与夫人胡絜青家族就隶正红旗。清王朝进关后,虎尔哈部隶正红旗驻守京城西直门。

代善画像

雍正十年(1732年)九月初二,虎尔哈隶正红旗一部与驻京八旗15000多人离京赴山东青州驻防,史称青州旗城。

道光二十二年(1842年)镇江抗英战役爆发,清军中之满洲、蒙古八旗将士与镇江人民奋起抗敌。奉调前往作战的青州旗兵四百人与七倍之多的英军奋战,300多人负伤,65人壮烈殉国!次年,镇江民众与地方绅士在镇江城西门里建《青州驻防忠烈祠》并立碑,一块存镇江,一块送青州。碑文上记载:以此见忠义之气常存于天壤间也。后忠烈祠毁于战火,碑亦失存。2002年,为"和青山与大江一起永远见证那场可歌可泣的爱国壮举",镇江市在烈士陵园内重建青州旗兵忠烈亭,重立忠烈碑,纪念为国捐躯的青州八旗将士。2014年,上海、青州八旗后裔汇聚镇江,举行了隆重的镇江保卫战172周年英烈祭,青州、镇江政府官员、江苏大学学生社团出席了纪念仪式。

辛亥革命后,虎尔哈氏与满族老姓的胡佳氏、库雅拉氏、瑚尔佳氏、瑚雅拉氏、瑚锡喀氏、瑚图氏、瑚鲁氏、瑚德勒氏、瑚尔哈喇氏,以及锡伯族的瑚锡哈理氏、达斡尔族的瑚尔拉斯氏等多冠姓为胡、呼,亦有以老满洲氏族而冠姓为陈。

满族胡、呼、陈姓的名人有部分:铁良,满洲镶白旗人。历任户部、兵部侍郎,练兵大臣、军机大臣、陆军部尚书、江宁将军。胡絜青,北京画院国画家,老

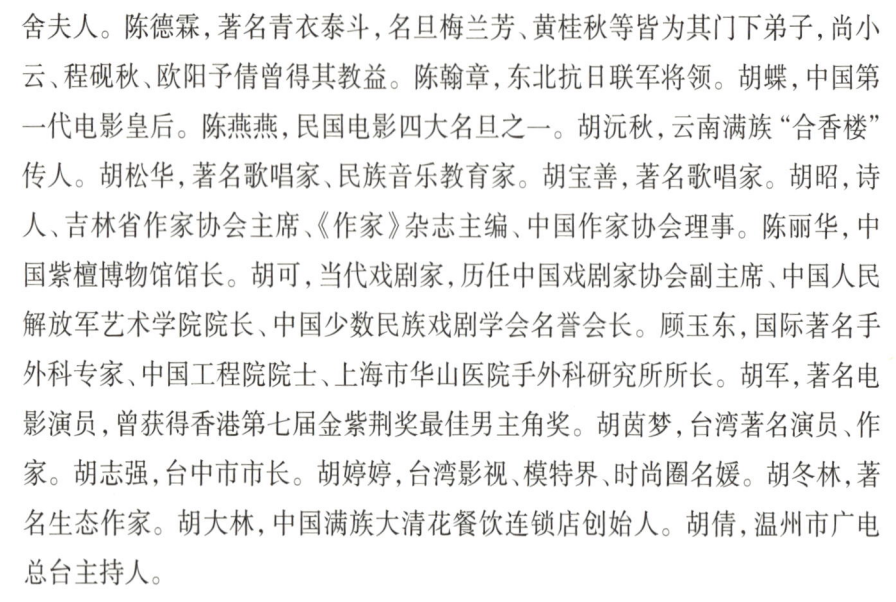

舍夫人。陈德霖，著名青衣泰斗，名旦梅兰芳、黄桂秋等皆为其门下弟子，尚小云、程砚秋、欧阳予倩曾得其教益。陈翰章，东北抗日联军将领。胡蝶，中国第一代电影皇后。陈燕燕，民国电影四大名旦之一。胡沅秋，云南满族"合香楼"传人。胡松华，著名歌唱家、民族音乐教育家。胡宝善，著名歌唱家。胡昭，诗人、吉林省作家协会主席、《作家》杂志主编、中国作家协会理事。陈丽华，中国紫檀博物馆馆长。胡可，当代戏剧家，历任中国戏剧家协会副主席、中国人民解放军艺术学院院长、中国少数民族戏剧学会名誉会长。顾玉东，国际著名手外科专家、中国工程院院士、上海市华山医院手外科研究所所长。胡军，著名电影演员，曾获得香港第七届金紫荆奖最佳男主角奖。胡茵梦，台湾著名演员、作家。胡志强，台中市市长。胡婷婷，台湾影视、模特界、时尚圈名媛。胡冬林，著名生态作家。胡大林，中国满族大清花餐饮连锁店创始人。胡倩，温州市广电总台主持人。

　　青州旗城后裔文化名人有部分：黄裳，诗人、藏书家、散文大家。金驾石，中国商船驾驶员总会、轮机员总会的创始人。金月石，航海家、中国最早的海轮船长。唐良恩，历任青岛工程事务所所长、省路政局长等职，曾参加太平洋工作会议。唐璞，曾任中央建工部西南设计院总建筑师及副总工程师，三次参与国家重大建设项目的决策会审，设计作品百余项，是著名的建筑学家。寇培深，著名书画家，在画梅被誉为"天下一品"，获台湾最高文艺奖，其书画被日政界要人及美国前总统里根收藏。胡可，戏剧家。主要作品有话剧《战斗里成长》《战线南移》《槐树庄》及戏剧理论著作，曾任解放军总政文化部副部长、艺术学院院长、中国戏剧家协会副主席等职。张信刚，美国匹茨堡大学工学院院长、香港城市大学校长、香港特区政府文化委员会主席、全国政协委员。张蕴礼，美夏威夷希罗州立大学校长，美国首位华裔女校长。唐学仁，山东省民委委员、政协委员，国家民委、广电部授予其"少数民族优秀企业家"称号。伊counter华，青州市人大代表，山东省民族团结进步先进个人。舒昆平，山东省"三八红旗手"、"巾帼杯企业家"。关明义，"全国民族团结进步先进个人"。关平，全国十佳运动员，4次打破世界纪录，2次夺得世界杯女子竞走团体冠军，第十届亚运会获竞走冠军。李凤琪、唐玉民、李葵，《青州旗城》作者。赫舍里慧勇，中国著名书画家，龙骨体书法创始人。

铁 良	胡絜青	陈德霖
胡 蝶	陈燕燕	陈丽华
胡松华	顾玉东	胡志强
胡婷婷	胡冬林	胡宝善

第二章 萨满女神与满洲源流

031

生命·生命

胡 军	 胡因梦	 胡大林
 胡 倩	 金驾石	 金月石
 黄 裳	 胡 可	 张信刚
 张蕴礼	 赫舍里·慧勇	 唐玉民

第三章　萨满女神与天体崇拜

　　女真族先民的祭天神坛有多处遗址，其中坐落在调兵山市的金代调兵祭天神坛以山为名，是古代东胡、肃慎、女真等族系的活动地，人工堆砌的祭坛有多处。2006年8月，笔者与上海大学教授胡晓兰、自由撰稿人李逊前往调兵山市进行田野调查。

　　调兵山市文联副主席邱宝成陪同我们上山。他向我们介绍，百姓俗称之为点将台，相传公元十二世纪初，金朝名将完颜宗弼，也就是金兀术，调集全国兵马于山下演武，调兵山因而得名。

　　清晨，我们出发踏山，此山尚未开发。环山的神道上满是半人高的野草，我们在这里找到了新石器时代的残瓦。站在祭天神坛上，但见四周环山围拱，青天高远，当年的祭天圣坛青草芳菲。一幅天地通的画面彰显古代女真族萨满祭祀的神圣与庄严。

调兵山考察女真先民祭天神坛　　在祭坛上寻觅到数千年前的古瓦片

每逢祭天千军万马从盘旋的山道上来　　在金代皇帝举行祭天仪式的祭坛上祭天

第一节　天　崇　拜

　　阿布卡赫赫、巴那姆赫赫、卧勒多赫赫，同身同根，同现同显，同存同在，同生同孕。阿布卡气生云雷，巴那姆肤生谷泉，卧勒多用阿布卡赫赫眼发生逊（太阳）、比亚（月亮）、那丹那拉呼（七星）。三神永生永育，育有大千。

——引自《天宫大战》

　　讷珲德恩安巴阿布卡，索阔苏苏苏苏毕赫！（满语，青天高大，神祇原道。即轮回之意）

——满洲萨满祭天神歌

　　已备了祭天宴席，高天听见了吗！祝祷青天，重天明亮，分有九层。乞请高天神灵。

——满族石克特立氏萨满祭天神词

一、祭天源于祭祀创世女神

　　天，满语为阿布卡。天，高高在上，再高的山峰高不过它，再高的神树够不到它，飞得再高的鸟儿也总是在它的苍穹之下，它永远悬挂在万物之上，还常常变幻无穷。阳光、黑夜、星星、雨、雪、雷电都从它的怀抱里而出，给人类带来幸福、安宁、痛苦、悲伤……据此，古代满洲先民认定天有十七层，非常敬畏它。祭天，是氏族萨满带领着族众所举行的重要仪式，逢祭必有祭天。

满洲祭天所祭祀的创世女神为阿布卡恩都哩赫赫、卧勒多赫赫、巴那姆赫赫。蔚蓝天空分为东南西北四角十方,中天分为两个方位,活泼聪慧的三女神住在中天,左天神鹿是她们的坐骑,神龟是她们的天舟,天云是她们的威虎(船),女神乘坐着它们巡游周天,掌管着天上地下的自然神。祭天时,萨满以神树为通往天空的路,在神树下的祭坛下唱颂神词、神歌,迎请着来到人间的创世女神们:从高高的天上,从白色的天上,腾云驾雾降临了,她们降临到噶栅(村屯),东海的波涛涌动,云车滚动,旋了十七个云圈,鸣叫了十七声……

二、祭天传承于氏族萨满口传

满洲先民的祭天仪式古朴庄重,正如上海华东师范大学人文学院教授田兆元先生所说:萨满文化的淳朴与自由精神,其信仰的平等色彩,使每场民间祭祀都可面对上天。正是基于此,满族萨满祭祀中的祭天仪式延续至今。

满族各氏族均有关天崇拜神话的传承,由钮祜录氏传承,黑龙江宁安市大萨满富察·哈楞阿(傅英仁)讲述的一则说部就非常典型:

相传钮祜录哈拉供一位蛮尼,脚踩着七个火苗子的头,手里拿着一根五彩大绳,传说他是当年套日的神力阿哥。他可能耐了,像狼一样合群,跑得快,力气还大得惊人,拉弓射箭没人能比得过他,穆昆人都稀罕他,叫他"神力阿哥"。

阿布卡恩都哩赫赫和卧勒多妈妈、巴那姆妈妈造出人以后,把人送到地上过日子。那时地上冰天雪地,没有光、没有热洞洞、人没法活。于是,阿布卡恩都哩赫赫就派四个女神给地上人们造几个太阳。于是,她们就可劲地造了九个太阳挂在天上,让她们轮着给人间送暖。等四个女神一走,这九个太阳每天使劲地发光发热。这一来,可捅了大娄子了,大地晒坏了,江河干了,老林子晒焦了,飞禽走兽晒死了,人被晒得躲在地穴里。神力阿哥知道了这事,他跑到长白山顶上,向太阳喊:"你们快别这么地祸害打猎人了。要不介,我就把你们摘下扔到山沟里去!"

九个太阳一看,是个小阿哥,都没把他放在眼里,"我们是阿布卡恩都哩赫赫生、阿布卡恩都哩赫赫造,你凭啥来调理我们?"神力阿哥一个箭步跳到空中,举起大石刀向太阳砍去。太阳发出更大的光,这光烫得他双手起泡、浑身烫伤。长白山主赶紧让他跳到长白山天池去洗一洗。说来也奇怪,一跳到蓝瓦瓦的湖里,神力阿

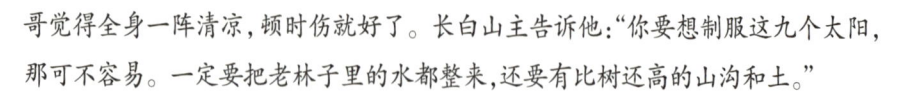

哥觉得全身一阵清凉，顿时伤就好了。长白山主告诉他："你要想制服这九个太阳，那可不容易。一定要把老林子里的水都整来，还要有比树还高的山沟和土。"

神力阿哥问："要水、山沟和土干啥啊？"

"水给你喝的，土和山沟好让你把逊给埋了啊。"长白山主拿出一条彩色的天绳，把葫芦交给三音贝子，告诉他："这是天丝拧的绳子，可以套逊，也可以搬山。葫芦里装的是天池里的水，喝上它，多热的逊也能靠近。"

神力阿哥去找太阳。正走着，忽听轰隆一声，一群蟒蛇嗖嗖地朝他这窜来。他刚要搭弓射蟒，却听说蟒蛇说"你要制服太阳没有水，我们可以帮你运来。"一听这话，神力阿哥放下弓箭，左腿上前，右手着地行个请安大礼，"好啊！那我就不怕她们晒我了。等我找到了像树一样高的山沟和土，咱们就一起去找她们，让她们别再祸害咱们了"。

神力阿哥走啊走，终于找到了一个大山沟，可是，上哪去找那么多的土来埋太阳啊？正发愁，来了一个骑着罕大犴的胖老讷讷，她朝站在一边给她让道的神力阿哥说："你是要套下太阳的神力阿哥吧？你不是要土吗，你啥时要，我啥时给你整。"

"那好啊！老讷讷（老妈妈），如果能这么的，您就可真帮了我的大忙了，您，您真的能整来土吗？"老讷讷下了罕大犴，"要没这能耐，我咋能是巴那姆？"原来是巴那姆恩都哩妈妈，神力阿哥忙走上前，单腿跪在她的面前，抱着她的腰，行了个抱腰大礼。

告别了巴那姆妈妈，神力阿哥回到东海窝集部，听说他要去套逊，族人们做了许多的肉干，跟着他一起去套太阳。神力阿哥拿着强弓硬箭、砍山刀、彩色天绳、天池神泉水，和族人一起向着太阳升起的地方走去。太阳一个一个地升起来了，神力阿哥把彩色的天绳拧成套索，拴在箭头上，嗖的一声射了出去。只听一声巨响，一团熊熊烈火从天上落了下来，把族人都烤得逃到老林子里了。

神力阿哥赶快喝了一口天池水，顿时全身清凉，他把套下的这个太阳，拖到万丈深沟，巴那姆妈妈运来一座大山把逊紧紧压住。蛇群运来了乌苏里乌拉、萨哈连乌拉、松阿里乌拉的水，神力阿哥一连又套下好几个太阳，剩下的三个吓得跑到大海里躲了起来。这下糟了，天全黑了，这可咋办？神力阿哥没法下海去套太阳啊！

可躲到海里的太阳也不能总躲在海里呀，她们商量着咋办。大逊说："一个人间的阿哥，怕他啥，依我看，咱们就一起出去，把他活活晒死，看他还怎么跟咱们作对。"

"不行，有那么多的人帮着他，我看，不如咱们就像他说的，从今以后轮流着给人间送暖？"半大的太阳说。

小的太阳不服气，"咱们的几个姐妹都被埋在了山沟里，我得替她们出这口气。你们爱咋咋地，我和他去比试比试，被埋了拉倒！"说完，她跳出海面，升到天空，把全部热和光通通射向神力阿哥。

小的太阳挺厉害，她的光和热把神力阿哥的眼都照花了，神力阿哥左一套，右一套，射了三四绳套，也没套住她。可小太阳的光也惹怒了鸟雀，一群喜鹊和乌鸦，铺天盖地的飞来，叼起神力阿哥的五彩天绳向小的太阳飞去。这一下，小的太阳没招了，她再厉害，也不能把几万只飞鸟全部烤死啊。她也被神力阿哥结结实实地套住了。大的太阳一见不好，从海里偷偷溜出，逃到天边，再也不敢靠近地面，只每天早晚在很远很远的地方向人间发亮。这就是现在的地平线。

神力阿哥刚要往下拽小的太阳，阿布卡恩都哩赫赫从天上下来了："神力阿哥，快别拽了，得留下一个太阳照亮人间！为了以后管住这个逊，你到天上来吧，这条彩色天绳给你，以后她发怪脾气，你就用五天绳套住她。"今天，我们有时看到太阳的四周一圈彩色彩虹，那就是太阳被天绳套着那。半大的太阳被阿布卡恩都哩赫赫收回了光和热，叫她晚上出来，给人间照一照亮，这就是今天的月亮。

族人们感谢阿布卡恩都哩赫赫，感谢神力阿哥。从此，满洲先民有了祭天的典礼，祭神力阿哥的典礼。

三、祭天延续于氏族萨满祭祀

金收国元年（1115年）正月初一，女真完颜各部集聚在一起，举行隆重的开国大典。看，在哈尔滨阿城区一片开阔的草地上，虎皮旗、鱼旗、鹰旗等各色旗帜合着红日、黄地、四周镶着黑边的大金国旗迎风招展。英姿威武地排列着的九队骏马，他们正向着高天嘶鸣！这对于许多以渔猎为生的部落来说，是氏族新的历史的开始。震天的萨满神鼓声中，完颜阿骨打庄严向天宣告：讷珲德恩安巴阿布卡，索阔苏苏苏苏毕赫！阿布卡恩都哩赫赫！世上只有金子不变也不坏，请赐予我大金国号！佑护金国千秋万代！从此，满族的祭天大典由氏族祭祀成为国家典礼。

天命元年（1616年），女真族政治家、军事家努尔哈赤在赫图阿拉古城再度举行隆重的祭天大典，建立后金。天聪九年（1635年），皇太极在盛京大政殿前举行祭天典礼，宣告满、蒙、汉三种文字的国史实录告成，改女真为满洲，改大金为清。家族的祭祀则放在了皇后居住的坤宁宫里，延续着爱新觉罗氏族的萨满祭祀。

顺治元年（1644年），清王朝入关，在蒙古族女政治家孝庄皇太后，满洲族政治家、军事家多尔衮的辅佐下，为处理好民族与宗教信仰的国家事务，顺治皇帝在祭天典礼上做了家与国的区分。在北京天坛举行的祭天大典为国家典礼，爱新觉罗氏本家族的祭天祭祀，则放在紫禁城里皇后居住的坤宁宫，由本家族的萨满举办，参加者仅限于本家族的人参加。这也正是清王朝入关268年，而萨满信仰仍处于神秘而不被外人所了解的原因。

1912年，清帝退位。从此，宫廷萨满祭天仪式永远结束。满洲氏族萨满祭祀中的民间祭天仪式，却依旧在黑龙江、吉林的满洲尼玛察氏、依尔根觉罗氏、瓜尔佳氏、舒穆禄氏等满族聚居地完整地保留下来。每逢萨满祭祀时，族人们聚集在一起，按老一辈传下来的规矩，由氏族萨满带领着，隆重而虔诚地举行祭天仪式。年轻的族人们还以现代数码技术录像、拍照，在网上发帖，做视频，使古老的萨满仪式焕发出新文化的勃勃生机，民间文化的生命力由此可见一斑。隆重的祭天仪式还是满族文化节上一道独特的风景线。在黑龙江阿城举行的金源文化节、辽宁抚顺新宾满族自治县举行的国际满族风情节上，都曾举行过传统的祭天仪式。

四、钮祜录哈拉传承的祭天说部

满族的萨满祭祀均有祭天典礼，也有关于祭天来由的说部，其中由钮祜录哈拉传承的《神力阿哥》流传至今。

钮祜录满语意为狼。钮祜录氏是满洲直系氏族之一，女真姓为女奚烈、粘合、粘割。世居长白山英额、安图、珲春、瓜尔佳、佛阿拉（辽宁新宾）、扎库木、辉发等地方。清初，努尔哈赤兴起，钮祜录氏各部来归。分别编入八旗，其中镶黄旗人额亦都，因助清太祖努尔哈赤立国，清太宗封其弘毅公，配享太庙。钮祜录氏族女有六位入宫为皇后：孝昭仁皇后、孝圣宪皇后、孝和睿皇后、孝穆成皇后、孝全成皇后、孝贞显皇后。

孝昭仁皇后	孝圣宪皇后	孝和睿皇后
孝穆成皇后	孝全成皇后	孝贞显皇后

辛亥革命后，钮祜禄氏后裔多冠姓为郎、浪、钮等。冠姓的氏族包括钮图氏、钮赫氏、翁钮络氏、钮颜氏、钮旺坚氏、钮赫勒氏及加入满族的钮抡氏（蒙古族）等。以上姓氏近代名人有（部分）：郎筠玉，著名粤剧表演艺术家。钮茂生，水利学家，原国务院水利部部长。郎平，著名排球运动员、教练员。郎朗，世界著名钢琴家。郎景和，中国工程院院士、中国科普作家协会副理事长等。郎咸平，国际知名经济学家。郎世玮，人民东方出版社签约作家、"郎基金"创始人、"上海折翼天使慈善基金（筹）"发起人等。郎恩才，满族诗人，《名家》主编。钮隽，金石家。钮承泽，台湾著名电影导演。郎绍安，著名面塑大师、北京"面人郎"民间艺术家。郎志丽，联合国教科文组织"民间艺术家"。郎亦农，中国音乐家协会声乐教学学会会员。郎林，莱德马业董事长。郎晓光，高级经济师、"中国优秀职业经理人"和"中国百名行业创新杰出人物"、秦皇岛广顺集团董事长。郎鹏，书法家，先后出版《郎鹏书法作品集》《郎鹏诗词作品选》以及传记文学与中长篇小说等作品十余部。郎荣彪，包头市摄影家协会副主席，作品获得国家和省市奖项。郎坤，武汉理工大学管理学院辅导员，荣获中国青年五四奖章、2010年中国大学生年度人物称号、中国青年志愿者优秀个人奖。钮高乐，著名小曲艺演员。

生命·生命

钮茂生	郎 平	郎 朗	郎咸平
郎景和	郎世纬	钮 隽	郎志丽
郎恩才	钮承泽	朗亦农	郎 林
郎 鹏	郎晓光	郎 坤	钮高乐

040

第二节　星　崇　拜

远古，满洲先民生活在东北亚广袤的原始森林里，当他们第一次遥望浩瀚的星空时，那时隐时现的星星，那炫丽绽放的星光，那缓缓移动的星阵，那响彻夜空的天鼓，令人心里充满了神奇与敬畏，于是，星崇拜就此诞生。

一、远古母系社会的星崇拜

满族先民的星崇拜，既有对天体自然现象的蒙昧解释，又有远古人类生活的记忆：

在远古时，乌西哈（星）、月亮、太阳都装在卧勒多恩都哩赫赫的口袋里。到处黑咕隆咚的，只能听见西斯林（风神）的吼声，哗哗的水声，人和天禽地兽都在黑洞洞中生活。没有了太阳的光，老林子里一片漆黑，看不到亮的人们只好摸黑到河里、山沟里打围。就这么的，咋能顺当地弄到口吃的东西啊？人饿的饿、死的死，越来越少了。卧勒多恩都哩赫赫看了心痛，便从褡裢里叫出太阳格格，让她给人照亮送暖。可太阳不愿意管天下的事，出了褡裢就麻溜地向前跑。

这咋整？卧勒多赫赫又从褡裢里叫出月亮，可月亮也不想管，她跟着太阳跑。卧勒多赫赫看她俩都跑了，就把许多的星星从褡裢里拿了出来，她们展着光芒闪闪的翅膀，追赶上了太阳和月亮，岁岁年年，她们由东向西不停地飞翔，于是，乌西哈、太阳和月亮就把金色和银色的光照亮了大地。老林子的草木茂盛起来，人们打小围、大围、天火围、毒箭围、捕鱼、狩猎，过上了平平安安的好日子。

古代萨满是怎么解释和敬崇北斗七星和星空里的星阵？

相传长天昏昏、大地混沌的时候，卧勒多赫赫在天宫布满了星星，浩淼的

生命·生命 炎·炎

天宫无边无际,大大小小的星星胡乱地挤在一起,不成形也不成阵,一点也不好看。怎么才能布好那满天的星阵？卧勒多妈妈想啊想啊,可总也想不出好的办法。

一天晚上,她又像往常一样,背上装着星星的布星袋,在天宫里布星,走到北天的时候,突然看到地上也布满了星星,心里疑惑,就赶快下到人间去探个究竟。一轮圆月下,她惊讶地看到,地上也有星星的地方原来是一个水泡子,小小的水泡子里映着满天的星星,正眨着眼睛朝她笑呢,这不就是她布的星阵吗？于是,她在布星湖边看着满湖的星星揣摩着,这里看看,往天上扔去一颗,那里看看,又给天上扔去一群。她每天晚上都到这里来,看着水泡子里的星图布星排阵,她排啊,排啊,一个个晚上过去了,她排出了北斗七星、北极星、鹰神星、野马星、鼠星、鱼钩星⋯⋯

终于,最后的一个星阵布好了,卧勒多挥手把她的鼓和鼓鞭抛向夜空。鼓和鼓鞭一碰到天,"哗"地分成二十颗星星,在天空闪闪烁烁连成一个圆圈,像一群白色的尼曼(小羊),依恋着卧勒多赫赫手中那根泛着星光的小鞭子,永远流连在撒满星星的牧场。

从此,深邃浩淼的夜空里,星辰万世恒存,星儿日隐夜现,星阵气势磅礴,星光壮丽灿烂。肃慎人感念卧勒多恩都哩赫赫布星的创世伟业,把那鼓和鼓鞭变成的星星叫成尼玛沁(仙女星座)。

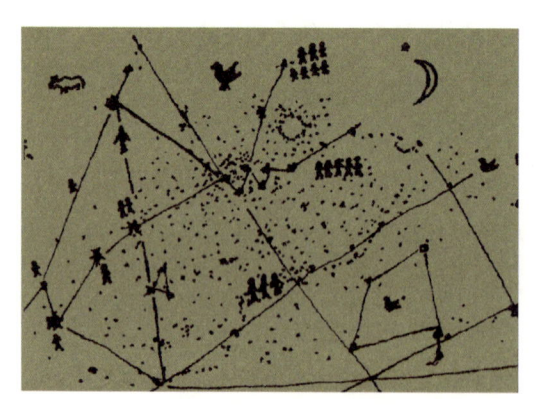

满洲先民萨满的古星图

二、普世平等的萨满祭祀——星祭

人类的信仰与崇拜同生产生活息息相关。

满族星崇拜文化,远至古代。

满族萨满文化崇尚自然为神,万物为灵,最早的祭祀在旷野里举行,后世称为野祭。星祭为野祭仪式之首,隆重至极,列在祭祖之前。星祭仪式有口口相传的时间、神喻、神图、场景、神词、神舞等传承。

最早的星祭口传历史为满族先民肃慎人的东海窝集国。时每年举行两次，第一次为当年的第一场雪后，这是庆祝一年来的狩猎丰收之祭。第二次，是蛇虫开始出现在地穴里蠕动的初春，这是祈盼新的一年里狩猎平安。

神喻：黑龙江尼玛察氏张七十六萨满传承的世传神喻，将天空的星象分为九个区域，中为头顶天，另八个区域分别为鹰、鼠、鹿、天鹅、鱼、灵兽、野猪、蛇。它们是满族人尊崇的动物神。如尼玛察氏为鱼、梅赫勒氏为蛇。

神图：黑龙江尼玛察氏张七十六萨满传承的冬令星图。图中，浩瀚的银河里，月儿高挂星空，太温妈妈——启明星、神鹿星——后发星座、塔其妈妈——仙后座、瓦丹妈妈——乌鸦座、噶思哈妈妈——双子、猎户等星座排成星阵，神鸟飞翔，众女神起舞，是一个天上人间与共的萨满星祭盛景。

祭星场景：据著名黑龙江瑷珲满洲富察氏后裔富希陆、富育光父子收集、整理记录：举行星祭的那一天，举族忙碌，人们在萨满的指挥下，在祭坛上摆设祭品，堆主祭的七星祭坛的篝火，并在祭坛的四周以柴火堆成鹰、鼠、鹿、天鹅、鱼、灵兽、野猪、蛇形状的篝火群。

黑龙江海林萨虎瓜勒佳氏星祭：敬设祭坛

黑龙江海林萨虎瓜勒佳氏星祭：敬迎星神

黑龙江海林萨虎瓜勒佳氏星祭：唱颂女神

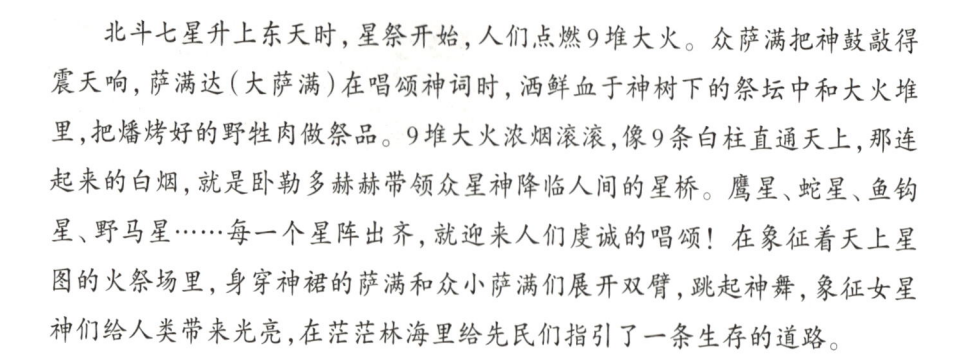

北斗七星升上东天时，星祭开始，人们点燃9堆大火。众萨满把神鼓敲得震天响，萨满达（大萨满）在唱颂神词时，洒鲜血于神树下的祭坛中和大火堆里，把燔烤好的野牲肉做祭品。9堆大火浓烟滚滚，像9条白柱直通天上，那连起来的白烟，就是卧勒多赫赫带领众星神降临人间的星桥。鹰星、蛇星、鱼钩星、野马星……每一个星阵出齐，就迎来人们虔诚的唱颂！在象征着天上星图的火祭场里，身穿神裙的萨满和众小萨满们展开双臂，跳起神舞，象征女星神们给人类带来光亮，在茫茫林海里给先民们指引了一条生存的道路。

清王朝入关后，由于社会功能的转变，满洲氏族分布于八旗驻防各地的旗营，举族而为的大型野祭逐渐减少。至乾隆年间，乾隆皇帝命人整理并统一满洲各氏族萨满祭祀仪式，将其钦定为《满洲祭神祭天大典》，在这部大典里，将满族民间萨满祭祀的主体部分，通过典礼形式固定下来，详细地记录了满洲萨满祭祀的全部仪式，对参与祭祀的人员、方式、地点、供物、器用等都作了明确规定，在这个规定里，大型野祭里的星祭转变为背灯祭里的星祭与火祭仪式。

在举行背灯祭时，要把灯全部关了，这是因为在很久很久以前，先祖繁衍生息在黑森森的老林子，树又高又大，一棵挨着一棵像麻地一样，齐唰唰的，长得可密实了。进去见不着太阳，分不出东西南北，林子里飞禽走兽有的是，不是碰见单行虎，就是遇到野猪群，想要跑出来都不容易。是北斗七星女神指引着满族人走出了原始森林。所以，在满族传统的婚礼上有一个重要的仪式——拜北斗。新婚的阿哥和格格首先要拜谢北斗七星，再拜谢阿玛和讷讷。

野祭祭祀仪式里的星祭神词、神舞在背灯祭里保存传承下来。

贵为皇家的萨满祭星神词，既保留着家族崇拜的星神，也保留着鲜明的狩猎文化：听着，一个挨一个请神。听着，照样呼喊打围赶兽声，摆上献牲恭请领牲，照样呼喊打

在坤宁宫举行的背灯祭

围赶兽声。听着,一个挨一个请神。听着,小声地,掩上门窗迎神。小声地,熄灭炊灶迎神。小声地,恭敬地迎接神灵。小声地,虔诚地准备了献牲。小声地,七女星神慈祥地降临。小声地,卓尔欢锺依星神(原爱新觉罗氏星主,后定为南斗六星星主)也降临。

清代皇家的祭星文化也出现在文学作品里,满洲正白旗人曹雪芹创作的《红楼梦》第三十六回里写道:宝母叮嘱仆奴,宝玉"祭了星不见外人"。

而在满洲氏族的祭星神词里,唤星的神词是宽广浩瀚的。吉林九台满洲镶红旗瓜尔佳氏罗关家族萨满在背灯祭的祭星神词里唱道:

依兰乌西哈,仁他哈哦亦德,图其勒哦亦德,米拉他哈亦德,乌能忍烟木吉爱阿呀,萨满哦真图门乌西哈,外力哈哦亦德,爱新撮库阿什哈牟力勒,德特合牟力勒哦亦德,佛可末古拉古佛库末,那拉哈德西乌西哈,德可德合德也末,米可合哦亦德格林,朱可滩格木,索力末乌合力,牟沉书可敦,分打哈哦亦德,尊他哈呀哈哦亦德猛文撮库,为分哈呀哈哦亦德,爱拉朱书可敦德,洒拉朱阿烟敦,佛帆德翻丹朱,沙拉滚德洒拉朱……

此段背灯祭神词汉意为:今晚上日落黄昏后,三星、七星、星辰日月,西斗三星、太子星、南斗六星、东斗大星,三更后,金色的星,万星出全。萨满将年息香点上,腰铃挂门边,锅灶收拾干净,将火点上,将猪皮扒下,撕成八片,槽盆摆上,然后,供上神金鸡,敬上甜米酒,方盅摆上,跪在地上,祭请天上众星神。祭祀开辟以来,立天立地的先祖。

综上所述,满族祭星的文化状态,是以独具魅力的满族萨满祭祀和祭祀形式、祭坛设置的特点来显现的。从整个仪式里,我们可以看到原始人类的生活状态、思想意识、文艺胚胎、民俗形成的渐进过程,以及平等普世的宗教理念。这种民俗是满族民族性格、思想根基、民族凝聚力的重要组成部分。

三、萨满祭星文化遗存——祭星圣坛

远古,满通古斯语族先民在东北亚留下了众多的人类聚落遗址,其中在东北三省亦出土了大量的祭祀神坛,只是由于没有从萨满文化上来解释,而是以民间艺术来运作，使这些遗址的文化人类初年文化没有很好地挖掘和体现，即使利用，也出现了许多偏差。

1994年，在黑龙江省双鸭山市宝清县进行的考古，发现了满族先民挹娄炮台山祭星圣坛，出土了众多带有萨满文化元素的文物，再现了古代挹娄人的祭星仪式，掀开了满族先民星崇拜文明的神秘面纱。

挹娄，是满族最早原始部落"依伦"、"邑落"的汉语读音之传承。关于挹娄人的社会生活，在东夷传里可见一斑：挹娄在夫余东北千余里，滨大海。南与北沃沮接，未知其北所极……有五谷、牛、马、麻布。人多勇力，无大君长，邑落各有大人。处山林之间，常穴居，大家深九梯，以多为好。土气寒，剧于夫余。其俗好养猪，食其肉，衣其皮。冬以猪膏涂身，厚数分，以御风寒。夏则裸袒，以尺布隐其前后，以蔽形体……古之肃慎氏之国也。

满洲族举行萨满祭祀，星祭仪式为大型野祭中的重要仪式之一，均设置祭星圣坛，仪式隆重至极：原野上燃起一片火阵，九堆大火堆熊熊燃烧，与一个个小火堆连成鱼、鹰、虎、蛇等形的火阵。星神坛上，摆放着虎、鹿、野猪、雁、天鹅等献牲，敬奉着部落的祖先母神神偶。女萨满，她手拿卜骨，身着兽皮七彩裙，以女真古语唤神，以萨满迎神，率族众以东海蟒式舞蹈敬神。

在北方各地，均有满族先民部落祭祀遗址发现，其中定名为祭星遗址的，坐落在宝清县境内，为三江平原上最大的山城。

2009年10月19日，国际著名萨满文化学者富育光、著名作家陈景河、吉林省民俗学会理事长施立学、吉林省社会科学院民族研究所所长朱立春、黑龙江省双鸭山市文物站站长王学良等众多学者踏察了该遗址，在山城上下共发现祭祀火坑13处，并在一处清理出野猪牙、兽骨、火炭等祭祀物品，这一发现，充分证明了这里就是满族先民挹娄人举行萨满星祭的遗址。来自北京、上海、成都、天津及祖国各地的满族同胞怀着

富育光在画祭星神坛地形图

喜悦的心情，也来到宝清县的先祖祭星圣坛遗址，在这里，他们追溯族源，缅怀先祖，期待着各学科的专家和学者们，循着萨满文化的遗迹来诠释挹娄文明，使这一文化更加丰实俊美。他们更由衷地祝福承载着古代人类文明、弥足珍贵的祭星神坛，成为满族同胞寻根祭祖的圣殿，成为人们寻觅、观望神秘天文星象的崇拜地。

宝清县祭星圣坛的发现无疑是中国天文学上的重大发现。对于满族同胞来说，则是满族萨满文化中星崇拜仪式实质性的重大承载体。祭星圣坛宛如一根红线，把以汉字书写的北方民族中只知其形，不知其神的祭祀文化，与满族世代口传的萨满文化有机地链接起来，使挹娄文明成为展现满族先民萨满文化的重要承载体之组成部分。万年过去，北国部落如云，在分分合合中消亡和新生。民众如土，岁岁春猎冬围，以民俗文化鲜活地演绎历史。发源于东北亚大地的自然为神，万物有灵的萨满文化，几千年来，虽经岁月而有所变化，但其内核未变，并由满洲氏族的萨满在祭祀中世代传承。

乾隆命统一满洲祭天祭神仪式后，大型野祭中的祭星仪式改为背灯祭，其含意为满洲氏族永世纪念那丹恩嘟哩赫赫指明方向，送来光明，让女真人的子孙后代走出黑压压的深山老林。

清王朝逊朝后，宫廷的背灯祭成为历史，而民间的背灯祭、祭星仪式由现黑龙江省宁安市，吉林省九台市满洲尼玛察、瓜尔佳、舒穆禄、依尔根觉罗等满洲氏族却传承下来。

1988年复原的满族先民火祭仪式

21世纪，中华民族文化伟大复兴，满族的星祭文化走进网络。

自2007年起，由各地满族网友共同发起，两年举行一次祭祀长白山活动，在祭山后的当天晚上，都举行传统的萨满背灯祭仪式，在萨满的满语星祭神词声和神鼓声中，在熊熊燃烧的篝火辉光中，满族后裔传承着满族星祭的传统文化。

四、叶赫纳喇哈拉祭星文化源

满族祭星仪式是《满洲祭神祭天典礼》一书中规定的背灯祭仪式，是满洲氏族和清廷皇家举行萨满祭祀的重要典礼。叶赫那拉氏的祭星典礼具有非常明显的地域性和其渔猎生涯的迁徙性。从其氏族居住的黑龙江七星河流域之满语地名，可以寻找到叶赫纳喇氏的祭星文化之源。

从黑龙江七星河流域的满语地名去寻找叶赫纳喇氏的迁徙足迹：

满族各氏族多以地名为姓，双鸭山——满语为朱鲁叶赫阿林，朱鲁汉译为双，叶赫汉译为鸭子，阿林汉译为山。按此分析，双鸭山为叶赫氏进入黑龙江、乌苏里江流域后的居住地。古代，这里还生活着乌苏部、松阿部、七里沁部、挠力部、倭肯部、穆棱部、安邦部、柳树部等众多部落。

据民国三年编撰的《吉林汇征》记载，当时的挹娄古城称为巴如古苏霍通，城主为木尔哈勤。宝清——满语为波勒金叶赫，汉意为这河边生息着许多的蒲鸭（野鸭的一种）。集贤——满语佛兰，汉意为鹿皮之意。为满洲先民乌苏部世居地。

挠力河——满语诺罗、诺雷毕拉。挠力汉意一是为禽鸟生息的地方，二是为没有固定河床的河流之意。挠力、诺罗、诺雷的读音按汉意音均为纳喇。这条河的名字，与发源于外兴安岭向南的支脉达勒替沙山，并与流入西里木迪河的纳喇河同名。由此可以拟定：纳喇氏既是从西伯利亚南迁进入黑龙江、乌苏里江流域的鹋鹋（女真语，鹰的意思）原始氏族之一。这个拟定既符合满族萨满文化鸟崇拜的信仰，也符合满族先民以地名和河流命名姓氏的历史记载。同时，与黑龙江省考古研究所张泰湘先生考证的"七星河一带生活着鸟崇拜的部落"论点相契合。更与满族萨满文化传承人富察·育光（富育光）传承的"因各族各姓祖居地域不一，所祭祀鸟类也不尽统一。各姓鸟神多则五、七位，少则二、三位。但所祭鸟神均有猛禽鹰、雕、海东青等类和鸠科鸟类与鸭科水禽鸟类，几乎包括所有鸟种"相符合。

在满族从氏族到部落再到建立国家的道路上，部落此起彼消，变化纷乱，并与北方各部落在不断争夺领地的战争中融合。七星河畔的各部也不例外。如纳喇哈拉、叶赫哈拉，在后来的岁月里，这两个氏族再度往松花江流域迁徙，落脚在一条发源于现吉林伊通境内的河流，并将此河以曾经的世居地命名为叶赫。元代时，从内蒙古地方来的土默特氏星根达尔汉，兼并了纳喇哈拉和叶赫哈拉，并以居住叶赫和纳喇两个哈拉的名字而为叶赫部，从此以后，这个部落后裔的老姓为：叶赫纳喇，亦写为叶赫那拉。至明代，迁徙至吉林地区的叶赫各部建有叶赫城（梨树县叶赫乡）、张城、阿气兰、乌苏、吉当阿、雅哈、黑尔苏、阿敦、喀布齐赉、俄吉岱、扎济里城、彝巴丹（今吉林省伊通河流域）等。

16世纪初，在女真社会的分裂和发展中，叶赫部首领祝孔革率所部来到叶赫河北岸定居。1573年，祝孔革之孙清佳努、扬吉努两人在叶赫河两岸的山头筑起两座城池，建号为叶赫国。清佳努居西城，扬吉努居东城，兄弟两人皆称贝勒（首领），称雄"扈伦四部"。当时叶赫部的活动范围广至"南境多在奉天界与哈达为邻，西境到威远堡边门，北境与科尔沁、郭尔罗斯为邻，东到伊通河。"史有"拓地益广，军声所至，四境益加畏服"之说。

天命四年（1619年），努尔哈赤亲征叶赫，叶赫人寡不敌众，东、西两座城池被毁，叶赫国灭，族众全部编入满族八旗迁往辽宁新宾。叶赫两座古城从建到毁，仅存46年。

清王朝进关后。随着八旗部队派驻各地军营，叶赫纳喇后裔逐渐分布于全国各地。清代，叶赫纳喇氏累有文韬武略重臣，如辅政大臣苏克萨哈、咸

纳兰性德　　　　　　那　桐

第三章　萨满女神与天体崇拜

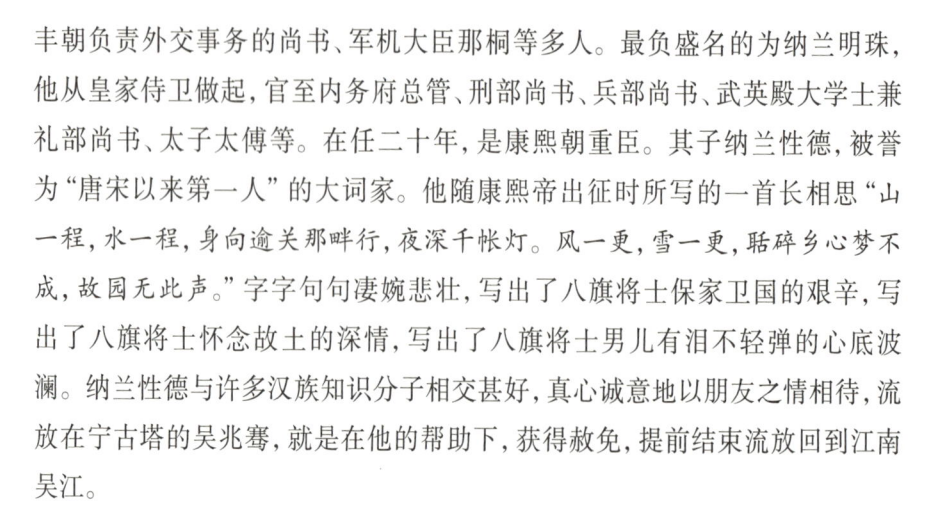

丰朝负责外交事务的尚书、军机大臣那桐等多人。最负盛名的为纳兰明珠，他从皇家侍卫做起，官至内务府总管、刑部尚书、兵部尚书、武英殿大学士兼礼部尚书、太子太傅等。在任二十年，是康熙朝重臣。其子纳兰性德，被誉为"唐宋以来第一人"的大词家。他随康熙帝出征时所写的一首长相思"山一程，水一程，身向逾关那畔行，夜深千帐灯。风一更，雪一更，聒碎乡心梦不成，故园无此声。"字字句句凄婉悲壮，写出了八旗将士保家卫国的艰辛，写出了八旗将士怀念故土的深情，写出了八旗将士男儿有泪不轻弹的心底波澜。纳兰性德与许多汉族知识分子相交甚好，真心诚意地以朋友之情相待，流放在宁古塔的吴兆骞，就是在他的帮助下，获得赦免，提前结束流放回到江南吴江。

叶赫纳喇氏与爱新觉罗氏为世亲，努尔哈赤的发妻为叶赫部长杨吉砮的女儿，她聪慧美丽，仁心恩度，深受努尔哈赤和族众的敬爱，称她为蒙古格格。从她起，满洲与蒙古联姻甚繁，科尔沁草原之女嫁与满洲贝勒为妻，满洲的固伦公主下嫁蒙古台吉，一根根红线绵延几百年。曾经的婚姻故事，讲述了曾辅政皇太极、顺治、康熙三朝，造就大清王朝一统天下的蒙古族女政治家孝庄皇太后的传奇；曾经的婚姻故事，落在民间，化成了一句"满蒙一家亲，打断骨头连着筋"的民俗谚语，流传在白山黑水和内蒙古草原。清代晚期，出生在乍浦满洲水师营的叶赫纳喇氏的族女再度入宫，她能写会画，聪慧美丽，由一个满洲镶蓝旗的格格成为大清的皇后——慈禧太后。她在风雨飘摇的年代中"垂帘听政"于道光、同治、光绪三朝，主政中国第一次改革开放的"洋务运动"，使中国封建社会发生数千年之变，结束封建社会管理制度，实现了全新的国家现代化管理制度。

慈禧皇太后画像

辛亥革命后，叶赫纳喇氏均多冠姓为那、南、叶、姚。近现代姓氏名人有（部分）：叶仰曦，著名画家兼昆曲艺术家。叶嘉莹，中国古典诗词专家，南开大学古典文化研究所所长。叶广芩，著名作家、西安市作协副主席。那根正，清史专家，皇家匾额体书法家。那传林，上海外国语大学俄罗斯研究中心专职研究人员。叶莺，著名外交家、纳尔科全球副总裁兼大中华区主席。娜夜，著名作家、诗人、兰州晚报首席编辑。那英，著名歌手，被誉为歌坛天后。那威，五子棋之父，著名电视主持人。叶永青，著名画家。曾任纽约艺术研展中心总经理15年。姚铁军，上海大学出版社社长兼总编辑。那维勋，台湾演员。主要作品有《终极一班》《终极三国》《终极一班2》。李宗翰，中国知名男演员。主要电视剧作品有《一脚定江山》《梧桐雨》《徽娘宛心》《春去春又回》《新水浒传》《画皮》《百万新娘之爱无悔》等。

| 叶嘉莹 |  叶广芩 |  那根正 |  那传林 |

| 娜 夜 |  那 威 | 那维勋 |  李宗翰 |

第三章　萨满女神与天体崇拜

五、爱新觉罗哈拉祭祀的星神

爱新觉罗氏的萨满祭祀为皇家祭祀典礼。作为八旗最大的家祭,其祭祀的星神,是卓尔欢锺依星主,这颗星后被定为南斗六星星主。这是满族的神星"恩嘟哩特克",由4到15颗星组成,它高挂南天,缓缓西移,是满族先民萨满观测风雪气候的星。所属的星座为飞马座和仙女座。

清代,爱新觉罗家族成员多有人派往八旗驻防部队任职,或回到祖居地守陵。如在新宾满族自治县腰站村后山根下有一座爱新觉罗家族最古老的住宅腰站村。

康熙二十九年(1690年)九月,努尔哈赤三祖父索长阿之嫡孙阿塔,带着13个儿子中的7个(另6个留在京城)由京城辗转回乡出任永陵副尉(后任总管)。路经此地,见这里山青水秀,土地肥沃,便下马对儿子们说:"这地方风水不错,咱们要占!"遂留下6个儿子在此安家,独带12子巴图到永陵赴任去了。他这句咱们"要占"便成了这个村庄的名字。

当年,阿塔的6个儿子分别在村子的东、南、西、北、中及后山根各建宅院,分支自立,繁衍生息。如今,几百年过后,腰站村大约有近千人口,村子也分为腰站、西堡、胜利几处。1912年清王朝逊朝后,北京爱新觉罗家族的萨满祭祀结束。但皇家曾经的萨满祭祀却在这个村子的后裔里传承。如家里的西

新宾腰站满家西墙上的祖宗匣子

阿塔后裔重新复原了家谱

爱新觉罗哈拉密雅纳支系的家祭

墙上供着先祖的祖宗匣子,再如挂着白色的满文挂签。在"文化大革命"中被毁的家谱也重新再续。

20世纪80年代后,满族萨满祭祀里的祭祖仪式在拂尘复原。在辽阳东京陵,舒尔哈齐后人海氏家族200余人举行了隆重的家族祭祖仪式。在辽宁省辽中县蒲河村,生活着爱新觉罗家族的一支——爱新觉罗哈拉密雅纳支系的后裔。2009年6月,一年一度的家祭隆重举行,族人们从四面八方向着祖居地而来。

当年,爱新觉罗氏中凡属努尔哈赤祖父即太祖的子孙称"宗室",系黄带子;太祖兄弟的子孙称"觉罗",系红带子。清王朝入关后,他们以镶黄旗"红带子"的身份留了下来,守卫清王朝的关外紫禁城——盛京。在清代,凡爱新觉罗氏"觉罗"的男性后裔,出生后即由朝廷发下红带子一根,直到去世时随葬而去。现存世的红带子只有一根,是辽宁新宾在给一位拥有红带子的老人办丧事下葬时,匆忙间忘记了,才得以保留下来。曾有人欲以巨资来购买这根红带子,都被主家以"要给后代留个祖宗的物件"而一再拒绝,在文物骗子事件屡有发生的今天,为了这宝贵物件的安全,主家已不轻易将这根红带子示人。曾经的红带子虽难以看到,新的红带子却在民间延续,是沈阳地区阿哥婚礼时系在腰上的吉祥物。

300年过去,这支远在浦河之畔的包朗阿后裔,由五祖讳包郎阿后裔蒲河村穆昆达肇江耀整理,由爱新觉罗·启澜作序的一本家谱介绍了爱新觉罗家族的姓氏和家谱排序:入关前,爱新觉罗家族按满族习惯,从名字上分不出辈分。入关后,康熙皇帝受汉文化影响较深,他为其后世子孙钦定名时规定其子辈为"胤"字辈,其孙辈为"弘"字辈,乾隆皇帝又续"永、绵、奕、载"四字,道光皇帝再续"溥、毓、恒、启"四字,咸丰皇帝接续"焘、凯、增、祺"四字。民国后,爱新觉罗氏后裔冠姓为金、童、海、洪、匡、德、肇、罗、艾、铁、惠、衡等。

以上姓氏名人有(部分):洪麟阁,著名抗日将领。汪笑侬,京剧革命第一巨子、戏曲艺术家、剧作家。金仲仁,著名京剧小生名家。溥心畲,国画大师,与张大千齐名,被誉称为"北溥南张",又与吴湖帆并称"南吴北溥"。金启孮,女真史学者、女真文书法家。启骧,著名书法家。辛旗,中华文化发展促进会副会长、中国和平发展研究中心研究员、全国台湾研究会理事等。章冶强,文化部民族电影专项基金秘书长,华映世纪文投集团董事长。杨军,国际著名时尚设计师,奥运旗袍设计师。今波,著名文化节目主持人、资深媒体人、大今文化发展公司董事长。洪

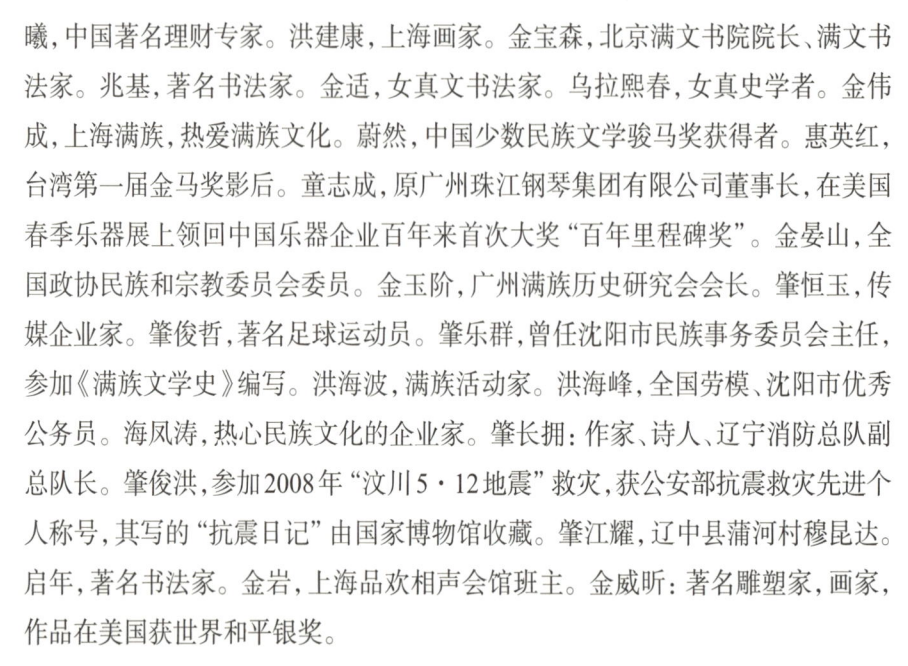

曦，中国著名理财专家。洪建康，上海画家。金宝森，北京满文书院院长、满文书法家。兆基，著名书法家。金适，女真文书法家。乌拉熙春，女真史学者。金伟成，上海满族，热爱满族文化。蔚然，中国少数民族文学骏马奖获得者。惠英红，台湾第一届金马奖影后。童志成，原广州珠江钢琴集团有限公司董事长，在美国春季乐器展上领回中国乐器企业百年来首次大奖"百年里程碑奖"。金晏山，全国政协民族和宗教委员会委员。金玉阶，广州满族历史研究会会长。肇恒玉，传媒企业家。肇俊哲，著名足球运动员。肇乐群，曾任沈阳市民族事务委员会主任，参加《满族文学史》编写。洪海波，满族活动家。洪海峰，全国劳模、沈阳市优秀公务员。海风涛，热心民族文化的企业家。肇长拥：作家、诗人、辽宁消防总队副总队长。肇俊洪，参加2008年"汶川5·12地震"救灾，获公安部抗震救灾先进个人称号，其写的"抗震日记"由国家博物馆收藏。肇江耀，辽中县蒲河村穆昆达。启年，著名书法家。金岩，上海品欢相声会馆班主。金威昕：著名雕塑家，画家，作品在美国获世界和平银奖。

| 汪笑侬 |  溥心畬 |  金启孮 |  洪麟阁 |

| 辛 旗 |  启 骧 |  章冶强 |  今 波 |

兆 基 　　　　　洪建康 　　　　　金 适 　　　　　金伟成

蔚然 　　　　　金晏山 　　　　　金威昕 　　　　　洪海波

六、清代帝王世系表

清建国于1616年，初称后金，1636年改国号为清，1644年入关，1912年逊朝。

国号	年号	谥号	姓　名	在位期间
后金	天命	太祖	努尔哈赤	1616～1626年
后金	天聪	太宗	皇太极	1627～1635年
清	崇德	太宗	皇太极	1636～1643年
清	顺治	世祖	福临	1644～1661年
清	康熙	圣祖	玄烨	1662～1722年
清	雍正	世宗	胤禛	1723～1735年
清	乾隆	高宗	弘历	1736～1795年
清	嘉庆	仁宗	颙琰	1796～1820年

续表

国 号	年 号	谥 号	姓 名	在位期间
清	道光	宣宗	旻宁	1821～1850年
清	咸丰	文宗	奕詝	1851～1861年
清	同治	穆宗	载淳	1862～1874年
清	光绪	德宗	载湉	1875～1908年
清	宣统		溥仪	1909～1911年

世界文化遗产地——新宾永陵祭祀先祖

东京陵祭祀先祖

满族同胞自发在沈阳福陵祭祀努尔哈赤

满族同胞自发在沈阳昭陵祭祀皇太极

（照片由额尔登顺等提供）

七、清代帝王画像

努尔哈赤	皇太极	顺 治	康 熙
雍 正	乾 隆	嘉 庆	道 光
咸 丰	同 治	光 绪	溥 仪（照片）

第三节　火 崇 拜

突姆火神却全身精光，变成光秃秃、赤裸裸的白石头，吊在依兰乌西哈星星上，从东到西悠来悠去，在白石头上还发着微光，照彻大地和万物，用生命的最后火光，为生灵造福……

引自《天宫大战》

在北温带、亚寒带、东北亚广阔的土地上，已经生息着古人类。人类初始，万物苍莽，火，来自何处？

一、火文明开启与火种采集

远古，东北亚大多是原始森林，火种来之不易。所以，满通古斯族群不祭太阳神，祭祀火神，大凡祭祀，必有火祭。

满通古斯语族先民敬奉的火神来自由富察氏后裔富希陆、富育光父子收集、整理的满族创世史诗《天宫大战》里的创世女神，她们分别是：

鹰头人身，带来太阳之火的鹰神代敏妈妈。

鱼头人身，带来深海之火的东海女神德立克妈妈。

燧石，带来火山爆发之火的多喀霍妈妈。

虎目、虎耳、豹头、豹须、獾身、鹰爪、猞猁尾，带来雷电落地之火的拖亚拉哈妈妈。

同为满通古斯语族、女真后裔的鄂温克族人敬奉火神为"瑟伦达"，相传在很久很久以前一个冬夜里诞生：

人们为她的歌唱而苏醒，看到她说着奇妙的语言，飞动的手指闪射出无数个火星，于是，猎人们与她手拉着手，在老林子里跳舞歌唱。从此以后，"瑟伦达"将光明和温暖带给了鄂温克……

以上的火神均为自然崇拜的女神。

火女神是在远古人类生存的渴望里诞生的,满族先民萨满传承道:

千万年前火山爆发,浩瀚无边的海洋消失。黑色的乌金拱裂出五大峰、七大岭、十三道大川。天地初开,人间没有光、热、火,大地是一个大冰块。天母阿布卡赫赫命七匹天马架起天梯,命母鹰顺着天梯飞向太阳取火。母鹰飞啊,飞啊,飞到太阳的时候,它张开翅膀和羽毛,把光和热装进羽毛带到人间。但是,由于母鹰几天几夜长途跋涉,飞过太阳的时候,它劳累地闭上了眼睛,不留神,羽毛里的火掉出来。冲天的火焰拔地而起,昼夜不灭,把森林和石头都烧红了!母鹰在大火中死去,它的灵魂化做了女萨满。天梯断成几截倾倒在地,七匹天马被烧溶,只留下七个乌金的马嚼子,完达山脉有了七个马嚼子似的七座山峰——那丹哈达拉岭。从此,大地冰雪有了融化的时候,人和万物生灵有了吃饭、安歇和生儿育女的时候。

火神崇拜是在人类狩猎时代诞生的。由满通古斯语族后裔赫哲族萨满吴连贵传承,萨满文化研究者黄任远先生采录的一个民间传说,再现了满通古斯语族先民发现火、保存火、使用火的故事:

那是地上刚有人的时候,人们冬天披兽皮,夏天围鱼皮。打到猎物和鱼,够一口分一口,够一堆分一堆。当时没有火,吃的东西都是生的。

有这么一年,从天上掉下天火,烧着了树林,烧死了野兽。人们吃到了熟食,觉得味道挺好,才知道火是个好东西。阿布卡恩都哩怕天火把地上的森林烧光,派木都里(龙)到处降下大雨,浇灭了大火。有个名叫都热马林的讷讷阿姆(奶奶),为保护火种,好让族众们不致因雨浇灭了火而断了熟食,便在雨中把一块火红的木炭抱在怀里,跑进了山洞。

火种保住了,都热马林讷讷阿姆却被活活烧死。从此,族众尊称她为护火神"佛架妈妈"。每次点火时,要祭祀她。如果在老林子发现燃烧过的火灰和木柴,要虔诚地绕着走,绝不能随意地跨过。

远古时火种的采集来之不易,因此,火种是各部落联合举行大型萨满祭祀时按部落分配的圣物。同时，火祭还是部族青年男女爱情的狂欢节，所以，祭祀仪式程序繁复庄严，神圣隆重：

黎明，晨光初起，便正式开始火祭。号角一响，总祀穆昆达（部落族长）和总祀萨满达（大萨满）率领各分支穆昆（各部落）、萨满率族众依次来到神树前，所有尼玛琴（神鼓）、西沙（腰铃）、通肯（抬鼓）、恰拉器（神板）等响器全响起来，待族众叩头完毕，萨满们开始报祭、排神、牵上来活鹿、活猪等，领牲杀宰，牲血装入神坛中，并用牲血配水洒地，洒遍神树四周与分支部落驻地方向。总祀穆昆达还要在木杯中留出一杯兽血，准备夜祭火神时使用。

午后，各分支萨满为各分支报祭、祝祷。

黄昏之后，夜幕降临，火祭正式开始。在经过排神、献牲、请神、族众歌舞、野合后的阿哥和萨尔甘追，会得到女罕给予的婚姻祝福。火祭即将结束前，各哈拉族众往篝火中敬掷供物，然后，用小罐、小盆、小坛等盛火工具，从火祭坛中捡拾火炭，敬奉为"常明火"，带回各自的噶栅，埋于火盆、火灶中，使之日复一日地燃烧，温暖族众的生活。待又一次火祭时，再带至新的火祭圣坛，再度燃起新的神火。如此周而复始，岁月轮回，圣火永存。

在母系社会时期，各氏族都由女萨满行使对火的使用和管理。人，就像火塘里的火种一样，一代一代地传承着族群生命。因为有了火，在"六月，天鹅入池即不能起飞"的东北苦寒之地，满洲先民们能得以在有火塘和火炕的半地穴式的"住宅"里生活。以往一个冬天里，十人进地穴，六七人死去的日子永不复返。狩猎也不再仅仅是棍棒和石头，人们以牛录（大箭）为狩猎组织，在"毒箭围"、"陷阱围"以后又有了"天火围"。

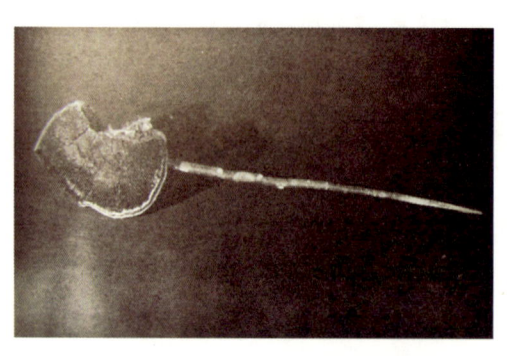

女真先民传承至80年代的贮火器

二、火崇拜与圣火文化

哲学家尼采有一句名言：一个民族的生命在其艺术家。

满洲族群先民的火崇拜和圣火文化，以及氏族的文化信息，就是人类最伟大的艺术家——萨满的神歌、神词、神舞在颂唱中传承……由黑龙江瑷珲萨满鲁连坤讲述、富育光先生译注整理的满族说部《乌布西奔妈妈》中,东海窝集国七百噶栅的族众在火祭仪式中虔诚地颂唱圣火女神:

锡霍特阿林那丹格格山尖,咳咿耶,燃起七堆彻夜不灭的大火堆,伊耶,伊耶,咳咿耶,这是德立克妈妈的火呀,嗨耶,这是拖亚拉哈妈妈的火呀,嗨耶,这是突姆离石头的火呀,嗨耶,这是卧勒多星神星光的火呀,嗨耶,这是巴那吉胸膛的火呀,嗨耶,这是额顿吉天风的火呀,嗨耶,这是顺格赫永生的火呀,嗨耶……

满洲先民对火崇拜至极,深情地颂唱:

火啊,额姆的火,慈祥的火,咳咿耶,火啊,孕育的火,哺乳的火,咳咿耶,火是闪着来,咿耶,咿耶,咳咿耶,火是笑着来,咿耶,咿耶,咳咿耶,火是蹦着来,咿耶,咿耶,咳咿耶,火是树上来,咿耶,咿耶,咳咿耶,火是雨里来,咿耶,咿耶,咳咿耶……

世代相传的萨满神歌,记录了满洲先民社会生活状态:

嘿耶,嘿耶,冰雪里生儿育女,嘿耶,嘿耶,森林里活过白头,嘿耶,嘿耶,雾里浪里看穿阔海,烧吧,烧吧,咳咿耶,咿耶,咿耶,咳咿耶,咿耶,咿耶,咳咿耶,烧吧,烧吧,咳咿耶……

但是,从20世纪初的辛亥革命,到60年代的"文化大革命",直至80年代初期,70多年的时间里,蕴含满族先民族群的火崇拜之润涵人类社会历史、民族文学、民族艺术的萨满文化,被诬为迷信,满族文化之火屡遭磨难,奄奄一息。"文化大革命"期间,黑龙江流域、

张爱云在记录傅老讲述的萨满故事

第三章 萨满女神与天体崇拜

061

宁安市大萨满世家之大萨满傅察·哈楞阿（傅英仁）因不堪侮辱，携数十年来历千辛万苦而收集的萨满说部文稿投牡丹江自尽，幸亏他老伴赶来，将走到齐腰深河水中的他唤回，悲伤之极的他把文稿付诸江中，号啕地痛哭着："没了，没了，满族的文化啊，丢了，丢了，可惜了……"

20世纪80年代，满族文化迎来新生，在宁安市广电局副局长张爱云的支持和帮助下，傅老收集和传承的黑龙江流域的满族萨满说部进入抢救阶段，张爱云为傅老一起就萨满神话故事进行录音、整理出近100万字，出版成书，给满族后裔留下了传世的精神财富。2004年11月5日，黑龙江流域大萨满富察·哈楞阿（傅英仁）萨满在度过了艰难坎坷传承萨满文化的八十六个春秋后仙逝。在离开这个世界前，他给满族后裔留下遗嘱：一是希望能够再次出版满族民间故事。二是要把目前满族文化中最精华、最有特色的部分，比如萨满里的神话、民间故事研究出来。三是要把满族文化的精华传承光大。他的遗愿，正在由满族后裔在中华民族文化伟大复兴的年代里努力实现。

三、火崇拜与灵骨崇拜

火崇拜贯穿于萨满诸多祭祀仪式中，并与灵骨崇拜紧密相连。

1963年，在黑龙江省莺歌岭考古发掘中发现"距今3000多年的4座居住遗址和一处灰坑，分上下2个文化层。居室成四方形，每边长5—6米，室内面积30多平方米。室内四壁有15厘米是向内倾斜的。室内正中有灶址和炕址。在其中一处居室灶址的南边发现5个完整的狍子和猪的头骨，排列整齐，保存完好"。

很遗憾的是，由于当时萨满文化尚处于被污为迷信的历史阶段，萨满文化的学术研究在国内尚处于空白阶段。所以，给出的论点是：这些"排列整齐"且又"保存完好"，摆放在居室"正中"的两种动物头骨，既不是生产工具，又不是

笔者在莺歌岭进行田野调查

生活用品,其可能与当时的某种文化紧密相关。

实际上,这某种文化就是当时满族先民——肃慎人的萨满文化。他们认为其捕猎的狍子、野猪等猎物是穆林穆林罕(穆丹山神山,现在苏联境内)、斑达妈妈和斑达玛发(猎神)赐予的。狩猎前,萨满要在火塘前进行卜骨仪式,然后以卜骨在火上烧出的形状,确定是否出猎。在猎到野物以火享用了肉食以后,要将兽骨整齐地排列好,以便让它们的灵魂回到天国的牧场,进入新一轮的生命轮回。延续到现在,这种火崇拜祭祀的方式虽然有变化,但其内核仍在黑龙江、吉林满族哈拉里进行萨满祭祀中的跳肉神、领牲等仪式里找到遗存。如吉林九台瓜尔佳氏罗关家族,在举行萨满祭祀的时候,朝祭里的点火仪式非常隆重。清晨,堂子里的灶址前,萨满敲响神鼓,氏族主事的妇女点火,火着了以后,主妇端着放在盘子里的酒,与萨满和穆昆达及一起来到堂子门口,跪在地上,向天地敬酒请神。朝祭以后,开始贡献祭牲,人们向一头黑猪的耳朵里灌酒,它摇耳朵,说明神灵已领牲,就可以宰杀了。宰杀的猪洗净后,整个大卸八块煮熟出锅后,将肉再摆成原来的样子,供奉于祖先神像和神物前,这谓之为"摆腱子"。

火崇拜,是源于火来自大自然,在女真先民萨满的神歌里,歌颂火为人类氏族社会产生后的生存之宝:火——生存的韶光;火——生命的希望,火——使人傲立群牲,火——使人开创光明的坦程。

人类尊重自然,敬畏神明的原始理念也在女真先民萨满神歌中传承:火——驱寒之火,惊兽之火,生存之火,当人类与火女神世代相依为命之时,当生命之火与人类朝夕共存之时,宇宙比任何时候,都更加活跃而有生气。

而今,在经历了众多文化磨难以后,历经千万年,满族萨满文化的火崇拜仍然在满洲氏族祭祀里传承着,每逢龙虎之年的萨满祭祀,祭祀中朝祭中的点火仪式,星空下祭星祭仪式中的点火仪式,如先祖狩猎时的燎烤野牲仪式,阵阵神鼓声中,萨满的神词、神歌、神舞与大自然天地通和的交相辉映,这一幕幕场景,正是时下兴起的环境保护,人类与动物共同拥有一个地球的现代理念相辅相成,唱颂着人类祈求与大自然和合、和谐、和睦、和美共存的美好期盼。

四、富察哈拉传承的萨满文化火种

满族海洋萨满女神文化能够得以薪火相传,富察氏后裔是重要的传承人,满

生命·生命

李荣保　　　　　　孝贤皇后

族萨满世代口传的文化多由他们记录、整理，从而得以传世。他们是：富察·哈楞阿（傅英仁），满族民间故事家和民间艺术家，黑龙江萨满世家传承人。富希陆，满族说部重要传承人。富察·育光（富育光），国际著名萨满文化学者、长春师范学院萨满文化研究所名誉所长。傅作仁，满族剪纸艺术家。富察·清泉（傅清泉），黑龙江省剪纸艺术家。

富察，满族古姓。世居黑龙江额赫库伦、长白山、讷殷江（今吉林抚松）等地。金代为女真望族蒲察氏。清代为富察氏。清初，富察氏各部来归，其中，讷殷部孟古慎郭与族兄带领500人来归而封镶白旗佐领。其他各部编入镶黄、镶蓝旗。

清代，富察氏察哈尔总管李荣保之女入主后宫为乾隆帝皇后。族人亦屡为朝廷重臣，如傅恒在军机处20余年，历任侍卫、总管内务府大臣、户部尚书，授军机大臣加太子太保、保和殿大学士、平叛伊犁统帅等职。指挥大金川、平息准噶尔等战事。主持撰写《钦定旗务则例》《西域图志》《平定准噶尔方略正编》《御批历代通鉴辑览》等，被称为一手托起乾隆盛世之人。其子福康安于乾隆五十六年（1791年）任大将军入藏，驱逐廓尔喀侵略军。乾隆后期平定台湾林爽文等，因屡立战功历任云贵、四川、闽浙、两广总督，武英殿大学士兼军机大臣，封贝子。自清以来，富察氏后裔在保卫黑龙江领土中亦发挥重要作用。如首任黑龙江将军萨布素吉林将军富俊、宁古塔将军巴海均为富察氏后裔。

辛亥革命后，富察氏多冠姓为富、付、傅。富察氏的老姓包括富义氏、富苏瑚氏、富尔库鲁氏及布特哈氏（今赫哲族姓）等。

近代文化名人有（部分）：庆云圃，著名京剧表演艺术家。傅泾波，民国时期著名社会活动家。傅惟慈，通英、德、法、俄等多国语言，有三四百万字的译著，曾两任中国翻译工作者协会理事，译有德国著名作家托马斯·曼的名著《布登勃洛克一家》，英国著名作家毛姆的《月亮与六便士》等作品。傅履仁，美国第一位华裔将军、百人会主席。富润生，上海电影制片厂著名配音演员兼导演。傅庚辰，当代著名作曲家，曾任中国人民解放军艺术学院院长、中国音乐家协会主席，代表作有《地道战》《红星照我去战斗》。路地，诗人、首任《满族文学》杂志主编。傅晶，作曲家，曾任解放军军乐团创作室主任、解放军艺术学院研究室研究员。代表作《北京颂歌》。傅治国，全球非物质文化遗产基金会主席、美国ABAT公司董事局主席。付万力，富察氏通谱编撰组成员。路地，《满族文学》杂志创始人。富敏，著名电影导演，代表作有《16岁的花季》《上海人在东京》等。傅冲，著名影视剧演员。

| 富希陆 | 富育光 | 傅作仁 | 傅清泉 |

| 傅泾波 | 傅惟慈 | 傅履仁 | 富润生 |

| 傅晶 | 傅治国 | 路地 | 富敏 |

五、富察哈拉星火煜煜的萨满祭祀

阖族举行萨满祭祀 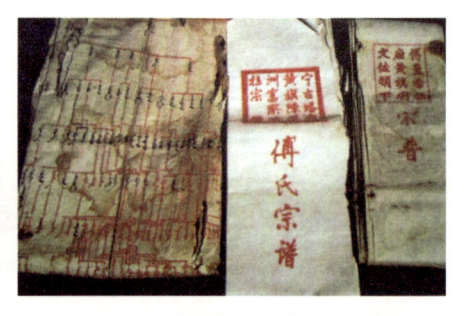　　　　满文傅氏宗谱

向柳树妈妈献祭

隆重的家族修谱仪式 　　　　祖先神祇图谱

六、金源文化节圣火仪式

阿城举办金源文化节

女真后裔回到故乡

女真萨满的神歌回荡

祭祖的典礼虔诚庄严

点燃采自白山黑水的女真圣火

世代相传金源文化的火种

第四节　冰雪崇拜

满族先民最早的冰雪认知，源于由氏族萨满传承的创世史诗《天宫大战》：

冰和雪是由恶魔耶鲁里制造的。她与阿布卡赫赫争斗，风石抛走了有火的石头，北边的天就冷了。耶鲁里欺骗阿布卡赫赫，问她世界上最美的是什么？阿布卡赫赫想了想，最美的是白色，最明亮的白色，宇宙是金黄的白色，大地上的乌拉（江）、毕拉（河）、毕尔汉（河汊）流的是滚动的白色，所以就回答说白色最美。于是，耶鲁里就把巴那吉额姆（地母神）的白发偷来，把宇宙万物身上披上了永不融化的雪和厚冰，越积越多，像一座座大雪山，万物众生因此死亡了。阿布卡赫赫这才明白过来，可是，已经晚了。宇宙变成了寒冷的白雪世界，她叫逊（太阳）、乌西哈（星星）照晒，让狂风吹拂，但冰雪太厚，难以融化，所以，雪天变成暖天要经过很久很久的时间。

满族先世的雪神神偶　富育光藏

一、冰雪崇拜女神——奇莫尼赫赫

东海窝集国是满洲先民最早的大部落，它的版图南到豆满乌拉（现图们江），东到东海，北到外兴安岭，库页岛、窝集国16个穆昆在女罕爱坤沙德的带领下，在这块土地上打渔捕猎，繁衍生息。

古代时，萨哈连部族众"年年顶着透骨的江风，摇着大威虎（满

《东鞑纪行》中清代管理库页岛地区的史料

语：船）到库页岛去。在那里，他们和鲟鱼安了家，瑷珲原野上的黄花在岛上生根开花。从此，每到花开的时候，黄花从萨哈连乌拉两岸一直开到库页岛上……"

每到冬季，雪，以其如天鹅的羽毛般从天空飘落，纷纷扬扬，铺满了东北亚的原始森林、大地山川，天地间冰封雪冻，银光闪闪。这种自然景象，满洲先民认为是神秘、神圣而又令人恐惧的。白雪皑皑的山就成为先民们崇拜的雪神偶像——奇莫尼恩都哩赫赫，奇莫尼为满语，汉意是"乳房"。

奇莫尼恩都哩赫赫是满洲先民敬奉的冰雪女神，她的象征是现俄罗斯境内的穆丹、穆哩罕山一带的奇穆尼窝集，萨哈连乌拉流域的满通古斯语族氏族萨满以一首优美的萨满神歌颂她：

雪白的奇莫尼赫赫向着萨哈连乌拉侧卧而眠，当她酣睡时，天空晴朗静谧，大地草沃花香，雪水消融，涓涓细流，沿山而下，滋育大地，牲畜肥壮。当她睁开眼睛南眺时，就会风雪大作，冰雹成灾，人畜死亡。

二、萨满雪祭仪式的初源——冰雪崇拜

古代满洲氏族萨满的萨满祭祀，有雪祭仪式。冰雪崇拜形成元素是源于渔猎生产。其包含的内容为：

一、渔猎生产的祈盼。
二、在雪枯时节的求雪祭祀。
三、遇特大好雪之时的庆雪娱雪的祭祀。
四、冰雪消融时的送雪祭祀。
五、暴雪时祈雪快停的祭祀。

从以上冰雪形成元素的五项内容里，我们可以看出，作为北方民族的满洲先民，对于雪——从天而降的白色的自然物体，充满了深深的感恩，把它看作是最美好的。由黑龙江著名作家、剧作家、诗人唐飚先生收集的一个女真族关于雪的故事，把美丽的雪花述说得让人分外地眷恋，眷恋雪花那宛如精灵般的生命：

松阿里乌拉像温柔秀丽的少女，款款地流过富饶的黑土地。她的身边居住着勤劳勇敢的游牧民族——女真族，他们追逐光明，崇尚白色。相传很久以前，

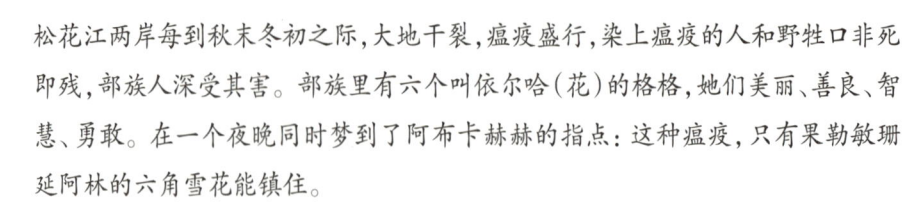

松花江两岸每到秋末冬初之际,大地干裂,瘟疫盛行,染上瘟疫的人和野牲口非死即残,部族人深受其害。部族里有六个叫依尔哈(花)的格格,她们美丽、善良、智慧、勇敢。在一个夜晚同时梦到了阿布卡赫赫的指点:这种瘟疫,只有果勒敏珊延阿林的六角雪花能镇住。

为了解除族人的痛苦,六个格格不畏艰险,经历千辛万苦到了果勒敏珊延阿林侯温——长白山天池。在这里,她们见到了撮哈占爷,撮哈占爷说:"六角雪花乃亘古奇宝,在池最深的地方,要想得到它,就必须要牺牲生命。"

部族人痛苦的表情萦绕在六姐妹的眼前,痛苦的声音回荡在她们耳畔,她们挽起手臂,毅然地跃进了池里。六条美丽的身躯绽放出六朵绚丽的浪花,旋即化作一池碧水,水面上浮现出六个灵光闪闪的水泡,汇成了一个色彩斑斓的大气泡,久久不散,气泡里六张俏丽的面庞、六双乞求的眼睛让撮哈占爷心痛,他长叹一声说:"我可怜的依尔哈,这里根本没有什么六角雪花,你们就是六角雪花。"于是他吹了一口仙气,那色彩斑斓的气泡顿时化作无数六角雪花,纷纷扬扬落在了松阿里乌拉两岸。

雪花使干裂的土地得以滋润,肆虐的瘟疫灭绝了,人们承接着、拥抱着、亲吻着六角雪花,人们都说雪花就是六朵依尔哈。六瓣雪花分别象征着吉祥、安康、幸福、欢乐、富裕、纯洁。从此,每逢瑞雪降落,人们就捧着、扬着、洒着、泼着,互相祝福吉祥如意、幸福安康,同时喊着撒迪勒干(女真语:吉祥)。

三、萨满雪祭仪式的初源——部落战争

冰雪崇拜的第二个形成元素与氏族的生存和命运息息相关。人类是在对于资源的占有和争夺中迁徙前行的,弱肉强食的自然法则对于满通古斯语族先民族群来说也不例外,在渔猎迁徙的路上,留下了许多惊心动魄、口口相传的部族生命印记。

有一首满洲先民宁摄里氏的雪祭神歌,就讲述了一个部族因战乱蒙难,在雪的祐护下而绝地逢生的故事。这个氏族萨满将口口相传的故事,以神词神歌的方式,说明了雪祭的起因,并以雪祭的形式传承:

请出来先人遗物,恭放长桌之上,穆昆、萨满率众叩头致祭相传,祖先起根的遥远年代,我们的先人们,狩猎于萨哈连乌拉北宁摄里山(在现俄罗斯境内)。山

西住着仇家大部落,人称"巴柱"魔怪。先人受其伤害,被欺蒙逃遁。灾难,忧患深重,先人频遭灭绝,竞相逃亡。皮裘没有了,火种没有了,先人尸横遍野。正在寻求生活之际,奇妙的事情突然发生:天降大雪,纷纷扬扬,雪花片片,连绵不绝,湖塘、沟壑、遍野都是雪。巴柱部落追踪而来,不见人迹。可怜的先人啊,全藏在雪被里。大雪弥漫如毛裘,又像天鹅舒展的翅膀。是先人藏在温暖的翎毛腹肚下,恩佑脱险。吉祥啊吉祥,后嗣由此接续、留存。祖先感谢天赐神雪,留下祭雪古俗。神雪恩泽亲人,永结机缘。

宁摄里山:满族先民称之为神山。东抵日本海,南自今黑龙江通河、勃利、虎林等市、县和乌苏里江支流阿库里河流域,北至鄂霍次克海。现为俄罗斯境内的亚马林山,宁摄哩氏后裔在辛亥革命后冠姓为宁。宁姓满族的老姓包括宁尔佳氏、宁古塔氏、章佳氏、富察氏,以及加入满族的汉族宁氏等,亦有分支进入尼玛察氏。据朝鲜古籍《李朝实录》载:铁岭北部女真溪关千户凝马哈,以宁为姓。

四、冰雪崇拜与满族民俗形成——冰灯雪坛

满族崇尚白色,至今在许多满族人家里,供奉先祖的祖宗板上还贴着白色的挂旗。雪祭,是萨满祭祀里带有地域特色的祭祀仪式。

古代,每到部落举行盛大的雪祭时,族众们在萨满的安排下,从四面八方取来干净的白雪,搭起祭祀的雪坛,架起冰梯,建起十数个冰台。在雪祭的

王纯信教授在介绍满族挂旗

冰台上,点上冰灯,供上猎来的猎物,采集存储的山果等各色祭品,载歌载舞地恭请奇莫尼雪神妈妈等二十几位自然神及英雄神,祭祀为人类带来火种的创世女神。

点冰灯民俗的初源来自满族创世说部《天宫大战》:

后世部落城寨上和狍獐皮苫成的"撮罗子"前立着的白桦高竿,岁岁点冰灯,升篝火照耀黑夜,驱吓独角九头恶魔耶鲁里,缅怀和祭祀突姆妈妈女神……

生命·生命 多多

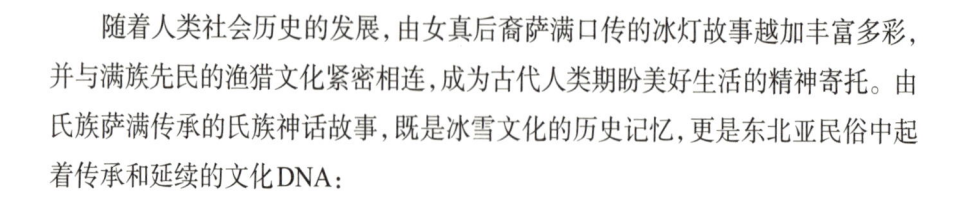

　　随着人类社会历史的发展，由女真后裔萨满口传的冰灯故事越加丰富多彩，并与满族先民的渔猎文化紧密相连，成为古代人类期盼美好生活的精神寄托。由氏族萨满传承的氏族神话故事，既是冰雪文化的历史记忆，更是东北亚民俗中起着传承和延续的文化DNA：

　　很古的时候，松阿里乌拉边上有个瓜尔佳噶栅（村屯）。那地方，老林子里狍鹿成群，水里鱼虾满河，日子过得太平安乐。突然灾祸来临了，一只又大又黑的九头鸟飞到这里。

　　自它来了以后，白天，瞧不到太阳；晚上，瞧不见月亮和星星。九头鸟刮起了铺天盖地的砂土，山秃啦，树折成半截啦，江河出槽啦。大地上的人和野牲口，没有光明咋能生存啊？九头鸟还不断把人和野牲口裹进洞穴。噶栅里的人一天天减少，以往安宁的噶栅，变得比坟圈子还凄凉！

　　噶栅里，有个刚学了两个乌云（学萨满的过程为9个层次，称为乌云）的女萨满，因为她小，族人们都叫她阿济格萨满。她为人正直，不怕邪恶。瞧见族人遭难，年老的穆昆达也让妖风卷走，自己是全族推选出来的萨满，咋能不管呢？她拿着弓箭要去找九头鸟。老玛发和讷讷阿姆们不让她去，"阿济格啊，你初学乍练的，能耐太小，又孤单单一个人，不是去送死么？"

　　阿济格说："那也不能坐等着死呀？捆着的箭杆顶根树粗。谁有胆量，就跟我一块找九头鸟喀（去）吧！"

　　"我们打小就在这打猎，什么样的野牲口没看过，你打头，咱们跟你去！"一忽拉，不少的阿哥拿着弓箭站了出来，跟着她朝九头鸟常出没的方向找去。

　　可是，那九头鸟有顺风耳啊，还没等他们摸到洞穴，就被九头鸟听见了。九头鸟展开翅膀妖风一刮，不少人只觉一阵昏迷，身子就被吸进黑洞了。阿济格萨满因为跟穆昆达老萨满学了几天，武艺强点。狂风刚一起，她两手拽住了一根绿皮藤，连人带藤被妖风吹上天去。藤子驮着她，忽忽悠悠，半天才掉到地上。落地后，阿济格萨满睁眼一看，哎呀，可把她吓了一大跳，她骑的藤子原来是一条像树那么长的绿蛇。她刚想去拎那蛇的尾巴，只见那蛇曲里拐弯地一摇，变成了一位赛音霍其坤（好漂亮）的格格。她向阿济格走了过来，施了个拉手礼，说："赛音！赛音！我叫梅合勒，我的阿玛和额姆叫九头鸟吃掉了，你去替我们报仇吧！"

阿济格说:"我是想去啊,可我也斗不过九头鸟呵!"

梅合勒说:"不要紧,九头鸟虽然长了九个头,厉害的只是中间的那个大脑袋。你别看它长着两只夜眼,可一看到亮光,就不顶用了。两边的四个小脑袋只管吃,可瞧不见东西。你只要用亮光治住大脑袋,就能杀死这九头鸟了!"

阿济格问:"可这窝集里上哪能够找到亮光呀?"

梅合勒说:"你爬上乌西哈山,到山顶上去取两颗天落石,拿回来用一百个人身上的热血,把它温红,就像天上流星那么明亮了。"

阿济格一听高兴了,说:"只要能除九头鸟耶鲁里,再险的乌西哈山(星山),我也能上得去!"

梅合勒说:"我变一根山藤子,你把它带在身上,就能钻进九头鸟耶鲁里住的洞里。杀了它,我们蛇群忘不了你的恩情!"说完,她就地一拜。就不见了人。

阿济格再仔细瞧,地上果真有一根小藤条。她捡起藤条缠在腰间,奔乌西哈山去了。她在夜风里走啊走,看不见高山沟谷,就在山涧里摸索,在石砬下攀登,怪石倒木,碰得她全身青一块,紫一块,手、脸和腿全刮出血口,皮袍也碎成了柳丝。脚肿了,走不动,就在地上爬,爬着爬着,望到了云彩里的乌西哈阿林。只见山顶闪着一片片星光,山脚飘着一层层白云。可是阿济格的双脚已经磨烂,爬不上陡立的阿林了,她正急呐,听见缠在身上的藤条说话了:"快、快,捡根白鹰的羽毛,那是神鼓的鞭呵,骑上它能上山!"

阿济格在地上找,果真找到一根鹰羽,拿起一举,嘿,真变成了一根白鼓鞭,随着鼓声,把她给驮上了乌西哈山。正巧,天上有两条火光,唰唰落到山上。她捡起两块温热的天落石,往山下爬去。爬呀爬,她实在爬不动,只能像蛇一样朝前挪动。爬到了九头鸟耶鲁里的洞口。一看,石洞的口子上堵着一块大岩石。她拿出缠在腰上的藤条,往岩石上一点,便钻出了一条很深的黑洞。她再顺着石洞往里爬,洞里黑乎乎的什么也瞧不见,她摸呀摸,摸到了人堆,他们是让九头鸟用妖风卷进来的人。一看阿济格来救他们,穆昆达赶紧朝阿济格爬了过来,阿济格拿出两块天落石,交给他:"穆昆达(族长),这是乌西哈山上的天落石,每人手里攥一会儿,然后往下传,传到一百个人,人身上的热血就能把它变成两颗明亮的东珠!灾难很快就会过去的,咱们就能有救啦!"

就这样天落石从一双热手又传到另一双热手,传呀传,天落石渐渐由凉变温,

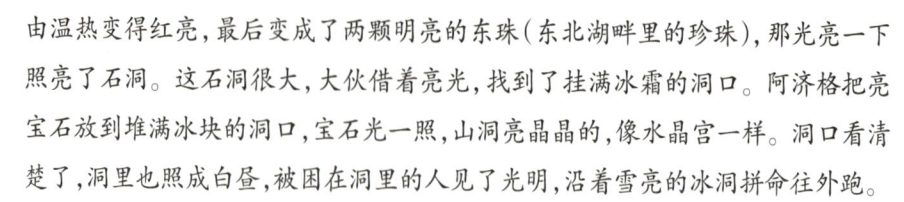

由温热变得红亮，最后变成了两颗明亮的东珠（东北湖畔里的珍珠），那光亮一下照亮了石洞。这石洞很大，大伙借着亮光，找到了挂满冰霜的洞口。阿济格把亮宝石放到堆满冰块的洞口，宝石光一照，山洞亮晶晶的，像水晶宫一样。洞口看清楚了，洞里也照成白昼，被困在洞里的人见了光明，沿着雪亮的冰洞拼命往外跑。

九头鸟正在紧里边的小洞里吞吃人和野牲口，忽见大洞里闪出亮光，惊得嘎嘎叫。它扇起翅膀刚想往外张望，阿济格一手举着亮星，一手握着箭冲了上来，红光照得九头鸟睁不开双眼，拼命飞逃。阿济格拉满一箭，先射掉了它的大脑袋。九头鸟看不见了，只能怪叫着乱碰乱抓，碰得石块哗哗落下。阿济格冲上去砍掉了它八个小头，九头鸟立刻一动不能动。以为它死了，阿济格转身就要走。没料想，九头鸟忽然喷出污血，溅得阿济格一身，九头鸟带着连在肉筋上的大脑袋，逃出山洞飞跑了。九头鸟的污血，脏啊，臭啊，落在地上传播瘟疫，溅到人和野牲口身上，人和牲口便溃烂死去。阿济格拯救了全噶栅人，自己却被污血害死了。

从此，松花江沿岸又过起平安的生活。只是那害人成性的九头鸟，因为它的大脑袋没完全被砍掉，它总是趁人们举行萨满祭祈盼和庆祝狩猎丰收的时候，偷飞进噶栅（村屯）来滴污血。知道它怕火光，家家在举行祭祀的时候，就要拢火堆来烧。九头鸟一见到光亮，就不敢来啦！人们也忘不了阿济格，是她将亮宝石放在冰块上，照亮了道路，带来了温暖。后来，家家户户喜欢制冰灯，就是纪念她让光明和温暖永远留在了人间！

（黑龙江瑷珲县大五家子屯富郭氏讲述、富育光记录）

五、清皇室冰雪崇拜——为民祈雪

入关以后，满族先民的冰雪崇拜进入国家祭祀体系，每逢京师得雪少，皇帝即于大高殿、昭显庙、宣仁庙设法率命贝勒、亲王等前往三坛举行祈雪祀典。光绪二十六年（1900年），在外敌侵略北京，京城大乱的国难之时，正值伏天八月，长安城是饿殍遍地，瘟疫流行，伴驾西行的虚云老和尚立即奏请慈禧皇太后、皇上，下旨亲谕：一、发动所有富户捐出存粮开办施粥厂救济灾民。二、在卧龙禅寺方丈东霞和尚的相助下，虚云老和尚在卧龙禅寺组织一场长达七天的祈雪大法会，望龙天垂护，降雪降雨消除瘟疫。虚云的德望感召来了西安各寺的僧人近千人，终南山终年隐修的师父也出山相助，佛教信徒闻之也从四面八方赶来……

时设法台高宽三丈三,上供释迦牟尼佛、阿弥陀佛、观世音菩萨、大势至菩萨。法台两侧竖立两根高高的旗杆,上面悬挂的三丈多长的金字佛幡,一面写"南无娑竭罗龙王菩萨摩诃萨",一面写"南无随方普应行雪龙王圣众菩萨"。佛台上铺黄布,鲜花、供果、香烛一应俱全。虚云带领9名法师身披红色袈裟跏趺禅坐在台上结印施法7昼夜。台下两侧108位僧人,昼夜不停持诵《祈雪陀罗尼神咒》,360位僧人带领信众拜《大悲忏》,其余僧尼带领信众念弥陀圣号,昼夜六时,佛号不断。

第七日上午,果然乌云密布,下午飘起了鹅毛大雪。大雪降后,僧尼们各自回寺。虚云仍然坐在四周无遮拦的法台持咒施法,又七日,长安内外千里冰封。慈禧太后在宫女、卫队的陪同下冒雪来到了卧龙禅寺,看到坐在风雪中持咒施法的虚云老和尚,感动得落下了热泪。并跪在了雪地里,给

卧龙寺石牌楼残石

这位"呼风唤雨的活菩萨"叩下了高贵的头颅。肃亲王、庆亲王请他日后同回北京住在宫内,以便请教佛法。十月初的一天凌晨,视名利如浮云的虚云老和尚悄悄离开长安,后隐居终南山。

次年,慈禧太后赐银千两重修卧龙寺碑,慈禧太后赐银御旨碑,并命修寺前石牌楼。很遗憾,从1950年起,卧龙寺先是前半部被开通巷小学利用作操场,西院被殡葬管理处全部占用,仅留中院,僧人只剩十余人,后又在农业合作化时,该寺与慈恩寺、兴善寺、木塔寺联合组成佛教农业生产合作社,实行劳动自养。惨痛的是"文化大革命"中,僧人离寺,佛像法物被毁一空,慈禧皇太后御旨修建的石牌楼被毁,仅剩下一段残石。

六、冰雪崇拜与现代冰雪娱乐——哈尔滨国际冰雕比赛

岁月流逝,萨满祭祀里春祭的冰灯、冰祭坛等冰雪崇拜变成了满族过大年的风俗。每到过大年时,人们杀年猪,祭祖续家谱,满屯子里挂红灯笼、放鞭炮、堆雪人、点冰灯、贴窗花,可红火了!

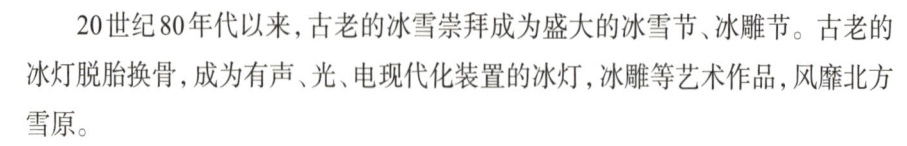

20世纪80年代以来,古老的冰雪崇拜成为盛大的冰雪节、冰雕节。古老的冰灯脱胎换骨,成为有声、光、电现代化装置的冰灯,冰雕等艺术作品,风靡北方雪原。

各类冰雪节在东北大地上走红,最负盛名的是哈尔滨冰灯节、冰雕节,沈阳的冰雪嘉年华。保留满族文化印记的黑龙江乌吉密山脉一带,有华天乌吉密滑雪场,也有亚布力滑雪场。每到冬天,这里是举行国际国内重大冰雪运动赛事的圣地,来到这里的既有世界顶尖的滑雪运动员,也有许多来体验滑雪魅力的游客。

古老的萨满文化也在冰雪节上绽放光彩。人们在建起现代化冰雪城池的同时,也造起了许多冰雪动物的冰雕艺术作品,展现了人类动物崇拜的潜意识情结。2006年1月8日,在哈尔滨举行的第20届中国哈尔滨国际冰雕比赛、兆麟公园第32届冰灯游园会国际冰雕赛上,来自俄罗斯的雅库特二队的冰雕艺术家们,创作了一座以人、天空、鹰、马、神偶、图腾柱等图案组成的冰雕作品《萨满再世》,这独有萨满文化特色、充满着萨满文化理念和高贵人文艺术精神的作品,摘取了这届冰雕比赛的桂冠。

2015年,哈尔滨在冰雪大世界园区内举行"2015·金源文化900年"活动启动仪式,此次系列活动包括哈尔滨市城史纪元研讨会、金源文化汇展、金两都文物精品展以及金源文化900年纪念大会暨金源文化旅游国际论坛等。是年冬天,阿城区文山博水满族风情园举行开园仪式,进行了冰雪滑梯、雪地木球、马拉爬犁以及萨满教舞表演。期盼黑龙江作为中国萨满文化的母源地,能够充分地挖掘人类初年文明的萨满冰雪文化,为中华民族多元文化增光添彩。

七、冰上运动的起源——冰滑子

东北是中国冰上运动的摇篮。早在古代,满族先民们就创造出了冰滑子,用于狩猎和战事。在北宋时期,南有大理,西南有吐蕃,西北有夏,北方先有辽,后又有金。

辽时,残暴贪婪的大辽王,最喜好一是美女,二是名雕,他们派兵在密林里包剿人们住的"达敏包",捉住女真人,就跟喂猪养狗一般,圈在木笼子里。年年岁岁,逼迫女真人到冰雪盖地的极北边打鹰。一条鹰路上,十去九不回,女真人白骨累累。因为怕捉鹰的人半路逃跑,辽帝的使臣们还扣下女真人的妻女做"人票",

还要她们"荐枕"。这事对于极为重视血统的女真人来说，怎能不心怀仇恨？在完颜阿骨打高举起反辽大旗时，女真各部纷纷聚集在他的旗下，要与大辽打一场人民战争。

在一个大冬天里，就在阿骨打为冰上作战的问题而烦恼时，铁利部的穆昆达派人送来了铁箭头，还有一块小木板上绑一块小铁棍的冰滑子，这让阿骨打高兴极了，他命铁利部赶制3000副冰滑子送来。女真将士们将这冰滑子绑在狍皮鞋上，在冰天雪地的林海里穿行，连夜飞袭宾州，打了一个大胜仗。后来，这冰滑子很快就传到了民间。从此，人们在茫茫林海雪原里驰骋万里如飞鸟，滑冰、打冰嘎、雪地走、冰球、冰嬉等冰上运动在皇家和民间风行。

清代冰鞋

天命八年（1623年），清太祖努尔哈赤在太子河上举行速度滑冰和冰球表演赛，满、蒙、汉官员与福晋们隆重出席，纷纷参加比赛。赛后，优胜者给予重奖，一等奖为赏银20两，二等奖为赏银10两，还举行了盛大的国家宴会。

清王朝入关后。清廷将冰嬉定为国家重要的"体育运动项目"，并和八旗部队的军事训练紧密结合。清代，八旗部队专设有5000人的滑冰队（健锐营）。每年一到冬季，由国家管理滑冰事宜的"冰鞋处"负责组织在京城的北海、南海等地的滑冰比赛，接受皇帝、皇后的检阅。那时的滑冰比赛囊括武术、杂技、滑冰技艺。表演内容有个人、团体项目。个人有射彩球、冰上蹴鞠、冰上掷球等。团体阵容有"燕子戏水""凤凰展翅""青龙回头""白虎摆尾"等，完全可以说是现代冰上花样滑冰、滑雪运动会的前奏。

1957年，第一次全国滑雪比赛在吉林省通化市举行，拉开了新中国冰上运动的序幕，源于女真族的冰雪运动迎来了更大的发展契机。1980年中国冰上运动全面启动，并于1986年在第一届亚冬会上取得第一枚亚洲金牌。从此，中国冰上运动员屡在国际冰雪运动赛事上获奖，我国冰上运动的佼佼者中有满族同胞、著名的花样滑冰运动员赵宏博、佟健，有开创我国冰上舞蹈的著名教练奚鸿雁等，他们培养出的运动员多次在国际、国家等冰上体育赛事中夺得冠亚军的殊荣。

八、完颜哈拉的冰雪崇拜

完颜氏为东海女真原始氏族黑水靺鞨后裔。他们生活在严寒的极北地区，"俗勇捍，喜战斗，耐饥渴苦辛，骑上下崖如飞；济江河不用舟楫，浮马而渡"。

金太祖完颜阿骨打立国前就为大萨满，1114年10月的冬天，天寒地冻中，他率兵往鸭子河，在到达作战地打尖（休息）时，睡梦里他感觉有人连摇三下他的头而获战神奥都妈妈神喻，连夜率领女真骑兵渡冰河攻打辽营，取得了3700人打败辽军7000人的胜利，留下了"女真满万不能敌"的历史记录。完颜希尹亦是萨满，他"以其通变如神，粘罕以下皆莫之能及"，创女真字，立国制，在金国国事处理上具有很高的威信和权利。

完颜为满族老姓。宋人徐梦莘《三朝北盟汇编》载：女真其姓氏则曰"完颜"谓"王"。明代有女真建州右卫指挥使王兀堂、王杲，哈达部长王台等。

1115年，完颜氏建金，国号收国。阿骨打为帝。金代历时120年，完颜氏散居各地。

辛亥革命以后，完颜氏以完颜、王、汪、粘为姓。1949年亦有满族同胞迁往台湾。完颜氏著名人物有（部分）：汪渔洋，台湾政要、原台湾满族协会理事长。王度庐，著名作家，代表作为武侠小说《卧虎藏龙传》。王立平，中国电影音乐学会会长。代表作有电视剧音乐《红楼梦》等。王兴东，中国电影文学学会代会长。王雪纯，中央电视台著名主持人。王瑾，中国上海著名合唱指挥家。音乐行迹遍及德国、奥地利、丹麦、韩国等，多次在国际国内比赛中获奖。王镇凯，空军指挥学院副院长、博士生导师。王崇愚，中国科学院院士，清华大学物理系教授，钢铁研究总院教授。王春雷，被誉称为亚洲高音王。汪正正，著名歌手。王朔，著名作家。完颜海瑞，著名作家，合肥市文联主席。王火，

完颜家族祖像

辽宁大学满学学者。王纯信,获联合国科教文组织"一级民间工艺美术家"称号。王纪,以萨满文化元素进行国画、油画等艺术创作的画家、艺术家。王苏娅,知名影剧演员,代表作《烈火中的青春》等。王平,著名相声演员。王丽坤,著名美女演员。汪小菲,俏江南集团执行董事。王丽萍,竞走运动员,2000年悉尼奥运会获女子20公里竞走比赛金牌。王燕铭,百年老字号《老王麻子膏药》第四代传人。王修身,医界誉称"满针王"。汪宗猷,创建广州满族小学。王晓红,辽宁本溪满族剪纸传承人。完颜钟华,北京满族文化活动组织者。王圣越,中央戏剧学院博士,作品在上海话剧中心、东方艺术中心、国家大剧院、德国SSEN莎剧节上演。

王度庐	王纯信	王 平	王苏娅
王崇愚	王镇凯	王 朔	完颜海瑞
王春雷	王 纪	王雪纯	王 瑾

王丽萍 　　　　王燕铭 　　　　汪正正 　　　　王圣越

　　13世纪中叶起，金代开国名将完颜宗翰的后人往福建、台湾等地定居，以粘为姓，瓜绵海峡两岸。据统计，福建晋江市900余人，石狮市40多人，泉州市500多人，南安市1100多人，福州、厦门、三明、漳浦等地100多人，其中，晋江粘厝铺村、南安市梧坑满族村为主要聚居地。

　　福建粘氏家族名人有（部分）：粘秋生，中国闽台缘博物馆副馆长。粘为江，福建省政协委员，中国节能海东青新材料集团有限公司联席主席。粘伟诚，中国节能海东青新材料集团有限公司总裁。粘为车，晋江华鑫塑料橡胶制品有限公司总经理。粘良图，编撰《晋江历代人名》辞典，点校清代诗人丁炜所著的《问山文集》。粘子瑛，出版《女真后裔在台湾：粘氏宗族与彰化福兴地区的发展》。粘文字、粘金绍，分别担任福建南安梧坑村村支书、村长，主持建设满族文化中心。粘春苗，教师，组织南安市第一支少数民族舞蹈队。台湾粘氏名人有（部分）：粘友文（幼山），续编家谱。粘店，曾三连任彰化县福兴乡顶粘村长。粘火营，台湾粘氏宗祠及大陆粘氏宗亲联系创办人。粘铭，创办亿丰企业界品牌公司，为两岸宗亲联谊，担任闽台会长并大力出资寻找内地先祖遗迹。粘仲仁，曾任台湾彰化县副议长。粘芳坑，为粘氏宗祠两岸宗亲联谊，聘请台湾宗亲合力出资建设福建省晋江衙口宗祠。粘立人，国际知名魔术师。粘锡麟，台湾著名环保社运人士，曾获环保贡献奖。著有《环保弘法师粘锡麟》一书。粘国祥，台湾著名防灾专家，曾经在数十所大专院校举办防灾讲座。粘添寿，台湾资讯作家，同时也是大学教授，著有多本与电脑网络及操作系统相关之电脑书。粘嫦钰，台湾资深媒体人，娱乐名嘴，曾任联合报影剧版记者多年。粘碧华，刺绣名人。粘三元，历任鹿港国际青年商会会长，彰化县邮学会第八、九届理事。粘能图，曾获台湾地区消费者协会金牌奖。粘金利，于台湾创办东王宝殿致力修道。粘振启，创办继茂公司产品行销全球，为粘连丁之孙。粘振雄,督洋生技股份有限公司董事长。粘清桂,曾多次任台湾彰化县福兴乡民意代表,彰化区渔会理事长。粘慧珍,台湾女警官,目前为"中央"警察大学学生总队副总队长。粘莲香,曾在台湾彰化地方法院检察署就职。粘春香,曾就职台湾户政单位。粘素真,就职教育界。粘清闵,任台中澎恰恰影视传播电影工作室总监。粘龙音,台湾著名工笔画画家。粘瑞温,台湾著名摄影师、导演,作品《冷枪》《半生缘》《逆水寒》。粘婉柔,台湾新丝路模特。粘仕杰,参加东方卫视《中国达人秀》走红网络的小朋友。粘荣智,"百能魅特"九球公开赛冠军。

粘秋生	粘为江	粘伟诚	粘 铭
粘碧华	粘国祥	粘添寿	粘振启
粘振雄	粘嫦钰	粘立人	粘良图

第三章 萨满女神与天体崇拜

粘瑞温  　　　　　粘婉柔 　　　　　粘仕杰 　　　　　粘荣智

九、冰融雪化——女真古俗祭祀完颜阿骨打

每年清明，哈尔滨满族同胞都自发到完颜阿骨打陵进行祭祀，他们以女真古俗，深情纪念阿骨打。2000年，阿城市举办首届金源文化节，举行了隆重的祭祀完颜阿骨打陵大典。尔后，每逢文化节，满族同胞从全国各地前来，以隆重的萨满祭祀，祭陵拜祖，缅怀先祖创世功德。

清明时节纪念女真英雄阿骨打 　　　　　虔诚献上鲜花和祭品

以满族礼节向阿骨打九天之灵致礼 　　　　　绕宝顶三圈为阿骨打圆坟

完颜氏后裔祭祀先祖　　　　　　各地满族青年出席文化节祭祀阿骨打

十、冰凌花开——闽台粘姓历史文化巡回展在台湾举办

2013年11月23日，由中国闽台缘博物馆、台湾彰化县福兴乡公所、闽台粘氏大宗祠、台湾彰化县粘姓宗亲会等联合举办的闽台粘姓历史文化巡回展在台湾彰化福兴乡图书馆隆重开幕。

此次展览分为"得姓由来""入闽分播""迁播入台""远播海外""寻根访祖"等十个部分，总共68个版面，展示新旧老谱10册，全面地介绍了粘氏姓氏的由来、演变，粘氏宗族的发展，两岸粘氏宗亲的互动等，以一个姓氏宗族展示了两岸血浓于水的深厚情谊，并透过一个姓氏发展了解中华民族文化融合的过程，以及姓氏宗族在其中所发挥的重要作用。

闽台粘氏族胞在闽台粘姓文化巡回展上合影

新闻媒体采访　　　　　　　　族谱展示

　　该展览作为闽台首个单姓对接展，意义深刻，它见证了两岸同根的血脉情缘，续写了两岸同胞的骨肉亲情。展览将进一步增进两岸粘氏宗亲的感情，加强闽台两地粘姓宗族的合作与交流。

（信息源：中国闽台缘博物馆网站）

十一、金代帝王世系表

年 号	谥 号	姓 名	在位期间
收国	金太祖	完颜阿骨打	1115～1116年
天辅	金太祖	完颜阿骨打	1117～1122年
天会	金太宗	完颜吴乞买	1123～1135年
天眷	金熙宗	完颜亶	1138～1140年
皇统	金熙宗	完颜亶	1141～1148年
天德	海陵王	完颜亮	1149～1152年
贞元	海陵王	完颜亮	1153～1155年
正隆	海陵王	完颜亮	1156～1160年
大定	金世宗	完颜雍	1161～1188年
明昌	金世宗	完颜雍	1189～1195年
承安	金世宗	完颜雍	1196～1200年
泰和	金章宗	完颜璟	1201～1207年
大安	卫绍王	完颜允济	1208～1211年
崇庆	卫绍王	完颜允济	1212～1212年
至宁	卫绍王	完颜允济	1213～1213年

续 表

年 号	谥 号	姓 名	在位期间
贞佑	金宣宗	完颜珣	1213～1216年
兴定	金宣宗	完颜珣	1217～1221年
元光	金宣宗	完颜珣	1222～1222年
正大	金哀宗	完颜守绪	1223～1231年
开兴	金哀宗	完颜守绪	1232～1232年
天兴	金哀宗	完颜守绪	1232～1233年
	金末帝	完颜承麟	1234年

金代末代皇帝完颜承麟墓

甘肃泾川完颜宗祠

（完颜小英摄）

第四章　萨满女神与自然崇拜

　　远古，满洲族先民在鄂霍次克海（原称通古斯海或拉穆特海，满族先民称其为东海）的堪察加半岛、鞑靼海峡、库页岛（萨哈连岛）、锡霍特山东海岸及远至北海现北美、北欧、东北亚区域里生活。

　　这里是东北亚人类生活圈。这里火山成群傲立，这里崇山峻岭雄伟，这里江河湖海旖旎，这里森林葱郁，这里花草遍野。这里是人与动物的天堂，满族先民萨满在千万年的传世神歌里唱道：我的神歌来自哪里？来自东海堪扎阿林火山的最底层，我的神歌神话是谁传诵？它来自东海堪扎阿林火山地母神的心声。

远古东北亚萨满画像

这片苦寒的冰雪世界里,满族先民萨满创造了人类初年文明的自然崇拜,大自然生物圈中人类生存依赖栖身的山,依赖生存的水,依赖获取食物的森林、海洋、河流,依赖获取人类初年文学艺术、音乐之美的自然美景、植物美景,等等。这种敬畏自然、尊崇自然的信仰传承至今,使满族在世界民族之林中创造了中国的萨满海洋女神文化、渔猎文化、马背文化、农耕文化、皇家文化,这些文化是中华民族多元文化的重要组成部分。

第一节 山 崇 拜

山,是地球运动的产物。然而,在远古满通古斯语族先民的心里,它,神秘莫测。山峰高耸入天的山让人敬畏,山间的狼虫虎豹又给人以恐惧。深山里为什么会有那么多的野物?为什么会有那么多的树木和花草?人有时为什么进去了就出不来?于是,在自然为神、万物为灵的原始萨满宗教的理念里,神山崇拜诞生。

万年岁月前的堪察加半岛,土丘上长出高山:

一座高山直插云巅,一声惊雷震撼,山尖喷出了火焰,七色祥光凝结成寰宇中的白光,瞬间,顶天立地的白光,化成一位头顶蓝天、脚踏大地、金光闪耀、美貌无比的裸体女神,她是天母神阿布卡赫赫的侍女。

东海野人女真敬仰这位美丽而无畏的女神,把这座雄伟的火山,起名叫恩切布库山,她就是第一个女萨满罕恩切布库的化身,也是东北亚满通古斯语族先民——女真族(肃慎)至满洲族崇拜的第一位神山母神。

在满族逐水草迁徙的渔猎生涯中,神山母神崇拜的主体女神系开始嬗变为锡霍特山、布库里山、大兴安岭、长白山。远古,满洲族先民部族敬崇山神,其崇拜并与原始社会时期的捕鱼狩猎生涯息息相关,先民们以万物为神的信仰来为山命名,如玛虎山,玛虎是满语,汉意为面具;如穆丹山、穆哩罕山被敬为猎神。以

《满洲实录》中的长白山

山名为自己氏族命名，如舒穆禄氏就以舒穆禄山命名。在迁徙到新的居住地时，先民又将曾经居住的山名再度命名为新迁徙地之山名，如从位于库页岛边上的图克苏呼——鱼鹰之意的山名，迁徙到辽宁新宾的苏和素护河——现苏子河畔，以音同字不同的建州左卫苏和素护河部之名而传承记忆。

在随水草而迁徙部落分支的路程里，每到新的迁徙地，都堆起石头祭坛，这些祭坛遍布所有的山岗林莽，所有的海岸、江河湖泊。他们成为满族先民望祭母山的信仰寄托。其中，最负盛名，承载满族迁徙历史的为布库里山，萨哈连乌拉之畔，满族氏族、部落、国家之女神恩古伦（氏族女神）、正古伦（国之女神）、佛库伦（原始部落英雄）即诞生在这里。尔后的岁月里，满洲氏族遍及东北亚，然而由于时满洲先民没有文字，关于满族先民神山崇拜的传承鲜有记载。直至满文诞生，东海女真虎尔哈部迁徙至赫图阿拉，其部落萨满口述的布库里山女神故事，记载在清史《旧满洲档》里。

至此，由满族先民萨满口述的恩切布库山、锡霍特山、布库里山之神山崇拜过渡到长白山崇拜。

一、东海女真的长白山女神崇拜

长白山崇拜产生于人类初年的母系社会，一个由满族萨满传承的说部，由曾层、佟畴搜集整理的《日月峰》就记录了满洲先民对长白山女神的崇拜：

果勒敏珊延阿林——长白山有一座山峰，远看像一个少女在面向东方祈祷，可是仔细一瞧，她有鼻子、嘴、耳朵，却没有眼睛。这座山峰，就是满族先民敬奉的神峰——日月峰。相传在开天辟地的远古时代，没有太阳，没有月亮，也没有星星，大地上一片黑暗，冰冷的世界鸟悄的，无声无息。

有一天，阿布卡恩都哩的阿济格格格阿济格，（最小的女儿）说："阿玛，大地上太黑了,咱们让它亮堂起来呗。"阿布卡恩都哩摇了摇头,没说话。又一天,阿济格格格又说了:"阿玛。大地上太冰冷了,咱们让它暖和起来呗。"阿布卡恩都哩摇了摇头,还是没说话。又有一天,阿济格格格又说了:"阿玛。大地上太荒凉了,咱们让它像天上一样,有花有草、有树的,美起来呗。"

阿布卡恩都哩摇了摇头,没说话,一甩手,走了。阿济格格格就自个离开了天上,降落在了果勒敏珊延阿林上,多好的阿林啊!可没有太阳,它就是一座座光秃秃的大垃子,没有树木花草,没有百兽百鸟,真可惜的。可是,怎么才能让这大地上亮堂起来、暖和起来、美起来呢?

阿济格格格走啊、看啊、想啊,也不知道过去了多久,她冷不丁地发现,自己的两只眼睛十分明亮,自己脖子上挂的玉珠也闪出光芒。她想到,如果把我的两只眼睛抛到高高的天空上,一定能把大地照得通亮,有了光,就有了热,大地上也就一定会暖和起来,大地暖和了,就一定会长出花草树木、百鸟和百兽来。阿济格格格又想到,如果把自己的眼睛抛到天空上,以后就回不了天上了。

可是,不这么做,没有别的办法啊,想到这,她狠了狠心,忍痛把左眼挖了出来,向高高的天上抛去!天上立刻出现了一个明亮的逊(逊即太阳)。可没想到,逊在天空上走了一半,就躲进西边的山里,大地上又黑了。这可咋整啊?阿济格格格一狠心,把右眼也挖了出来,向天上抛去,天上立时出现了一个有光的比亚(月亮)。可是这个光没有太阳亮,大地上是隐隐约约地看不真亮,阿济格格格又摘下脖子上的那串珍珠抛到天空,这串珍珠就变成了满天的乌西哈(星星),乌西哈和比亚在一起照着大地,整个大地也能瞅着亮了。逊、比亚、乌西哈轮班地照耀着大地,大地亮堂了,暖和了,果勒敏珊延阿林十六座山峰下满山满岭地长了杨树、桦树、松树,还有满坡的野花、蒿草,狼虫虎豹在老林子里出没,百鸟在天空里飞翔。后来,又有了人。在阳光和月光的照耀下,天池里的水也变了,蓝瓦瓦的,可美了!

可失去眼睛的阿济格格格却一步也不能走了,因为那串珍珠是她腾云回天上的宝物。她呀,就站在大地上,日复一日的,她变成了一座山峰,那座山峰就是她的模样,她每天看着日出,看着月落,看着满天的星星,让它们给人间照亮。满族人感谢阿济格格格,果勒敏珊延阿林——长白山被满族人敬为祖先神、圣山,世世代代祭祀她。

二、渤海国时期的长白山崇拜

　　随着母系社会向男权社会的过渡,满族先民的山崇拜亦开始出现男神,并开始出现男性萨满。此时,满族先民的众多氏族已分化重组,并遍布于白山黑水之间,满族"崛起于东土、发祥于长白"的历史状态形成。长白山成为重要的神山崇拜,并开始有男神的身份,如长白山主、超哈占爷等。但是,神山女神的崇拜仍然存在,至今,男性萨满仍然着神裙,在与天地沟通时跳格格舞。

　　698年,满族先民靺鞨族粟末靺鞨人大祚荣建立"震国"。传统萨满祭祀融入中国封建社会。渤海都城初驻今吉林敦化。此时,黑龙江与吉林皆为渤海国境。全盛时辖境有五京、十五府、六十二州,二百多个县。

　　713年,唐立渤海国,册封大祚荣渤海郡王。

　　714年,唐使崔忻率领的唐朝使团返回长安,在旅顺的黄金山麓凿井两口作为纪念,并刻石记之:"敕持节宣劳靺鞨使、鸿胪卿崔、忻井两口,永为记验。开元二年五月十七日。"

　　这块石碑以满族先民的山石崇拜方式,与汉文化石上刻字立碑的形式相结合,716年,渤海王子朝唐,请入寺礼拜,许之(渤海国志74页)。开启了满族先民

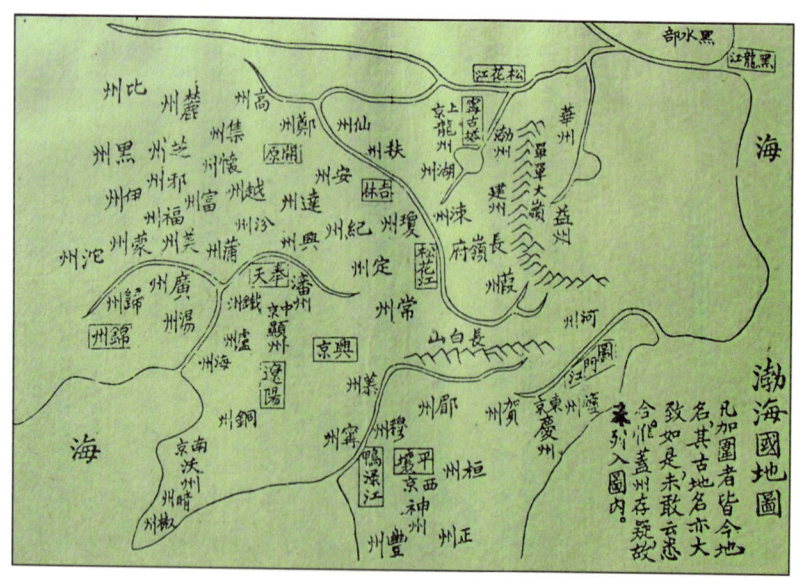

《渤海国志三种》之渤海国地图

萨满文化与汉族文化接触、融合的历史，记录了渤海国与唐王朝的密切友好关系。渤海国都于742年迁至中京显德府（今吉林和龙），755年迁至上京龙泉府（今黑龙江宁安），785年再迁东京龙原府（今吉林珲春），794年复迁上京龙泉府。

在这段历史中，上接勿吉，下连女真的靺鞨人所建立的萨满文化如何延续？

很可惜，仅存的史记中没有具体的记载。其原因：一是大量的渤海国原始资料因都城——上京龙泉府的战火而被烧毁。二是满族先民萨满文化多为本氏族萨满掌握，口口相传不示外人。所以，从唐代史料中就难以看到满族先民祭拜长白山神的萨满文化记载。但是，从其与中原交往的历史中，我们可以明显地找到满族萨满最高崇拜之山之骄子鹰神崇拜的萨满文化印迹，来佐证其传承的满洲族先民的山神崇拜，历年往唐，渤海国的礼品中皆有捕自山林中的鹰、雕。

但遗落在民间的历史印记却是那样的清晰可辨。那时，一条连接北方民族与中原民族的文化之路，从抚松县泉阳镇岗阜上的长白山望祭圣坛前通过。至今，那驿站遗址、道路的旧痕依稀可见，据75岁的尹传洪老人回忆，早年还有一排拴马桩，村民李继增还捡到过铜马镫，驿站的炕板石被老百姓拉回自家搭炕用。

在这条互通文化信息的道路上，渤海国置州设县立府，礼制、职官制度、军队编制、国家官员服装皆仿唐制，佛教作为新的信仰进入宗教领域，王子王孙前往中原"留学进修"，全面开展对唐对日的内外交往。一系列的政治变革，使渤海国文化进步，国泰民安，美名扬天下。据《渤海国志三种》载：渤海以武开国而能崇文化，盖尔雅谓东至日所出为太平，太平之人仁。其人终不相盗，无门户之闭。

三、金代帝王的长白山崇拜

金大定十二年（1172年），承靺鞨接满洲的女真人以雄居中国封建社会半壁江山的气势，在史册上写下了祭祀长白山的开篇之作。在这个历史时期，女真人有了自己的文字——女真文。长白山成为金朝的龙兴之地。祭祀长白山，是金代国家重要的祭祀典礼之一。据《金史志礼》载：大定十三年（1173年），金帝完颜雍以"长白山在兴王之地，礼合尊崇，议封爵，建庙宇"。两年后，庙宇落成，定以长白山为"兴国灵应王"。其《册封长白山文》载：厥维长白，载我金德，仰止其高，实惟我旧邦之镇，混同流光，源所从出，秩秩幽幽，有相之道。列圣蕃衍炽昌，迄于太祖，神武征应，无敌于天下。爰作神主，肆予冲人，绍休圣绪，四海之内，

名山大川，靡不咸秩。

明昌四年（1193年）十月，金帝完颜景举行长白山祭祀。后定每年春秋两祭，届时，每到祭山，往长白山的路上，黄麾立杖800人，行杖500人，场面之大，排场之讲究，其规模冠金代帝王祭祀之首。

当年长白山上有没有祭坛？如有，祭坛是什么样的？1999年8月19日，著名作家陈景河在长白山考察，在天池东北钓鳌台上，北距泪石坡约1200米，南距天池约100米处发现由祭坛、通天石、女真文字碑三部分组成的女真祭山圣坛。

2014年10月9日，新华网以《中国发现迄今最早的皇家祭祀长白山的神庙遗址》报道：

陈景河考察金代皇帝长白山祭坛

长白山祭坛文字碑

金代皇帝长白山祭祀神庙遗址

最新考古发现证实，位于东北吉林长白山脚下的"宝马城"是800多年前金代皇家祭祀长白山的神庙，这是中国发现迄今最早的皇家祭祀长白山的神庙遗址。考古专家认为，这一成果是中国金代考古的重大发现，为研究宋金时期宗教信仰、风俗习惯与金代建筑风格提供了宝贵的第一手资料，对探索金代礼仪制度以及古代北方山祭与中原皇家山祭的关系有十分重要的价值。

女真祭山圣坛的发现，是女真人在长白山活动的实物证明，是满族先民萨满文化在长白山古老留存的文化遗迹。这一祭祀圣地的发现，验证了《金史》《安图县志》中关于金代帝王在长白山祭天的史实记载。

四、清代帝王的长白山崇拜

康熙十六年（1677年），平定三藩江山在手的清康熙帝命内大臣吴木纳、一等侍卫费耀色、吉林将军巴海等人前往长白山踏查，以祭长白山神。在猎户穆布鲁的带领下，由萨布素率200八旗兵伐木开道，水路并行，最终上到"五峰环绕，凭水而立，顶有池约三四十里，无草木，碧水澄清，波汶荡漾"的长白山顶。是年，经清政府内阁礼部批准，长白山被封为"长白山之神"。

康熙二十一年（1682年）6月25日，康熙帝东巡来到吉林，在视察了吉林八旗水师营以后，在小白山（满语称"温德亨"或"温德赫恩"）山下，祭祀长白山神。据《康熙起居注》记载："午时，上至乌喇吉临地方，乌喇将军、副都统以下武职官员跪迎。上率皇太子及扈从诸王、贝子、公等，蒙古诸王、台吉等，内大臣、侍卫、京师、乌喇文武官员诣松花江岸，东南向，望秩长白山，行三跪九叩头礼，以系祖宗龙兴之地也。"康熙帝还虔诚地写下了《望祀长白山》：名山钟灵秀，二水发真源。翠蔼笼天窟，红云拥地根。千秋佳兆启，一代典仪尊。翘首瞻灵昊，岩峣逼帝阍。

此时居住在小白山的为满洲直系先世温德赫氏。世居精奇里江（现俄罗斯境内）、黑龙江、松花江、乌苏里江流域。尔后，温德赫氏迁徙至豆满乌拉（图们江）下游三角洲一带时称朱舍里（今吉林省临江县以北）的地方。其中一支在今珲春市现三家子满族乡建立噶栅，打鱼捕猎繁衍生息。20世纪90年代，吉林省考古研究所、延边文化管理委员会、珲春市文物管理所曾先后对三家子乡温特赫氏聚落遗址进行考古，发现了半地穴式房址，在温特赫氏聚落遗址采集到一个石网坠，显现了温德赫氏以渔猎为生的社会生活。至辽、金代，温德赫氏分化形成图们江、活龙河、饮马河流域的东海女真各部。据《八旗满洲氏族通谱》卷五十载：温德赫氏为满洲一姓，其氏族散处于朱舍里等地方，国初来归。该氏族噶胡达、达尔汉、恩图率族众归努尔哈赤，分别编入镶蓝、正黄两旗。清代著名人物有开国功臣郎格、礼部尚书兼都统、内大臣德明、川陕总督鄂海。

也许是长白山神的佑护，祭祀长白山神后的大清帝国福运昌盛。1684年，康熙帝命福康安率八旗劲旅赴台作战，统一台湾；1685年又取得雅克萨之战胜利，抵抗了当时沙俄对我国东北地区的侵略。

台北故宫藏御制长白山诗画

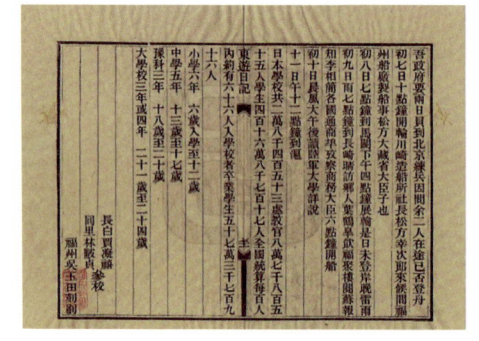

福建琴江水师营长白贾凝禧《东游日记》
（藏国家图书馆）

福建琴江水师营将士墓碑

雍正十一年（1733年），雍正帝正式确定：每年春秋两季，择吉日祭祖长白山。但毕竟吉林与京城相隔甚远，于是，他采纳了吉林将军常德的建议，在当年康熙帝望祭长白山的地方——温德亨山上建造望祭殿。建成后的小白山望祭殿设"长白山之神位"，有望祭殿正殿五楹，供主祭官驻跸的祭器楼二楹，饲养供祭祀牲品的鹿圈一处，每年春秋两季由吉林将军和副都统负责，每逢在春秋两季，代替皇家在正殿神案前的"兴国灵应王"之位前举行拜祭仪式。

乾隆十九年（1754年）9月24日，乾隆皇帝第一次东巡，他率满汉众臣来到小白山上的望祭殿，向着长白山方向望祭长白山神。当年盛景的隆重和威严，都已随着岁月的风云远去，唯有乾隆帝亲自诵读的祭文，在神圣的长白山万世回响：维神极天比峻，镇地无疆。乾隆皇帝还在诗中歌颂长白山：诘旦升柴温德亨，高山望祭展精诚。椒馨次第申三献，乐具铿锵叶六英。五岳真形空紫府，万年天作佑皇清。风来西北东南去，吹送膻芗达玉京。尔后，清代帝王延续望祭祖长白山之祖制，亦有望祭长白山御诗传世。

清代，进关后的八旗将士携带家眷由京师护城河去到长江、嘉陵江、湘江、珠江、西江、闽江、雅鲁藏布江、青海湖、伊犁河、黄河、淮河、黄海、南海、东海、渤海等流域，来自艾山黑水的满洲族儿女，足迹遍及全国各地军营，与当地各民族官兵一起，共同打造了多民族、大一统的大清王朝江山。在这个历史进程中，他们始终铭记长白山的养育之恩，如于雍正年间去到福州驻防的八旗将士，生前，他们在姓氏前写上"长白""辽东"。去世后，在墓碑刻上"长白"，传至今日，他们的后裔也始终铭记着长白山的养育之恩。

　　光绪三十四年农历四月十九(1908年5月1日)，奉朝廷之命，43岁的刘建封由奉天(今沈阳)启程赶到临江，于五月二十八日自临江出发，开始对长白山的全面勘察之行。全面考察历时4个月，西以头道花园河为起点，东以红旗河尾闾为终点，南至团头山，北至松花江之下两江口，行程东西长约600华里，南北阔360余华里。刘建封带领的队伍采用近代测绘手段，对奉天、吉林两省界限、中朝国界以及长白山三江(松花江、鸭绿江、图们江)源头，进行了史无前例的全方位踏查，摄制了《长白山灵迹全影》，并绘制了第一张长白山天池图以及《长白山江岗全图》等画册，把长白山的地貌完整地展现在世人面前。

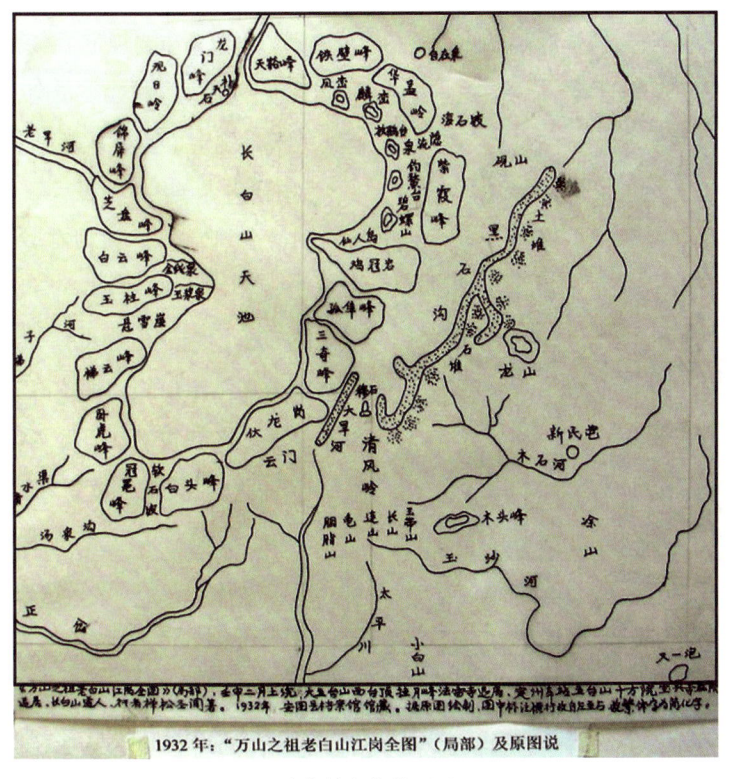

清代长白山地形图

刘建封在完成《长白设治兼勘分奉吉界线书》《长白山源流考》《白山穆石辩》《中韩国界说》等官方报告之外，还写出了"笔势因山转移，文思遇水回荡"的《长白山江岗志略》。在这本书中，刘建封详细记载了勘察长白山的整个过程，并以首位征服者身份，亲自为天池周围16峰命名，而且还为长白山周围的240个江岗命名并做了考证，填补了历史空白。《长白山江岗志略》《白山纪咏》《间岛辨》等著作更是成为后人研究长白山历史文化重要的历史文献和参考书目。

民国后，满族的长白山萨满望祭仪式重地小白山神殿，在1946年的战火中被毁，仅存祭器楼。1966年，"文化大革命"的动乱之中，祭器楼被拆，只留下一片遗址。从此，"白山黑水"成为满族长白山崇拜的代名词。

1962年，毛主席指派周恩来总理访问朝鲜，并代表中国政府同代表朝鲜政府的首相金日成在平壤签订了《中朝边界条约》。此条约共有五条：第一条内容主要划分了两国边界的走向。第二条规定了界河中的岛屿和沙洲的归属都以水面的宽度为准。第三条内容明确界河水域两国共同管理、共同使用，包括航行、渔猎和使用河水等，以及鸭绿江口外水域的划分原则。第四条主要规定了本条约签订后即成立两国边界联检委员会，开始联检。第五条规定了换文方式。

《中朝边界条约》签署后不久，长白山天池被分割为二，中国占有48%，朝鲜占有52%。同时，还将鸭绿源头的天池分水岭东侧的三座山峰也划分与朝鲜。长白山最高一座山峰为白头峰，分给朝鲜后，朝鲜将其更名为"将军峰"。尔后，中朝两国在长白山设立界碑。中国军队在此设岗，全副武装地保护国家领土。

竖立在长白山的中国界碑

五、望祭长白山神坛

早在2000多年前，满洲族先民勿吉人就已经环长白山而居，以石头堆砌的望祭长白山神坛，民间与官方的遗址皆有存在。

满族先民为什么是望祭长白山？

古代，北方苦寒，大地上是连成片的、密不透风的原始森林。人，只能远远地望着终年积着白雪、闪着银光的山峰，要想到山前拜祭，可望而不可即，只有极少数勇敢的猎人，历千辛万苦，冒着与狼虫虎豹搏斗，麻大山（山中迷路）等九死一生的生命危险，才得以到顶而一睹圣容。因此，满族萨满祭祀的望祭山仪式得以形成。

2008年5月，这一古老的萨满神山崇拜文化也在人们不经意之时，揭开了神秘的面纱。是月，吉林省著名作家陈景河受吉林森工集团董事长柏广新委托，在吉林省抚松县泉阳镇大荒顶古城上考察时，奇迹般地发现了满族先民勿集人望祭长白山的古祭坛群落。6月9日，由吉林省森工集团旅游部部长陈英俊带队，富育光、陈景河、孙运来、郭俊峰再上大荒顶山踏查。两次踏查共发现了由石头堆积的祭坛八座，山下掘毁的土祭坛两座，这十座错落有致、均朝向东南长白山的土石祭坛，凸显了满族先民望祭长白山神仪式的特性——望祭长白山。

在接下来的访查中，专家们走访了五个自然村，采访了二十几位年长知情者。他们一致认定大荒顶子存在过多座方形石台，其中1号石台最大。亲眼目击石台附近出土的萨满跳神所用两副腰铃，以及金代祭祀用石碗、石筷、石桌、双鱼祭盘等物。有的器物现仍存世。村民还领专家们验看了"燔柴助祭"的现场。在灰土中拾得颗粒状木炭屑。这些实证物品，宣示了大荒顶子古祭坛的存在。

古代时，是满族先民的哪个部族曾在大荒山顶古城居住？是哪个部族在这里望祭长白山？这个部族的领袖又是谁？如果从考古学来说：古祭坛东南斜下方1.5公里处，是一处青铜器时期人类居住遗址，有相当数量的石刀、石斧、陶片、黑曜石等器物，这些石器就是环居在长白山的勿吉人所使用的。

当地原住民的文化记忆是：该村村民孙凤祥七八岁时，听已故太爷孙和老人讲古，说周围七十二沟，八十三岔的部落人，到雨季都来祭火，号称"万人火祭"。轮流来祭者不间断地添加燔柴。过了雨季，部落人拎着火种，陆续离去。

这些部落的名字是什么？这些部落的族群是什么人？从黑龙江流域大萨满世家传人富察·哈楞阿（傅英仁）传承的满洲氏族口传文化中可以找到：东北的五大峰、七大岭、十三道大川，都是从长白山上延伸出来的山砬子。满族先人住在长白山。窝集国的第一代大罕名叫德凤阿。生前，他带领着族众们收复了众多小

考察大荒山顶古祭坛的专家群

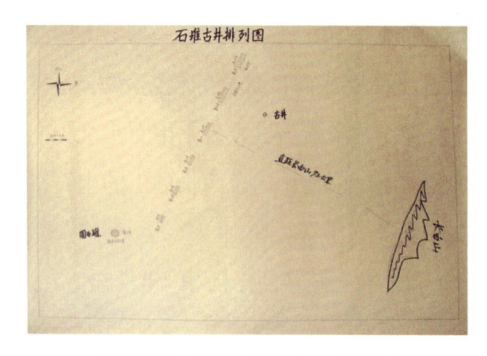

富育光绘制的望祭长白山地形图

部落，形成有8个部落的窝集国，在白山黑水间立国200多年。

祭坛是古代人类自然崇拜的实质性载体。满族先民的萨满文化理念和仪式是普世平等的。祭山的仪式，各部落、氏族、个人都可进行。举行祭山的场所，旷野、森林、江河之畔、高岗之上皆为神圣之地。这个理念直到现在，还是如此地保存着。这段文化史是人类初年文化的记录，也是中国母系社会完整的文化记录，更是中国封建社会北方民族文化的文化记忆。

大荒山顶古祭坛的发现，无疑是继黑龙江宝清县七星祭坛遗址后的又一重大发现。是女真(鹔鹴，亦读为肃慎、苏顺)。先民萨满祭祀仪式中之祭天、祭星、望祭长白山仪式遗址的完美链接；是东北亚人类古老文明实质文化载体——萨满祭祀圣坛，在世界萨满文化的母源地上——中国东北的完美显现。

2008年6月10日上午，大荒顶山古城祭坛群落前，虔诚地摆上菠萝叶、供果，插上焚香，鸣鞭、祭酒……专家和学者们举行望祭长白山仪式，祭奠远去的智者——萨满。主祭由满洲富察氏后裔、萨满文化的重要传承者富育光担任，他向天，向地，向长白山方向，向祭坛洒酒，深情地以满语神词呼唤着："窝西浑！希艾革布？西薄德勒克，窝莫西，窝莫西，额林德？米尼蒙温阿涅尼亚布哈，恒格勒莫，恒格勒莫！"(汉意：您是谁？您回来了吗？太久啦，太久啦，我们千年一面啊！)

六、现代满族的长白山崇拜

顺治元年(1644年)，满洲八旗随龙进关。去到祖国各地驻防的满洲八旗后裔，世代传承着对长白山的崇拜和怀念之情，于1956年在广州成立的满族小学，孩子们唱的校歌就有这样一句：长白山、珠江水都是我们可爱的家乡……

乾隆九年（1744年）农历八月二十八日，顺天府宛平县草帽胡同里，赫舍里氏、乌扎喇氏、依尔根觉罗氏、瓜尔佳氏、托霍络氏等满洲后裔1000户八旗人家启程上路，再度回到黑龙江双城、阿城、拉林一带，跑马占荒，设屯立营，屯垦戍边。人们在现黑龙江五常、双城、阿城一带扎下生命的根，如双城的高家窝棚就由舒穆禄氏、乌扎拉氏、叶赫那拉氏三个阿哥立屯。一首热爱长白山的民歌传唱至今：白头山，万丈高，四时积雪永不消。前清发祥地，储藏万架宝。满洲人，只起早，勤劳勇敢数得着。松江两岸人不苦，阿勒楚喀百姓多幸福。

进入20世纪80年代以来，满族文化复苏。在祖国的东西南北，常有满族文化活动的团体或是满族同胞个人，千里迢迢地来到长白山，有的取火种，有的举行祭祀，有的虔诚叩拜，延续着先民对长白山这位祖先神的无比崇拜之情。

2008年，一位满洲扎拉里·佼格格去到长白山，当她扑进长白山的怀抱时，是那么的虔诚、激动，她在网上留下的一段话，让每一个满洲儿女看了为之心潮涌动：

她身边的峰峦叠嶂，时刻地在提醒我，超哈占爷已然轻轻揽我入怀。我只需静静地聆听，聆听祖先留下的训诫与启示。那漫漫蒸腾的茫茫霭霭可是她温柔的呼吸？抑或是她轻盈的面纱，期待着她的子孙去看个究竟？此时的烟波浩淼，您会认为这只是一池天水么？我曾在别人的镜头中看到过宝蓝色的她，看到过黛青色的她，看到过银白色的她……然别人镜头中的她，无一例外的，都是静静的，波澜不惊的。但今天，我用自己的眼看到了，看到了！看到了风雨之中她的每一个细胞其实都涌动着激情，她的每一个组织都孕育着能量，她的每一次脉动都勃发出耀眼的活力。如果说韬光养晦中的她的庄严令人虔诚朝拜，那么波澜壮阔的她则让人心胸澎湃。她每一次涌动都仿佛冲击着你的血液，震撼着你的神经，身体仿佛融于天水之间，心灵不断地与之强烈同鸣。

笔者在长白山向母神敬献哈达

第四章 萨满女神与自然崇拜

099

年轻的80后格格，在文中深情地写道：

有一个民族，她千百年来生息繁衍于长白山；有一个民族，她的家谱大多将族源记为长白山；有一个民族，她历来把长白山尊为神山圣地并加以祭祀；有一个民族，她的心头始终萦绕着深远的长白山情节；有一个民族，她的文字、她的剪纸、她的刺绣、她的饮食、她的民间故事、她的萨满祭祀等等，等等，都深深印刻在了长白母亲的身躯之上。虽然这个民族并不张扬，但并不代表她不存在。随着她的历史越来越被重视，她一定会迎来长白山的春天。她的名字，叫做满族。

2009年8月22日，来自辽宁、吉林、黑龙江、天津、河北等地的，有70多岁的老人和小学生，还有通过互联网报名的满族青年等共40余人，在长白山举行隆重的祭圣山萨满祭祀。长白山电视台全程拍摄了祭山仪式，长白山保护开发区管理委员会网站以"满族同胞自行发起祭山仪式　再现满族传统祭祀文化祭祀仪式"为题，图文并茂地报道了此次祭祀仪式。吉林省政府网站于2009年8月24日以"满族同胞在长白山举行传统祭祀活动"为题报道了祭祀仪式：

塔塔喇氏后裔手举五星红旗登上长白山

以塔塔喇、齐克腾氏后裔名义祭祖长白山

"宇宙肇始，渐有文明；白山黑水，育我先民。商周有史称肃慎……"庄严神圣的祭祀中，两名身着满族服装的少女高声吟诵着长白圣山祭文。2009年8月22日，满族长白山游览祭祀活动在长白瀑布下进行。此次祭山仪式是民间通过网络自行发起的，共有40余名满族同胞参加，参与者大多来自东三省及河北地区。参加祭祀的满族同胞或穿着自制的文化衫，或穿着自己的民族服饰,在宣读祭文之后,伴随着萨满低回的鼓乐声遥望长白山,对长白山进行虔诚的跪拜。祭山仪式当晚,满族同胞又在暂居的宾馆进行了"背灯祭"。

中国民族宗教网也转载报道:

中华民族是一个具有强烈的伦理观念、宗族观念的民族,合亲尊祖、衍德崇宗是中华民族五千年文明积淀的传统美德。长白山是满族的发源地,是满洲民族的圣山,祭祀长白山不仅满足了他们崇敬祖先的愿望,表达了满族儿女寻根祭祖的情结,更重要的是增强了民族、家族乃至家庭间的团结与和睦,是弘扬传统文化、构建和谐社会不可或缺的一种方式。

(陈景河、扎拉里佼、许克、吉祥满族网站对本章有贡献)

七、满族同胞祭祀长白山神

千里万里,追寻着您

满洲后裔,敬献祭文

虔诚唤神,跪拜白山

白山之恩,世代铭记

神水圣土　养育满族　　　　　　　　　　白山黑水，源远流长

（本章图片：吉祥满族网站http://www.manchus.cn）

八、舒穆禄哈拉的神山崇拜

神山崇拜普遍存在于满洲原始氏族，并多有以山名为自己的氏族和部落命名。世居锡霍特山脉舒穆禄山及黑龙江上游北岸虎尔哈地方。南迁黑龙江流域后入牡丹江地区，将海林市老宁古塔境内的山也命名为舒穆禄山。舒穆禄辽代与耶律皇族通婚，为最显赫的契丹后族，辽灭后改姓石抹氏。现有萨满祭祀的为宁安、吉林的舒穆禄氏后裔。

至明末清初，舒穆禄氏分布于东北共四十二处，族众大多融于东海女真库尔喀部（虎尔哈）、长白女真纳音里部、朱舍里部，海西女真乌拉部等部。至清代为满洲族共同体成员。其中库尔喀部长郎柱之子杨古利为清开国功臣，他屡立战功，颇受努尔哈赤敬重，生前以公主下嫁招他为额附，死后追封他为武勋王，亲率诸王百官前往祭奠，拨八户人家为其守陵。顺治帝敬杨古利配享太庙。康熙帝于三十七年东巡时亦亲往祭奠，并将其陵寝迁至盛京，于三十九年御制碑文、勒石纪念。雍正帝即位后，特旨加世爵，封其为英诚公。清代，其家族朝廷重臣甚多，满门英烈，为建立大一统、多民族封建帝国立下卓越功勋。

辛亥革命后，舒穆禄氏、舒舒觉罗氏、舒尔都氏、舒墨哩氏、舒穆哩氏等多冠姓为舒、苏、孙、萧、肖、徐、蒋、穆、万、花、郑、米、铁、卢、斯、施等。1949年以后，居住在黑龙江北部沿岸的族群定为达斡尔族。

以上姓氏近代文化名人有（部分）：老舍（本名舒庆春），文学艺术大师，代表作《骆驼祥子》《茶馆》《四世同堂》《正红旗下》等。曹禺（万家宝），戏剧大师，代表作《雷雨》《日出》《原野》等。万毅，中国人民解放军高级将领。徐汇平，中国早期天文事业奠基人之一。舒群，著名作家。萧红，中国现代文坛独树一帜的女作家，代表作《呼兰河传》等。舒乙，中国现代文学馆首任馆长。孙玉石，北京大学教授，文学家。穆鸿利，著名辽金女真史学者。徐晓飞，哈尔滨工业大学计算机科学与技术学院院长。肖白，著名作曲家。蒋大为，男高音歌唱家。苏文茂，相声名家。徐演，著名舞蹈编剧、颁金团聚歌词作者。蒋巍，著名作家。萧寒，著名满语音乐人。斯夏龄，台湾著名企业家。徐桂珠，大连市歌舞团一级歌唱演员。徐广源，清东陵文物管理处主任。孙滢迎，中央民族歌舞团歌唱演员。徐德亮，著名相声、曲艺演员。徐明，舒穆禄氏族谱修谱召集人。徐丽霞，上海雨玲霖文化创意有限公司总经理，热爱满族文化。许婧，苏州艾德群生物科技有限公司总经理，热爱满族文化。徐秀娟，因保护丹顶鹤而牺牲，被认定为烈士。

老舍　　　　曹禺　　　　万毅　　　　徐汇平

舒乙　　　　穆鸿利　　　　孙玉石　　　　徐晓飞

| 徐广源 | 徐演 | 肖白 | 徐桂珠 |

| 苏文茂 | 蒋大为 | 蒋巍 | 萧寒 |

九、舒穆禄哈拉的萨满祭祀

吉林乌拉街满族镇历史悠久，古代为海西女真乌拉部世居地，是女真扈伦国的王都"乌拉弘尼勒城"。清代，这里是打牲乌拉总管衙门所在地。主要为朝廷上的贡品有东珠、鲟鳇鱼、蜂蜜、松子、人参等200余种，与江宁（今南京）、苏州、杭州同为四大朝贡衙门之一。乌拉街为四个衙门之首，从顺治十七年（1657年）至宣统元年（1909年），从第一任六品嘎珊达、总管迈图起至第36任总管四品左翼翼领乌音保止，期间乌拉总管由六品升至四品、三品，共历252年。乌拉街镇满族风情浓郁，建有满族小学、满族风情艺术团，有众多满族文化古迹，各满洲氏族还传承着萨满文化里的歌舞、祭祀、修谱等仪式。

2008年冬，吉林乌拉街满族镇舒穆禄氏（徐姓）举行氏族修谱仪式。全族后裔从四面八方赶回家乡，参加隆重的祭祖仪式。总计参加祭祀的有400多人。

吉林乌拉部故城

(照片由吉林市龙潭区 修瑞 提供)

第二节 水 崇 拜

  水,满语为"木克"。水崇拜包括对江河湖海的崇拜。
  说到水崇拜,不能不说洪水神话。在世界范围内,许多民族都有关于洪水的神话。在中国满族,也早就有洪水神话。但是,在经历了金、清两个历史年代的氏族融合以后,早期完整的洪水神话渐渐地遗失在东北边荒之地,由居住在萨哈连乌拉瑷珲托阿鲁拖克索(现黑龙江省孙吴县四季屯)的萨满白蒙古口口相传地传承了古代洪水灾难的境况:

  天荒地老,星云更世,不知道又过了多少亿万年,北天冰海南流,洪涛冰山盖野。
  是什么原因让世界重又温暖?
  阿布卡赫赫把太阳光和昆哲勒神派到水中,从此冰水才有了温暖,才生育出水虫、水草,重新有了鱼虾、水蛇、水獭、水狸。在这大劫难之中,水崇拜的女神诞生:受太阳之光,不少水虫变为人首鱼身的河湖沼海之神,因其是应阳光而育、应阳光而生、又

满族东海女神 剪纸:关云德

在东海有人身鱼神,故常罩七彩光衫,被称为东海女神——德立格恩都哩赫赫。至有了东海女神以后,江河、湖泊、小溪均成为养育人类的神:阿布卡赫赫拔下身上的腋毛,化成了无数条水龙——木克木都哩(龙),朝朝暮暮地吞水,大地上残留着汪洋。从此,大地上出现了无数条又粗又宽又长又弯的道口、江河和沟岔。有像毕拉一样的河,像乌拉一样的江,像岔儿一样的小支流,养育着阿布卡赫赫的子孙——人类。

正是基于此,蛙、蛇、蜥蜴、水鸟等生命成为满洲先民氏族的崇拜神,蛇是满族的生育男神。满洲原始部落中有以蛇命名的部落"梅和勒",蛇也是许多部落萨满请领的神祇。

一、海洋崇拜与东海神偶

水,人类生命之源,是满洲先民新栖息地的生存之根本。

满洲先民东海女真的迁徙之路都遍及哪里?可以在满族英雄史诗《乌布西奔妈妈》里找到答案:槽船队北上经伊曼上源流瀑、苦兀、鞑靼、北溟劳坎(相传为堪察加东海岸一岛屿名)。

古代,在东北亚捕鱼打猎的满洲先民海崇拜以一部英雄史诗《乌布西奔妈妈》里对海的颂唱和海祭的仪式流传下来:

东海,妈妈的海,东海,丰饶的海,东海,生命的海,东海,不息的海。新捕的海豹三只,蔓血敬海,血抹身上、脸上、头上,这是圣血,友情之血,互相抹着血,吞吃鲜肝、鲜肠、鲜心。这神圣的海崇拜仪式让族众们:相互永无猜忌,无拘无束,心心相印。

在漫长渔猎生涯迁徙之路上,古老的部族在鞑靼海峡、萨哈连乌拉(黑龙江流域)、锡霍特山脉繁衍生息。其山脉南麓之水流入日本海和鞑靼海,西麓之水汇入乌苏里江和黑龙江。东海女真先民将养育过他们的河流和山林以氏族的姓氏和部落名称来命名。

如温特呼(赫)河:发源于现俄罗斯境内库页岛上的塔他玛山东麓——部族

名为温德赫部——现吉林省吉林市的温德赫恩河、温德赫山。再如索伦河：发源于外兴安岭东麓，流入北海—清代黑龙江沿岸的索伦部，现为鄂伦春族后裔。再如现俄罗斯境内的锡霍特山脉的舒穆禄山、黑龙江宁安的舒穆禄山——部族名为满洲舒穆禄氏。锡霍特山亦称为老爷岭，如今，在东北亦有被称为老爷岭的山名。

这些口口相传的满通古斯语族历史，由乌布西奔妈妈的儿女们凿刻在了锡霍特山脉的德烟古洞。尽管由于历史的发展，满族族群已是大散居、小聚居的状况，但对东海女神的崇拜来说，未有改变，德立格妈妈仍然存在于满洲氏族的萨满祭祀之中。满洲依尔根觉罗氏女萨满刘淑琴在一首传承于古代萨满祭海的神歌里唱颂着：

嘿，嘿依，嘿依依跪向托里（铜镜）一样金光闪闪的呵，跪向蚌片一样白光光的海呵，给神母海妈妈漂去三只肥胖的鹿啊，给神母水妈妈送去三只长牙的野猪，安吉岛上的阿哥、阿玛们呀——朝着金色的海路撒下渔网吧。

2010年6月27日，新华网长春记者周长庆、常亦殊报道：一尊被誉为中国式"美人鱼"的"东海魔女神偶"铜像在吉林省长春市首次面世。这件铜雕长不足10厘米，造型优美，线条流畅，给人以静中有动之感。

这个半人半神的"美人鱼"雕像收藏于长春师范学院历史文化学院的文物展室。为迎接来这里参加全国"长白山与满族文化研讨会"的专家学者，6月27日举办了"北方少数民族实物撷萃"展览。作为数百件从民间征集的展品中的一件，这件很小的"美人鱼"引起了轰动。

这件"美人鱼"铜雕长度不到10厘米，重约半公斤，是女人的头和上半身与鱼的下半身的合体。这件雕像造型优美，线条流畅，给人以静中有动之感。雕像鸭蛋形的脸美丽端庄，是一副典型的中国美女脸庞，披散的长发

满族东海女神神偶

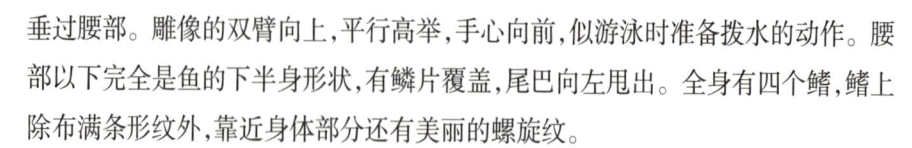

垂过腰部。雕像的双臂向上，平行高举，手心向前，似游泳时准备拨水的动作。腰部以下完全是鱼的下半身形状，有鳞片覆盖，尾巴向左甩出。全身有四个鳍，鳍上除布满条形纹外，靠近身体部分还有美丽的螺旋纹。

据国际萨满学会中国唯一委员、吉林省民族研究所研究员富育光介绍，这是"东海魔女神偶"，它在满族先民中是掌管歌舞和记忆的女神，但其铜雕像过去从未见过。富育光说，在中国明、清时期甚至更早的金、元时期，当时在东北乌苏里江流域的满族先人——女真人的一部，在东海生活，还处于母系氏族社会向父系氏族社会过渡时代，他们信仰原始的萨满教，以渔猎、采集和捕捞为生，被称为"东海女真"。其渔民将"东海魔女"作为守护神，将其神偶钉在船舱中舵手身旁，还要经常给她上香、供鱼，以求其保佑渔民航海时驱避风浪、平安吉祥。

富育光认为，这件雕像造型优美、做工精细，不像是民间所能制作的，当是明清时期甚至更早时期的专业工匠制造的，富有深刻的文化内涵，反映了满族先民的原始萨满教信仰，并对日本等周边国家的海洋文化有着深远的影响。

二、江河湖泊溪泉崇拜与东北地名关联

满通古斯语族的水崇拜也丰富到江河、湖泊、溪流众水系，由北京市宗教事务局原副局长赵书讲述的一个《女真治水》的故事颇具代表性：

很久很久以前，黑龙江被三条大孽龙霸占着，它们经常制造灾难，黑龙江两岸不是旱得寸草不生，就是涝得一片汪洋。在大兴安岭上，住着两个打鱼捕猎人，男人叫完达，女人叫女真。在打鹿茸的时候，他们住进了一个撮罗子。两人唱着：是打猎人就不怕爬冰卧雪，就不怕和老虎做伴，要是没有日行百里的快腿，就算不上堂堂的打猎人！

歌声惊动了恶龙，它挟着狂风暴雨来捣乱。一时间，江水泛滥，水淹了地，冲走了撮罗子，完达和女真爬到了兴安岭的山顶上。在山顶上，他们看到一条黑龙，一条白龙，还有一条青龙，正在云中翻滚打闹，一颗明亮的定水宝珠在它们中间抛来扔去，随着定水宝珠的起落，黑龙江里的水也不停地上下翻滚，打着漩涡。完达和女真就向恶龙喊道："你们别闹腾了，快让黑龙江的水入海吧！"

恶龙听到这话，把定水宝珠往上一顶，江水翻起浪头，三条恶龙一条喷黑水，一条吐红火，一条吹白风，一齐向山头上的完达和女真扑过来。完达和女真拣起石头向恶龙砸过去，山顶上的石头很快就要用光了，女真就用手在山顶上刨石头，刨啊，刨啊，就在一块大石头出土的那一瞬间，女真的手被石头划破了，手上的鲜血滴落在石头上，"嘎啦"一声巨响，石头裂开，露出一把金光闪闪的七星斧。一看到七星斧，恶龙吓跑了，黑龙江暂时归了江。

冬天来了，完达和女真为了永除水患，去找恶龙夺回被它们盗去的那颗宝珠。完达拎起七星斧劈开江面上的坚冰，拨开水面，下到了江底。迎面看见一扇镶满东珠的青石大门，门前有两条打瞌睡的老马哈鱼把守着。完达用七星斧刚一敲门，老马哈鱼就醒了，女真往远处扔了些糜子饼，老马哈鱼就吞吃起来。

完达和女真乘机推开石门走了进去。只见幽暗阴森的大厅里，一条黑龙盘在一块大大的黑石头上打呼噜。看到完达冲进来，黑龙抬起头，瞪着血红的眼睛，盘着的身子抖动起来，浑身的老鳞片发出"哗啦啦"的声响，一股急流从黑石下呼地直流过来，一下子就把完达冲倒了！女真赶快甩出一根鹿皮绳把黑龙的头套住，被套翻的黑龙被完达和女真结实地绑在了大黑石上。

守门的两条老马哈鱼听见声音游了进来，看到黑龙被绑在大黑石上，就声嘶力竭地嚎叫起来，一大群马哈鱼，乱蹦乱爬地想来救黑龙。女真拿起鹿皮绳的另一头朝它们一甩，两条老马哈鱼被抽倒在急流里，立刻被冲得无影无踪，其他的马哈鱼吓得立刻都不敢再动。

"你们凭什么来抓我？"黑龙愤怒地叫着。

"因为你偷了定水宝珠祸害人！"完达说、

黑龙狡猾地说："你把我放了，我就把定水宝珠给你们。"

女真不信黑龙："想要我们放你，你就快点把定水宝珠吐出来！"

黑龙"咕嘟"一声吐出了宝珠。这珠子黄亮又透明，映得江底泛起金光。完达高高地举起宝珠，大大小小的马哈鱼个个扑通扑通地跪下，低着头老实地不敢吭声。

"这是真的定水神珠吗？"女真不放心地问。

"咋不是呢，你看这些大马哈鱼不都跪下了吗？再说了，我就这么一颗珠子。"黑龙阴阳怪气地回答。

第四章 萨满女神与自然崇拜

109

"真珠也好，假珠也罢，你还有啥不甘心的，看来不给你点厉害，今后你是不会老实的。"完达举起七星斧，"咔嚓"一声，黑龙头上的角被砍了下来，从此，它只能在江底下爬了。

女真和完达手执七星斧，托着定水宝珠，举着龙角跨出镶满东珠的青石大门，回到了雪地上。原来这龙角能变大，也能变小。完达喝声，"长！"那角立刻长成跟小船一般大。载着他们向兴安岭飞去。

一路上，完达手上的定水宝珠放出奇异的光芒，江上的冰层"咔嚓、咔嚓"地崩裂，江水汹涌而出。完达和女真说："你看，这颗珠子是真的，真是颗定水宝珠。"

女真说："完达，咱们把定水宝珠抛到大海里，让它指引黑龙江向东流到大海里去。"

"赛音（好），阿布卡恩都哩赫赫，请让黑龙江向东方永流不断，请祐护我们出猎平安吧！"完达双手举起定水宝珠，用力将宝珠向东方扔去。

没想到，落到大海里的宝珠，"轰"的一声，掀起了一股巨大的水柱，水柱旋转着向大地扑来，顿时，天空里刮起狂风。黑龙江江水倒流，浪头直拍兴安岭。

"爱根（丈夫），我们被黑龙骗了，这不是定水珠，是飒风珠。快走，咱们去找白龙，定水珠一定在它那。"

完达和女真拨开乌云，驾着龙角向长白山飞去。完达和女真在山上找啊找，好不容易在半山腰上一块老大的冰石后面发现了一个黢黑的洞口。这就是白龙的洞。完达和女真向洞口飞去，龙角却直朝石壁撞去，戳进了洞口里。完达和女真赶快跳下龙角，紧紧地抓住大冰石，摆脱了粉身碎骨的危险。

看到他们俩被堵在了山洞外，白龙哈哈大笑："别以为你们把黑龙制服了，就能制服我，哈哈，这下子让你们飞不了也走不开，就冻死饿死在这吧！"

"呸，你想得美！"完达抡起七星斧向洞里的坚冰砍去，可一斧子砍下去，冰裂开来，斧子一拔出来，冰就合了起来，任凭完达砍得再多，还是原来的样子。这时。女真发现脚下湿漉漉的，仔细一看，原来是一股细细的水流。

他们俩顺着水流向前走去，发现地上有许多的玛延（蚂蚁）。"完达，你看，是玛延来给我们引路了，咱们快跟着它们走。"果然，到了冰洞尽头见到了石壁和土。完达挥起七星斧去凿石壁，石头开裂，土塌啦下来，一股泉水涌了出来，很快就成了一条长长的毕拉，它从乌托岭（现黑龙江张广才岭）那流到好远，好远。从此人们就把这条毕拉叫做玛延毕拉。现人们管这条河叫蚂蚁河。完达继续用七星斧开山,终于挖开了白龙的洞穴,女真在洞口放好鹿皮绳,完达向洞里滑去。白龙呼地蹿起来,向着女真扑去,女真赶忙就地一滚,抓住白龙尾巴,用力地抖动着。

完达听到了上边的声音,赶紧爬上去,他冲上前去一斧就把白龙拦腰砍成两段,从它喉咙里掏出一颗火红色的宝珠。"女真!看,咱们拿到宝珠了!"完达把定水宝珠交到女真手里,可是接过宝珠的女真却脸色煞白地捂着肚子弯下了腰。

"哎呀。你怎么了?"完达问。"没啥,缓一缓就好了,爱根(丈夫),你说,这是真的定水宝珠吗?"女真很不放心地看着手里的宝珠。

"是,白龙能冻冰,它含的宝珠就一定会定水。"完达扶着女真爬到长白山顶上:"阿布卡恩都哩赫赫(天母神)啊,祐护定水宝珠镇住狂风,化雪水为万股泉水,人有水喝万兽有水饮吧。"女真拿起定水宝珠,向太阳升起的方向扔去。宝珠像一团火似的飞到海里,呼地海水分开了,火苗冲天而起,变成无数条火蛇似的火链子,窝集烧着了,草甸子烧着了,窝集里的百兽惨叫着逃命。

"完了,这不是定水宝珠,是飒火珠!阿布卡恩都哩赫赫啊,您的哈哈珠子遭殃了,您诞育的百兽遭殃了!快救救他们吧!"女真哭喊着。这时,她的肚子也疼了起来。完达赶快扶着女真,沿着一条山沟下山。可是,狂风卷着火链子,冲上了长白山,溶化的雪水直朝女真和完达冲来。女真一脚踩空,滑倒在地,被卷下了山峰。"女真,你在哪里啊?"完达一边跑一边找一边叫,转眼间他就跑下了山头。只看到雪水流到山坳里,变成了一个美丽平静的池潭,这就是现在的长白山天池。

在完达的喊声中,池面上升起一道彩虹,他看见女真躺在池子里一片巨大的绿叶上,身旁一红一白两朵芍药花,白的芍药花上是个妞妞,她的哭声就像是水声哗啦啦地响。红的芍药花上面是个小阿哥,厚实的小胸脯,肉鼓鼓的小手和小脚,就像是刚下生的小老虎崽。

"芍丹依尔哈恩都哩赫赫(芍药花神)啊,巴尼哈(谢谢)!"完达恭敬地朝天行了个打千大礼,把女真和两个哈哈珠子接上了岸。因两个哈哈珠子都是从天的高处下生的,女真为小阿哥取了个名字叫兴凯,给妞妞取了个名字叫穆丹。

完达对女真说:"黑龙江还没消停,哈哈珠子就来了,但咱们还是得治水啊。"

"是,现在总算是明白了,定水珠是在青龙那,一定得把它夺回来,要不介,咱们这地方就消停不了，那不是留下祸害了吗？"

"这么的吧，我一个人去，你带着他俩在这先安家吧，等我把定水宝珠夺回来了，咱们就能消消停停地过日子了。"

"你一个人去斗青龙，我真不放心啊！"女真解下身上的鹿皮绳，交给完达，"带上它吧，遇上不顺当的时候用得上，我和哈哈珠子都盼着你夺回定水宝珠，早点回家。"

完达向北走去，在一片烧焦的窝集前，看见有一个清澈的大水泡子，里面好多兽骨堆成一座祭坛，一条青龙盘卧在上面，嘴里吐出一股大水花，水花上跳动着一颗珠子，一会儿喷上去，一会又回到青龙的嘴里，坛边的水草随着宝珠起落摇动。青龙把嘴边的宝珠吞回肚里："我早就知道你要来找我，我可不像黑龙和白龙那样，让你拿到宝珠，看，我这里的水草就能把你吃了，快滚回去吧！想拿宝珠？做梦！"

完达定神一瞧，青龙的身边，这不是水草，是毒蛇！它们瞪着眼睛，摇着身子，吐着殷红的蛇芯，只要活物一下水，它们就会一拥而上，将它活活地缠住、咬死。

"你才做梦呢，看我的！"完达操起七星斧，将鹿皮绳剁成几段，扔进水里。这些碎皮绳一到水里，就把毒蛇们结实地捆成了一团。完达用七星斧劈开水面，登上祭坛，对准青龙就猛砍，可他用力过猛，砍在了青龙喷出口的珠子上，七星斧也脱手而出，飞了。珠子被打成无数碎片，一个连一个像一颗颗流星似的飞，最后落在一座山上。宝珠是一片连一片地掉在了这里，人们就把这里叫做了连珠山。

看到珠子被打碎了，青龙腾空而起直追，它追啊追，追到连珠山，满地乱刨乱挖，想把嵌到土里的珠块刨出来。可它的刨赶不上完达的追啊，紧追过来的完达"呼"地一跳，骑在了青龙的身上。抓住青龙的头，往山石上猛撞，把青龙的牙撞掉了，眼睛撞瞎了，疼得它满山打滚，它怪叫一声，回身扑来，死死地缠住了完达。

完达与青龙搏斗了三天三夜，到第三天晚上，他用最后的力气紧紧地掐住了青龙的喉咙，青龙疼得猛地一下子窜起蹦高，尖硬的爪子直直地、深深地刺进完达的身体，鲜血从完达的身上涌了出来，可他死死地掐住青龙的喉咙，就是不松手。就这样，到最后，青龙断气了，完达也朝着长白山的方向倒了下去，变成了一座山，后来，人们把这座山叫做完达阿林。

白龙、青龙都死了，只剩下那条在黑龙江底爬的黑龙了。它看到完达倒下了，七星斧丢了，定水宝珠碎了，就又闹腾起来。它使劲地摇头摆尾，把黑龙江搅和得来回扭动，今天淹东边，明天淹北边，人和兽的日子都过不消停。

看到黑龙又在作恶，完达的灵魂别提有多难受，伤心的眼泪流成了两股泉水。日日夜夜，他干瞪着两眼看着太阳升起，看着月亮落下，终于，在一个狂风暴雨的夜晚，他的两只眼睛瞪出了眼眶，化做两只乌鸦，冲出了雨幕，飞向长白山。

自完达走以后，女真带着一双儿女，盼着完达得胜回来。可是，穆丹和兴凯已经长得像长白山的小白桦和小红松了，完达还没有回来。她在心里呼唤着，"完达啊，你在那呢，咋还不回来呢？"

一对乌鸦从云彩里飞来了，在他们头上来回地盘旋，悲伤地鸣叫。听到这悲惨的叫声，女真明白了，她把两个哈哈珠子搂在胸前说，"我的哈哈珠子啊，你阿玛死了，他的事没做完，这乌鸦是给咱们带路去找他的，咱们快跟着它走吧。"

乌鸦在前面飞，女真带着穆丹和兴凯在后面追，穿过百草沟，翻过老松岭，来到连珠山，只看到这里有一处清亮的水泡子，她看到了完达的眼睛悲伤和怜爱地看着她。再看一片水塘，里边有红眼蛤，有一股她闻到过的恶龙的血味。她哭着对穆丹和兴凯说："你们看，这水泡子里的水，就是你阿玛想念咱们的眼泪啊！那红眼蛤塘的水不能碰，是那青龙的血变的。咱们快跟着乌鸦走，找回你阿玛的七星斧，把定水珠夺回来！"

乌鸦展翅向穆陵窝集（森林）飞去，女真和穆丹、兴凯紧紧跟随，在怪石和密林深处找，突然，他们看到七星宝斧就嵌在一块大青石上！兴凯乐得一蹦三个高，跳上去就要拔，可是，石头后面"呼"地跳出一只老虎，它咆哮着向兴凯扑来！

兴凯纵身一跃，跳到老树岔上，女真忙拿起石头朝着老虎猛砸，老虎"嗷"的一声怒吼，转身向着女真和穆丹扑过来，兴凯眼快下手也快，他一把抓住了老虎的尾巴，使劲一提，塔斯哈就被腾空吊了起来，他再一用劲，把老虎的尾巴拴在了老树岔上，就在老虎拼命地挣扎的时候，穆丹从青石上拔出七星宝斧，"咔嚓"一下子，把老虎的头砍了下来，血哗哗地流着，不一会就变成了一条河。这条河就是现在的穆陵河。虎头掉下的地方，后来人们就叫做虎头。

穆丹和兴凯剥下了老虎的皮，砍倒白桦树，做成桦皮船沿着穆陵毕拉来到完达山下，看着这座亲人变成的大山，女真不由得痛哭失声："完达啊，你怎么就这么撇下了我，让我跟你去吧。"

第四章 萨满女神与自然崇拜

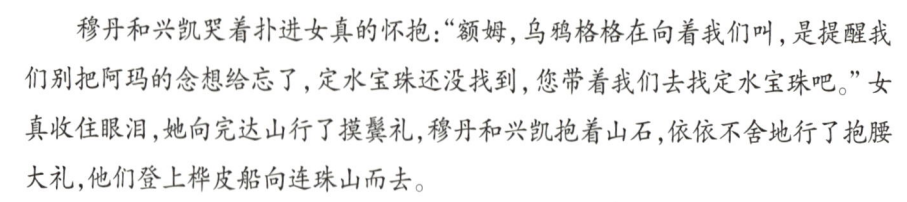

穆丹和兴凯哭着扑进女真的怀抱："额姆，乌鸦格格在向着我们叫，是提醒我们别把阿玛的念想给忘了，定水宝珠还没找到，您带着我们去找定水宝珠吧。"女真收住眼泪，她向完达山行了摸鬓礼，穆丹和兴凯抱着山石，依依不舍地行了抱腰大礼，他们登上桦皮船向连珠山而去。

乌鸦飞上连珠山，叼来一片珠片放在了女真手里，女真知道那颗定水宝珠已经碎了，就和穆丹和兴凯带着七星宝斧，在山泉的源眼里挖找宝珠的碎片，找啊找，他们把找到的碎片往一块拼，终于还差一块就能拼成定水宝珠了，可是，这最后的一块碎片落在了在哪呢？

穆丹跳上一块大石头朝四下望去，看见一只黑瞎子正往北跑，它的身后有一股泉水也随着它向北流去，再一看，黑瞎子的嘴里还叼着一块发出奇异光亮的东西。

"额姆，阿哥，你们快来看啊！"穆丹高声地叫着。

"是黑瞎子偷走了珠片，这坏东西，它知道这是宝珠呢，快追！"兴凯抄起七星斧奔连珠山追去。女真和穆丹跳上桦皮船，从穆陵河划到乌苏里江，直奔黑龙江。那条在江底爬的黑龙被黑瞎子的奔跑声惊醒了，看到女真和穆丹乘着桦皮船要拦住黑瞎子，就使劲地扭动着身子，它这一捣乱，黑龙江顿时白浪滔天，女真和穆丹乘的桦皮船就在乌苏里江边上打转转，怎么也进不了黑龙江。

黑龙看到黑瞎子跑过来了，他一弓身子，就凭空有了一座过江的桥，眼看黑瞎子就要跑上桥了，两只乌鸦像鹰翎箭一样朝黑瞎子飞了过去，对准它的眼睛，一左一右地一阵猛啄，黑瞎子顿时满面鲜血，什么也看不见了。可是，黑瞎子不死心，它捂着流血的脸跌跌撞撞地跑到了黑龙拱起的背上。就在这紧急时刻，兴凯提着七星宝斧蹬蹬蹬地赶到了！他抡起七星宝斧向黑瞎子砸去，这一斧正打在黑瞎子的腰上，黑瞎子沉到黑龙江里，定水宝珠的碎片也从黑瞎子的嘴里掉出，像钉子一样插在了黑龙的背上。从此，乌苏里江流进了黑龙江，在二水会合的地方，慢慢隆起一座岛，这座岛人们叫它"黑瞎子岛"。

女真看碎珠钉住了黑龙的背，就带着兴凯和穆丹乘桦皮船沿乌拉而上，穆丹摇橹，女真抛珠，兴凯持七星宝斧，一块一块珠片拖着亮光，就像一根根钉子打到江里。桦皮船驶到哪儿，定水宝珠的碎片就钉到哪儿，黑龙拼命挣扎，但是它身体被固定了，再挣扎也翻不起浪花。黑龙江平静了，东去的水流宛如额姆的乳汁，养育着黑土地上的捕鱼打猎人。

萨满唤神　　　　　　　　　　　敬奉江神

女真和完达一家定水的故事，世代流传下来。满通古斯语族的后裔在遍布于东北亚大地上的江河湖泊溪泉间迁徙，不论迁徙到那里，每到春天开河时节，满洲氏族就要举行隆重的萨满祭祀，感谢木克恩都哩——水神的恩德。

从2006年起，祭江的满族萨满祭祀仪式复原，并成为吉林松花湖开江美食节上的重要仪式。在祭祀仪式上，满族萨满以神歌、神舞颂唱江神，以醒网、献牲、将猪血泼到江里敬神，也许是这虔诚的祭祀感动了天地，感动了江神，渔猎丰收的景象再现，如2009年在吉林省蛟河市苏尔哈湖举行的开江鱼美食节上，渔场的三个作业队进行了开江鱼现场捕捞，共捕鱼12.5万斤。一幅幅鱼跃人笑的欢乐场面，宛如动听的渔歌，荡漾在冰清玉洁的松花湖上，讲述着东北亚大地上古老的水崇拜故事……

三、八旗水师营水崇拜与妈祖崇拜

首先回顾一下福州八旗水师营的来历。

雍正三年（1725年），国家海事日增，为护卫海疆，雍正帝下旨先后在天津、杭州乍浦、福州三江口成立由清中央政府、军机处直管的天津、广州、福州、乍浦四大满洲八旗水师营。时八旗水师营由满洲、蒙古八旗混合编制而成，军事主官由皇帝亲自任命，这就是中国海军的前身。

八旗水师营将士将北方的水崇拜融合于当地的水崇拜之中，在四大军营里，祈求家中多子多孙、家庭平安的有各旗家庙，祈祷战事胜利建有关帝庙，祈求海训平安有妈祖庙，等等。但，历经历史岁月的洗刷，至今，仅存并保留较完整的军营为坐落在闽江、琴江、乌龙江口的福州三江口水师旗营，在其海内外后裔的努力和地方政府的重视下，历史研究也做得很好。

琴江水师营军门 　　　　　　　琴江水师营营房

福州将军在琴江将军行辕办公

福州八旗水师营官兵原为康熙十五年（1676年）康亲王杰书率平定三藩的满洲八旗部队。康熙十九年（1680年），平定三藩胜利结束，进入福州的八旗部队留下其中的四旗称为"满旗"或"老四旗"驻防福州。雍正七年（1729年），一批由铁岭、辽阳等辽东一带进关——在京驻防——入闽平定三藩后留守驻防福州的满洲、蒙古、汉、朝鲜、达斡尔等族籍的八旗将士513人携眷从福州来到琴江，驻守海疆。在这块美丽的土地上，八旗将士将他们原有的海洋萨满女神信仰、水崇拜文化与福建的妈祖信仰和民俗相互结合，成为琴江八旗文化里一个重要的内容。

（一）天后宫与妈祖崇拜

妈祖，是在海上捕鱼的渔民及从事与海洋有关活动的人们共同信奉的神祇，在我国的福建、广东、海南、台湾、东南亚中有广泛的妈祖信仰，许多沿海地区均建有妈祖庙。在福建三江口水师旗营，就有一座于立营之始就由福州将军阿尔赛捐廉银建盖的妈祖庙——天后宫和武圣庙。后阿将军再捐银一千两，购店七间，每月收得租银一两四钱，从雍正九年四月起，两庙各补五钱，以供香楮灯烛之需，每月存四钱，以备两庙庆贺及修补殿宇、添置神前供器等用。

116

天后宫坐落在旗城北门外,坐东南朝西北,庙门两边立有两块记录旗营将士捐资建庙和修缮的石碑。身旁是对岸美丽连绵的青山,美丽宽阔的闽江,沿军营栽有郁郁葱葱的古榕树。天后宫是三江口水师营官兵的妈祖信仰所在地。

　　康熙元年至康熙二十二年(1662—1683年),康熙帝在蒙古族女政治家孝庄皇太后和索尼、苏克萨哈、遏必隆、鳌拜四大臣的辅佐下,开始进行收复台湾的工作。在长达二十多年收复台湾的进程中,妈祖派千里眼、顺风耳二神将为满、蒙、汉八旗将士助战,并赐清军水师提督施琅所率的三万水兵甘泉水;佑助被海风吹下海的小舰;以神力赐予将士,助澎湖之战成功,完成台湾统一大业。清康熙二十三年(1684年),清康熙帝封妈祖为"天后",并将她正式列入国家祀典,进行春秋祭祀。

　　慈祥的妈祖成为来自北方的八旗军人和家属信奉的母神。至清代,妈祖所受最长封号为"护国

妈祖天后宫

驻防将军检阅八旗训练

第四章　萨满女神与自然崇拜

117

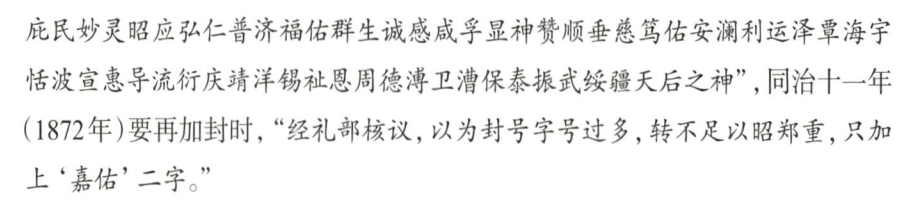

庇民妙灵昭应弘仁普济福佑群生诚感咸孚显神赞顺垂慈笃佑安澜利运泽覃海宇恬波宣惠导流衍庆靖洋锡祉恩周德溥卫漕保泰振武绥疆天后之神",同治十一年(1872年)要再加封时,"经礼部核议,以为封号字号过多,转不足以昭郑重,只加上'嘉佑'二字。"

从雍正七年(1729年)到宣统三年(1912年),驻守海疆的日子里,天后宫是旗营官方重要祭祀的圣殿,据《福州驻防志》载:每年春秋两季,将军、都统轮流赴洋屿(福州三江口水师旗营驻地)阅看水操。他们到水师旗营的第一件事就是到天后宫祭拜妈祖。据残存旗营档案而撰写的琴江志记载,每将军莅营,首先诣庙行香,然后入行台。

从雍正七年(1729年)到宣统三年(1912年)的180多年时间里,天后宫前也是展现水师旗营官兵热爱祖国海疆,为保卫国家领海而苦练军事技能,打造精兵强将的地方。每当福州将军前来检阅部队时,在依撒比(满语:集合)、依立(立正)、德力布(准备)、牙布(开步走)的军令下,水师旗营官兵军姿威武地伴着八旗走阵进行曲,接受将军的检阅。

时至今日,水师营后裔仍铭记东北老家,珍藏着幸存的祖像。当年被派往现长乐市琴江满族村驻防的赫舍里氏后裔张伟民在他家的祖屋里,挂着撰写家族来闽历史的木匾:张氏一脉,祖籍辽东,世居铁岭,繁衍生息,隶正白旗,姓赫舍里,有清之初,从龙入关,铁马金戈,驰骋疆场,康熙十五,三藩为患,随军入闽,征战肃叛,耿逆既平,榕城驻防,雍正六年,设立水师,三江汇处,琴川岸畔,契妻携子,随军营盘,耕文习武,薪火相传,吾祖丕功,幼存大志,长大成人,及第营官,奉议大夫,永安正堂,始建祖屋,传尔子孙……

在福建的满族张家后裔有:水师营营官张朝铭,因在中法马江海战中有功,被赏戴蓝翎花羽。现代名人有张嵩龄:"昆明机场开创者之一""中山舰最后一人"。张曾存:近代海军"海琛"号舰长。张长卿:台湾退伍军人,现任在台同乡联谊会会长。只要情况许可,他年年回故乡探亲,经常在《琴江》会刊撰文表达对故土的深切怀念之情,号召乡亲们携手奋进振兴故乡,可谓竭尽心智,只要是兴建家乡公益事业,他都乐意出资为缘首,或个人独资。毓麟宫和抗法烈士陵园即由其伉俪主动出资捐建,并连续三次专程返故里为抗法烈士举行公祭。张熙:福建师范大学教师,与林茂玉一起,为抢救挖掘水师旗营文化做了大量工作。张维平:琴江

水师营官兵家庙——毓麟宫　　　　　　当年官兵集资建家庙的芳名碑

文教慈善事业基金会创办人。张能赋：琴江文教慈善事业基金会董事长。张春容：琴江文教慈善事业基金会董事长。张伟民：原长乐市人大代表、琴江村村长，在任期间，为保护和挖掘琴江水师营历史文化做了大量工作。张建宁、张建海：被评为福建省非物质文化遗产保护项目"台阁戏"的保护和传承者之一。

（二）满族祖庙与临水夫人崇拜

据《福州驻防志》载，当年福州三江口水师旗营的八旗将士除大多来自奉天（现沈阳）的满洲正黄旗、镶黄旗、正蓝旗、正白旗、镶蓝旗以外，还有陆续来自福建长乐、同安、闽县、晋江、诏安、泉州、莆田、连江、仙游、安溪、福清、龙溪、寿宁、古田、邵武、宁化、海澄、建阳、平和、侯官等地和来自北京顺天府、江苏江都、淮安、浙江台州、山阴、定海、山西、陕西、湖广、河北遵化等地的军人，他们带来了各自的宗教信仰，以至旗营内的各类庙宇不下数十所。供奉的神祇来自众多门派。

水师旗营的官兵来自北方各姓氏，有在满族先民迁徙到的新的栖息地选择一棵树为神树、建堂子（家庙）的民俗，所以，在立营之初就设立了观音殿、五圣庙、魁安境（左翼子孙庙）、安庆境（右翼子孙庙，现为毓麟宫）等11座家庙。其中毓麟宫，满族人称其为娘娘庙，是香火最盛的满族祖庙。在这里，大殿正中供奉着保婴护赤的"顺天圣母"。这位从767年起就受民众顶礼膜拜的"顺天圣母"是福建城尾镇临水人，也有人说是福州仓山区藤山下渡人，名叫陈靖姑。相传在后唐天成二年时，年仅24岁的她以六甲之身前往龙潭角堕胎为民众祈雨，不幸因天降大雨覆舟而亡，她临终遗言："吾死为神，救人难产。"从而被闽王封为"昭惠崇福临水夫人"。后世人尊称她为"妇婴保护神"。至清代道光年间封其为"顺天圣母"，琴江满族人亲切地称她为"圣母娘娘"。

第四章　萨满女神与自然崇拜

119

生命·生命·走·走

在驻防琴江的183年里，满族祖庙是水师旗营军人家属寄托心灵的地方。香烟袅绕中，她们虔诚跪拜，祈求佛祖保佑出海训练或作战的亲人平安归家，保佑旗营的军人后代子孙多多，事事平安。当军人家属怀孕临产时，常供她的画像于室内，直到孩子出生后行过"洗三"后才拜谢而焚之。

军人保国守土，总有流血牺牲，满族祖庙是军人家属们寄托哀思，怀念为国捐躯的夫君与儿孙的地方。她们在这里将自己失去亲人的痛苦向"顺天圣母"哭诉，把心里的悲痛告诉为国捐躯的远去的亲人，毅然地承担起家族的责任，把青春美貌的女人岁月合着苦、合着泪，孤独地陪伴着年迈的公婆、遗腹子或幼小的儿女，骄傲而坚强地把艰难的日子过下去。

很可惜的是20世纪50年代后，历经雍正、乾隆、嘉庆、咸丰、道光、同治、光绪、宣统八朝帝王，旗营全体官兵于同治、光绪年间共捐银1069两进行修缮，保留了近200多年的满族祖庙，在人民公社的"大锅饭""破四旧""文化大革命"的年代里，被拆毁，被占用，只留下几座在民国初年重修，由观音殿改为大士殿等庙宇和一座满目破败的全琴江满族人的祖庙——毓麟宫。

1991年，唐德珍、曹淑晶、孙秀琴、唐阿仙等人发起要对毓麟宫进行第三次大修。尔后，海内外的琴江族胞祁庚庚桀、李守澄、张长卿、贾承谟、台湾同乡会等多次捐资美元、日币、人民币共近18万元，对这座琴江满族祖庙进行修缮，使这座在琴江幸存的满族祖庙恢复了昔日的面貌。当你步入毓麟宫，可见"顺天圣母"正坐殿中；殿的两侧供有福州人称"三十六婆官"，旗营军人家属称之为"阿菩妈"的极具北方满族神韵的送子娘娘塑像；娘娘神的左侧供奉着由旗营后裔许辉精心设计的大王夫人、安庆境大王、值日功遭；右侧的是探花府田元帅、丹霞大圣、土地公；左右两侧还供有两位手持兵器的元帅。众神和送子娘娘送给世人一个温馨而庄严的精神世界。

琴江满族祖庙里的送子娘娘

在21世纪的今天，回首琴江满

族村天后宫和毓麟宫及诸多庙宇的历史,其承载的不仅仅是宗教史,还是一部北方民族的迁徙史,是一部南北方民族融合的历史,是中华民族同心同德,平等团结,共同保卫祖国、建设祖国、热爱祖国的民族史。如今,福州三江口水师旗营后裔已遍布于海内外和祖国各地,每逢回乡省亲,他们都会来到天后宫和祖庙虔诚地上香祭拜,期盼原生于北方民族的德立克恩都哩赫赫(东海女神)与原生于福建的妈祖女神共同佑护祖国的万里海疆永远湛蓝,佑护水师旗营的子孙后代万世平安。

四、赫舍哩哈拉的水崇拜

满族的水崇拜体系为江河湖海,山溪泉水,在这些水体旁皆可举行祭祀仪式。与水崇拜有关联的姓氏多以上各处水源而命名,如赫舍哩氏据《渤海国志》载,渤海国主大祚荣本姓舍利,"舍利"女真语为"泉水"也。大者,女真语尊长之称,今有满洲赫舍理氏,或为大氏之族乎。金代,赫舍理氏为女真纥石烈氏,生活在松花江与黑龙江汇合处,归故里改路。赫舍里氏又以居赫舍理河(今黑龙江省通河县境内付拉荤河)而得名。元末明初

孝诚仁皇后(1653—1674年)

之际,赫舍里氏先世随其他姓氏的建州女真人一道,开始了迁徙。迁徙中,他们先后迁徙到绥芬河流域、图们江流域及长白山地区,具体分支有延边布尔哈图河赫舍里部、今汤旺河赫舍里部、今汤原县吞河北的多陇乌河赫舍里部、今付拉荤河赫舍里部、今绥芬河入海附近之阿敏河赫舍里部。最后定居在苏子河、浑河流域。

清初赫舍理各部来归,分别编入正黄、正红、正蓝、正白、镶蓝各旗。赫舍理氏世代有文化名人。《满洲八旗氏族通谱》卷之九载:额尔德尼受太祖皇帝之命,首创满文,被誉为圣人。正黄旗人硕色因通满汉蒙文字,太祖赐巴克什。其子索尼战功卓著,文采斐然,受顺治帝顾命为辅政大臣。硕色之弟希福奉使蒙古各部宣谕,顺治年间任内弘文院大学士,疏请撰修辽金元史。索尼之子索额图,清康熙年间任国史院大学士、保和殿大学士、议政大臣、领侍卫内大臣等职。清代,赫舍里

氏有多位族女成为历代帝王后宫后妃，如康熙帝时的孝诚仁皇后、平妃、僖嫔，道光帝时的常妃、珍嫔、睦答应，同治帝时的敬懿皇贵妃。

清乾隆九年（1744年）——道光二十四年（1844年）百年间，赫舍里氏索尼的后裔与其他满洲氏族的后裔先后从北京回迁到黑龙江阿城、五常、双城等地，开发建设和保卫了东北边疆，保留传承了满族文化。

杭州佐领萨哈廉 　　　　萨哈廉福晋

户部郎中宝武 　　　　宝公送行图（局部）

赫舍理氏有赫书氏、赫宜氏、赫舒哩氏、赫尔济氏、赫尔苏氏、赫济哩氏、赫佳氏、锡赫理氏、赫叶勒氏、赫哲氏、黑赫穆氏、亨奇勒氏、赫尔诺络雅苏氏、赫齐拉氏等。

辛亥革命后，以上姓氏多冠姓为何、赫、英、张等。近现代文化名人（部分）有：英华，天主教仁笃大学校长，创办《大公报》。英千里，哲学家、逻辑学家，台湾辅仁大学副校长。英若诚，著名表演艺术家，曾任中华人民共和国文化部副部长。何韦，满族漫画家。赫崇本，海洋生物学家，历任国家科委海洋组组长等职，我国海洋科学重要奠基人。赫寿岩，一代武术宗师。何迟，戏曲剧作家、曲艺作家，历任天津人民艺术剧院院长、天津市戏曲学校校长、市文联副主席等职。赫冀成，东北大学校长、国务院学科评议组成员、中国金属学会能源与热工学会理事长。赫荣乔，中国科学院生物物理研究所、中科院视觉信息加工重点实验室研究员，博士生导师。赫舍里·慧勇，青岛沿海画院院长，中国龙骨体书法创始人。英达，中国情景剧之父。英壮、英宁，著名影视剧编剧、导演、主演。何志新，北镇市满族高中校长，开展满语教育。何敏，中央军委授予"高原模范军医"荣誉称号。何岩，中国科学院副秘书长。何晓芳，辽宁省民族研究所副所长，研究员。何文江，满族剪刻纸第四代传人，吉林省非物质文化遗产传承人。赫畅，黄太吉中式快餐食品公司创始人。赫英菊，热心满族文化传承。赫崇衡，上海市少数民族联合会理事、华东理工大学少数民族联合会会长。赫然，长春理工学院法学院院长，著名法学专家。

| 英千里 | 英若诚 | 赫崇本 | 何 迟 |

| 赫冀成 | 赫荣乔 | 何 岩 | 何晓芳 |

何 敏	赫 然	赫崇衡	英 达		
英 壮	何文江	赫英菊	赫 畅		

五、渤海国王世系表

国号	年号	庙号	谥号	姓名	在位时间
震国		渤海太祖	高王	大祚荣	698～718年
渤海国	仁安	渤海光宗	武王	大武艺	718～737年
渤海国	大兴	渤海世宗	文王	大钦茂	737～793年
渤海国			废王	大元义	
渤海国	中兴	渤海仁宗	成王	大华屿	793～794年
渤海国	正历	渤海穆宗	康王	大嵩璘	794～809年
渤海国	永德	渤海毅宗	定王	大元瑜	808～812年
渤海国	朱雀	渤海康宗	僖王	大言义	809～813年
渤海国	太始	渤海哲宗	简王	大明忠	817～818年
渤海国	建兴	渤海圣宗	宣王	大仁秀	818～830年
渤海国	咸和	渤海庄宗	和王	大彝震	830～857年
渤海国		渤海顺宗	安王	大虔晃	857～871年
渤海国		渤海明宗	景王	大玄锡	871～894年
渤海国			正王	大玮瑎	894～907年
渤海国			哀王	大諲譔	907～926年

渤海国大遗址 　　　　　　　　　　渤海国古城墙

渤海国古井 　　　　　　　　　　　满族文化村

六、康熙皇妃娘家河上的三道亮子

悫怡皇贵妃（1683—1768年），宁安下马河三道亮子人，满洲镶红旗，瓜尔佳氏，三品协领祜满之女。生于康熙二十二年十月十六日。清圣祖时为和嫔、和妃，清世宗时尊为皇考贵妃，清高宗时尊为皇祖温惠贵太妃、温惠皇贵太妃，与寿琪皇贵太妃等同，形成平级的双妃。乾隆三十三年戊子三月十四日，卒于宁寿宫，年八十六。五月，谥曰悫怡皇贵妃。十月十二日葬景陵双妃园寝。

2006年8月，笔者、上海大学教授胡晓

悫怡皇贵妃

岚、自由撰稿人李逊与宁安市汉族朋友张爱云一起前往宁安市下马河三道湾，踏访三道亮子，探访皇贵妃的娘家人——关成银，他给我们讲述了家谱上记载的故事：惇怡皇妃刚入宫时，康熙问他该为她娘家人赐赏啥，皇妃回答，娘家在牡丹江源头，世代捕鱼打猎，我一不要金，二不要银，求皇上赐娘家河上三道亮子。于是，皇帝命黑龙江将军派人在其娘家牡丹江上以铁链锁石，构筑三道亮子。从此，惇怡皇妃的娘家人年年渔猎丰收。

头道亮子

二道亮子

关成银在三道亮子打渔

族胞相见行拉手礼

关家小院

关成银说皇妃的故事

第三节 神石崇拜

满族石崇拜由来已久,最早的记录源于满族创世史诗《天宫大战》:千寿万寿的彩石呵,是祖先的爱物,朝夕难分难离。石头是火,石中有火,是热火、力火、生命火……

满洲先民的英雄女罕乌布西奔妈妈,就以彩石为头饰,高贵地降生在人间:洪乌(腰铃)响了,神鼓响了,海豚皮做的椭圆形神鼓上,她把白鼠皮披挂全身;她把灰鼠皮披挂全身;她把银狐皮披挂全身;她把黑獭皮披挂全身;她用彩石做头饰……

一、部落契合的神石

以渔猎为生产方式的满洲先民,对黑龙江、长白山原始密林和崇山峻岭充满了敬畏和崇拜。在许多满洲先民的氏族迁徙里,它是神圣的信物,是氏族穆昆达权利的象征。在分支迁徙时,穆昆达将一块神石摔成几块,每支人各持一块,以便日后的族人以神石认亲,如有灾难,氏族就可以在穆昆达的带领下,凭这块契合的神石而义不容辞,共同甘苦。由此我们可以看到,在满洲先民的精神信仰里,神石是多么的威严崇高而神圣。石来自自然,富饶美丽的黑土地上物华天宝,据宁安县志载:挹娄出青玉,女真土产玉,靺鞨宝石色大赤红大如栗,今嫩江诸岸出五色

双鸭山出土的挹娄人石牌　　黑龙江宝清县出土的玛瑙女神神偶

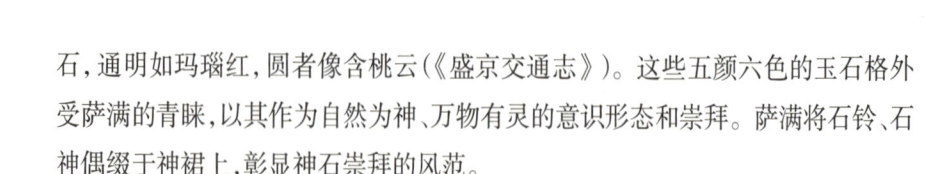

石，通明如玛瑙红，圆者像含桃云（《盛京交通志》）。这些五颜六色的玉石格外受萨满的青睐，以其作为自然为神、万物有灵的意识形态和崇拜。萨满将石铃、石神偶缀于神裙上，彰显神石崇拜的风范。

二、氏族图腾的玉石

早在几千年以前，北方民族的萨满还以玉石创造了中国最早的龙形象——玉猪龙。用玉石雕出了氏族崇拜的玉鹰神偶。这一玉文化现象说明：玉器的起源是装饰，玉器的使用从萨满文化发展到族权、神权、兵权的象征，很多玉器是原始礼器，一些动物玉器造型是氏族的图腾。而这一文化现象也可以从广泛存在并传承至今的满族萨满文化里得到印证。

满族的神石文化源流传至今日，当年的靺鞨宝石如今已由岫岩玉的称号所取代，岫岩满族自治县被荣誉命名为中国玉都。

三、佑护族众的石神玛发

满族石崇拜故事源于石神玛发（爷爷），由那木都鲁氏的萨满传承：

早先年，满族的祖先以打猎为生。哪个穆昆的人多，就可以占一片好围场，日子就过的顺当。要是人少，就只好拣一些别人不要的霍落（山沟），过着受气受苦的日子。

满洲先民传承的石神玛发

在乌托岭的南面，住着那木都鲁只有20来户人家的小哈拉，能上山打围的还不足10个人，总是被周围大的穆昆欺负，往往是占了一个好围场，没等打几回猎就被人家占了去。怎么才能占住好围场，让穆昆的人活命？

"咱们走，总在这受气不行。"他们往东走，走啊，走，来到一个大鄂模（湖泊）旁边。这里水亮晶晶，鱼儿多得数不清，山上窝集密实，是个狩猎的好地场。正要搭撮罗子安家，老林子里飞来一只乌鸦，它叫着："穆昆人，快躲开，在这住下耶鲁里要吃你肉,扒你皮,还要抽断你的筋。"听了这话,人们只好再往前走,走到一个满山石头满川沙的地方,有一个头不高、干干巴巴骨架的老玛发(老爷爷)说:"你们留在这里吧,我会让你们过上好日子。"

满洲先民挹娄人的石斧

"玛发,这儿满山的石头满山的沙,没有草甸子,没有河汊,没有猎物,没有鱼,我们吃啥?咋活呀?"人们谢绝了老玛发的好意,继续朝前走。可是,走了三天三夜,就是走不出这座大山。没吃没喝的人们就采石做石墓和石棺。打开石头以后,发现里面却是很软的石泥,人们就用这些石泥捏成石锅、石碗、石盆,又捏出了石刀、石枪、石斧、石箭头,还捏出了石虎、石人、石鸟、石鲤鱼。别的穆昆人忙不迭地拿吃的和用的东西来换这些石头物件。那木都鲁哈拉过上了不愁吃穿的日子。这事很快被邻近的一个大穆昆的勃极烈(女真语:首长)乌林泰知道了,他心想,这么一块好地方,咋能让那木都鲁哈拉给白白地占去了?他带着穆昆的族众来到那木都鲁哈拉,"谁让你们私自占我的山,开我的川,你们赶紧给我走,要不介,我让你们这个哈拉就在这里完蛋"。

看到大穆昆的勃极烈带着那么多的人马,那木都鲁哈拉的人连东西都来不及收拾,赶快地往西逃去。乌林泰让阿哈(奴隶)们白天黑夜地给他凿石取泥。可是,不知道怎回事,怎么劈怎么凿,就是不见一点石泥,都是里外一样坚硬的石头块,不用说捏成石头的物件了,就连一般的石斧石锤也做不出来。

那木都鲁哈拉的人仓忙地逃到了一个荒山秃岭的地方。看江里浑浑浊浊,岸边石头累累,族人们叨念起那个老玛发的指点之恩,恨自己穆昆没有力量,就是有块宝地也守不住,就在这时,人们看见那位老玛发又来了,他说:"你们想得对,自己软弱无力就是有块宝地也守不住的。从今以后不但要干好活,还得要练点本事。这河里就是宝石,你们采吧。"人们劈开石头一看,啊!五颜六色的石泥,又细又滑,他们用这些彩色的石泥又做起石头物件来。这次做出来的石物件精巧细致,还光彩夺目,五光十色。这一来,远近穆昆来换取石物件的人更多了,那木都鲁人过上了好日子。这件事又被乌林泰知道了,他派出人马把那木都鲁哈拉团团

第四章 萨满女神与自然崇拜

129

围住，又从人群里抓出老玛发和哈哈珠子关了起来，可怜那木都鲁哈拉人都成了乌林泰的阿哈，白天黑夜给他做石物件，累得死去活来。

有一天，乌林泰正在他的树屋里举行大肉宴，一个瘦骨伶仃的老玛发走了进来，老玛发说："你天天用那么多的人看守一群阿哈，那太费事。我会摆一种石头阵能点石成兵。"

"你别瞎吹了。那石头能听人话？"乌林泰不相信。"那咱们就试试看呗。你叫人来，堆一圆圈石头堆，每堆石头上插一面鱼旗，再让几个人蹲在圆圈里。我来摆给你看。"老玛发又拿出一面大鱼旗给乌林泰，告诉他朝上摆三次，朝下摆三次，就看到石头阵了。

乌林泰赶忙招呼来阿哈，一会儿，石头大圆圈就摆好了。他挥起大鱼旗朝上摆三次朝下摆三次，石头顿时飞起，里面的人出不来，外边的人也别想进去。离石头一箭地的地方，准被石块砸得鼻青脸肿，乌林泰一看这石头阵还真是那么回事。他命令阿哈们在那木都鲁人干活的地方运石头，摆阵法，很快，一个大石头阵摆成了，把那木都鲁人圈了起来。从此，他只要在树屋里一摆旗，石头就乱飞乱打，谁也进不了那木都鲁人干活的地方。那木都鲁的人也出不了那个大石头阵，只好拼死拼活地捏石物件。有一天老玛发又来了，他给那木都鲁人一面鱼皮旗，告诉他们，明天嘎思哈达拉代敏乌西哈——鹰星出现在中天的时候，在星光下摆动这面旗，石头阵就受你们的指挥，赶退勃极烈派来看守的阿哈。

那木都鲁哈拉人一听，可高兴坏了，都纷纷左腿上前一步，全跪在地，给老玛发行打千大礼。老玛发叹了口气，临走前留下一句话："石头阵不是长久之计啊，还得联络几个穆昆，好好地学点箭法，才能过上打猎捕鱼的好日子啊。"

第二天半夜，那木都鲁哈拉人照老玛发教的方法，在星光下挥动着鱼皮旗，随着旗的挥动，石头阵上的石头，就像长了眼睛似的，一阵阵地向乌林泰的树屋飞去。乌林泰一看，赶快挥动鱼旗，可没想到他越挥动鱼旗，石头来得越多。到天亮的时候，乌林泰的树屋已经被大小石头块埋了个风雨不透，变成了一座石头山。人们管这山叫做勃极烈山，后来，又叫成贝勒山，再到后来，叫成了大罕山，这座山就是现在大兴安岭的鲜卑山。

自从打败乌林泰以后，除了捏石物件外，那木都鲁哈拉的人开始练习射箭和东海刀法，渐渐地成为一个大穆昆，附近的穆昆看到那木都鲁人强马壮，性情善良，都公推他们做穆昆达。人们感谢老玛发给那木都鲁带来了幸福，就按他的模样捏了一尊石头像，尊称为"石头玛发"，年年举行盛大的萨满祭祀来纪念他。在祭祖和祭天时，就会在"石头玛发"的神像前，点上年息香祭祀他。人们为了防备耶鲁里再来祸害人，都到埋葬着乌林泰的山上取回几块神石，放在院心里。"石头玛发"成为满洲先民共同虔诚祭祀的祖先神。（萨满：傅英仁传承）

四、八旗将士的石崇拜

一直到现在，在东北满族家院里的索伦杆下，都放着三块石头，因为"石头玛发"保佑着族人的平安，要让后辈人记得"石头玛发"的大恩大德。而同为女真后裔的鄂伦春人世代传承的石神玛发，则走进了博物馆，讲述原始萨满文化里自然为神、万物有灵的故事。

神石崇拜中含渔猎生产特点和八旗文化，有射箭拉弓时用于保护手指的"扳指"，又称"梆指"。清代满洲八旗的男孩生下来就以军人为终生职业，成丁前，要到本旗弓房锻炼拉弓，先从"一个劲儿"（20市斤拉力）始，以后逐渐锻炼增加拉力。所以，八旗将士人手扳指一枚。扳指初时多以兽骨和石头雕刻而成。自入关以后，扳指成为时髦的佩饰品，上自皇帝与王公大臣，下至满洲各旗子弟及富商巨贾皆喜佩戴。质地亦由原来的兽骨、石、岫岩玉发展到象牙、水晶、玉、瓷、翡翠等名贵原料。

清代扳指　　　　　　　　　手戴扳指的八旗武官

离开东北老家的满族人把石崇拜带进了北京，将有满文和吉祥图案的石墩，立在了宅院的大门前，祈盼"石头玛发"佑护氏族与家人的平安。以满文和汉文刻写的功德碑、记录历史事件的纪念碑、下马碑等石碑则在中国大陆和台湾以及韩国、海参崴等地都有。这一石文化现象，既是满族先民萨满文化石崇拜文化的嬗变，也彰显着清代历史文化的灿烂风采。

满蒙文字的库里碑 　　台南民族文物馆万寿宫下马碑 　　韩国三田渡的皇太极功德碑

北京民居门前的满文石墩 　　台湾寺庙满汉文神牌位 　　广西罗城仫佬族自治县的满汉文字碑

五、那木都鲁哈拉的神石崇拜

满族的神石崇拜源自东海火山石、林海雪原冻石等，许多氏族的说部传承皆有神石崇拜内容，那木都鲁哈拉的说部比较集中的传承了神石崇拜。

那木都鲁为满语，汉意为一片大森林。满族古姓，世居那木都鲁（俄罗斯滨海边区乌苏里斯克城附近）、珲春、绥芬河、长白山一带，以地为姓。金代为女真姓氏纳谋鲁，清代为那木都鲁。

清史稿载：庚戌冬十一月初，努尔哈赤庚命额亦都率师招渥集部那木都鲁诸路路长来归。那木都鲁氏来归族众编于正白、正黄、镶红三旗。其中，正白旗人康武理，国初（1610年）率兄弟族人来归，清太祖嘉之，尚公主，封为和硕额驸，授三等子，编二佐领令康武理与三弟喀克都理各统其一。康武理兴十六大臣之列，历任户部尚书、护军统领。其后裔赖塔军功卓著，赐葬礼如典礼，谥襄毅，并祀贤良祠，恩追封一等功。世宗宪皇帝阅实录，念赖塔不朽之功，加封号为褒绩公。内阁侍读学士沈瑜、吏部侍郎绰尔岱等。

凌子风

辛亥革命后，那木都鲁氏多冠姓为南、那、沈。以上姓氏还有满族老姓为都善氏、爱新觉罗氏、颜济哩氏、申佳氏（沈佳氏），以及加入满族的彻穆衮氏（蒙古族）、沈氏（朝鲜族、汉族），文化名人有：凌子风，著名电影艺术大师，电影的奠基人之一，当代著名电影导演，先后在东北电影制片厂、上海电影制片厂和北京电影制片厂从事电影导演工作。代表作有《中华女儿》《红旗谱》《骆驼祥子》《边城》等。沈延柱，吉林沈达集团董事长。建立沈达萨满博物馆。沈鹏，中国著名书法家，任北京华夏文化交流促进会理事等职。沈傲君、凌潇肃、沈泰，著名影视剧演员。沈梓萌，承德星聚汇文化传媒有限公司签约童星，擅长舞蹈和演唱，多次参加国际国内的大型活动和比赛并获得多个奖项。沈鸿升，创作《公交司机之歌》并放到网上，受到追捧。

第四章　萨满女神与自然崇拜

第四节 神树崇拜

古代，东北亚大地上生长着无边无际的原始森林，它们是满通古斯语族的生命摇篮，满族先民把树视为神，如榆树为海兰恩都哩，松树、桦树、柳树则被奉为柳母神——佛立佛多鄂漠锡妈妈。

一、神树崇拜的萌发与传承

女真先民最早的神树崇拜源于萨满说部——口传文学《天宫大战》，如柳树的生殖崇拜"长叶柳树能说人语道人性，能育人运水润虫蛙"。再如神树的神性，"太阳河边有一棵高大的神树，神树上住着一位名叫昆哲勒的九彩神鸟"。

东海女真人先民起源、发祥、生活在东海。那是东海女神赐予人类的海洋女神的世界，世传的萨满唱诵着献给神树的神歌：在海涛敲击的板卡根古树岛上，居住着依兰明安毛恩都哩赫赫（3000个聪明的树女神）；在飞鸟喧哗的坦坡儿阿林上（海滩的森林），安卧着那丹图们安班恩都哩赫赫（70000个部落的大女神）；在惊涛激荡的德立格奥姆赫赫怀中（东海女神），漂居着至高无上的"逊"恩都哩赫赫（太阳）和她统属的像浪珠般银洁的恩都哩赫赫……

亲爱的读者，古代东海女真人先民萨满把一幅多么美丽的远古东海神树的世界，呈现在现代人类的眼前——太阳，升起在大海的万顷波涛之上，金色七彩的阳光照耀天宇海疆，照耀着海岸边如林的千年古树，海滩上，海鸟在林中、海天间快乐地鸣叫、飞翔……

竖在撮罗子前的神杆

由女真先民原始喜塔喇哈拉萨满传承的柳崇拜之源为：满洲人为什么祭柳？原来，当阿布卡赫赫与耶鲁里作战时，善良的恩都哩们死得太多了，阿布卡赫赫只好往天上飞去，耶鲁里紧追不放，一爪子把她的下胯抓住，抓下来一把披身柳叶，柳叶飘落人间，这才生育人类万物。

黑龙江宁安的女真富察氏的一则萨满说部，更为具体地说是先有了柳叶、柳树，然后凡是有水的地方，就有柳树、柳叶，人，也越来越多。在现在的宁安市一带，不论是国道、城市的道路、农村的道路以及河道旁边的树，柳树是可以见到的最多的树。

正是基于柳树为柳母神，所以，在神树崇拜中占首要地位，贯穿于满洲人生命的重大事件中：小阿哥出生时，阿玛和额娘要在子孙绳上挂上一把小弓箭，小格格则在这绳上拴一条小布条。当哈哈珠子们举行成人礼时，他要面向系着彩条的柳枝边下跪，由氏族穆昆达在象征柳母神和先祖的柳枝前，把五彩线绳戴在他的手上，佑护他成为一个勇敢的巴图鲁。在满洲格格出嫁的枕头顶里，必定有柳树的吉祥图案。在老人去世以后，按照满洲古俗，不立碑，不烧香，只要在没有墓碑的坟上插上柳枝就可。这个葬俗后世演变为以纸剪成长条，插在坟头来代表柳枝，满族人称为佛多。

祭神树是满族萨满大型野祭里的仪式之一。在部落、氏族举行祭祀仪式时，在事先选择好的大神树上挂铜镜、神鼓等祭物，然后在树下献供，洒水和兽血，现在还洒酒，阖族跪拜祭祀。

在古代，每遇到大旱、瘟疫、森林虫灾等这些灾难时，东海窝集部各氏族就要举行隆重的柳祭，祈请佛多妈妈降临，佑护森林，保护噶珊和族众的狩猎平安。最古代时居住在现俄罗斯境内的满洲先民嘎忽坦河部的柳祭仪式是：

部落女军（女王）斯呼林从族中挑选出俊俏的萨尔甘追（少女），她们把少女的身子裸献给大地，腰间围着的柳叶，代表着柳母神、水神、海神的降临。在祭祀时，全族人围着族女，往她们的身上洒鹿血、糜儿酒、洁净的江水，萨尔甘追唱着，族众们呼应着。在这些仪式完成后，斯呼林以女萨满的身份，跳起萨满神舞，在西沙（腰铃）、尼玛琴（神鼓）、震天动地的响声里，走遍噶珊附近的山野湖畔，就是在这样的祭祀仪式里，一个美好的意念在族众的心里滋生：柳母神已降临，她佑护部落人的生命，佑护着部落的狩猎平安。

二、女真先民祭祀神坛的神树与神杆

在神树崇拜中，选择神树神杆是部落生活中重要的事情。迁徙到新的居住地时，必要在撮罗子前插以柳枝象征神树。在举行隆重的萨满祭祀时，要插上象征神树的神杆。时至今日，可以从人类狩猎时代，女真先民索伦部女萨满在祭天场所的设置，对比牛河梁的考古发现，来看女真先民萨满祭祀神坛上体现的神树崇拜，请看以下两图的比较：

1. 为人类狩猎时代肃慎（女真）索伦部祭天场所排列图，其设置为：(1)三根长杆；(2)九棵桦树；(3)两行桦树；(4)九张摆放祭品的小桌；(5)挂有兽皮的九根杆子；(6)炉灶；(7)帐篷；(8)萨满住的小屋；(9)栽力（助神萨满）住的小屋。

2. 为牛河梁女神庙祭坛，在这个遗址上出土的女神、玉雕猪龙、玉雕鸮鸟、鹰杖等皆具有东北亚萨满文化的特性。

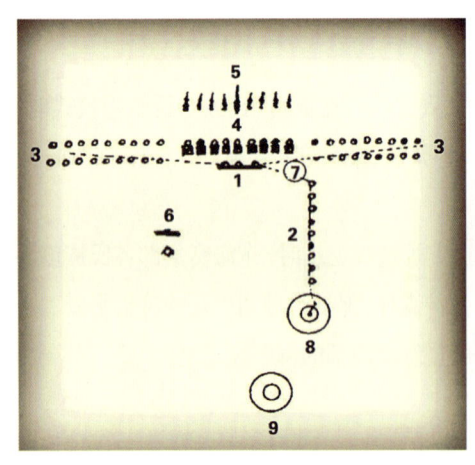

女真索伦部祭祀神坛　　　　　　牛河梁女神祭祀神坛

桦树别称白桦，全世界约有100种，主要分布于北温带，少数种类分布至寒带。在广袤的东北，白桦分布最广。桦树在女真先民的狩猎生活中，可以做船，做育儿的摇篮，是狩猎时代人类生活的物质之宝，以女真先民的传统说部来讲述祭坛上的桦树崇拜：

在那遥远的亘古年代里，有了天，有了地。可天是透明的，大地上汪洋一片。天空里住着各路神仙，住在九层天上的阿不凯恩都哩天神，有个聪慧美丽的三格格，她会织布，每到繁星撒满天空的时候，她就摇起银色的纺车，织出一匹匹银缎，启明星眯缝着眼睛回家了，她才走下纺车，把织好的银缎撒满天空，她就这样日复一日，年复一年地织啊、织啊。天空里就有了蔚蓝的苍穹，五色的彩虹，灿烂的朝霞，落日的金黄，还有连片连块的白云。因三格格喜欢穿一身雪白的旗袍，又常脚踩白云在天空里播撒银缎，神仙们都叫她白云格格。

也不知从什么时候起，世上就有了人，后来又有了飞的鸟，跑的兽，爬的虫。白云格格常喜欢躺在白云上，痴痴地看着大地上的风景，有时，连阿玛吩咐的事都忘在了脑后。

阿不凯恩都哩天神大发雷霆，他认为地上这么多的生灵都是妖怪。最不能容忍的是，这地上居然还有跟他一样有手有脚、有五官有身体的小人，这成何体统！他要把所有的生物，都统统收回天上去。他发下天虎令箭，召来了雷神、窝敦恩都哩(风神)、电神和雨神妈妈，命令他们使劲地朝地下刮起狂风，洒下暴雨、冰雹。又挥舞着龙旗，唤来了守卫天海的龙王，命令他们打开水眼，洪水从天上波涛滚滚奔腾而下，顷刻之间，大地上遍地汪洋，白浪滔天。地上的生灵们，谁也顾不上谁，拥挤在一块漂呀！漂！在浪涛里哭喊嚎叫、挣扎着……

白云格格伤心地哭了，她不明白阿玛为什么要这样，她穿好九十九朵雪花云镶成的雪白银光衫，披上红霞披肩，勒紧黄云彩带，拴上粉云荷包，盗来了阿玛身上的开天钥匙，打开了聚宝宫的大门，取出两个匣子，摇着宝云船划出云宫，要去拯救地上的生灵。船儿划出了云宫，白云格格看到了一帮花脖子喜鹊，扑愣着湿翅膀，挣扎着飞来飞去，累的眼看就要掉到大浪里啦！

白云格格心痛啊！她忙喊着："喜鹊，喜鹊，快上宝船喀(去)！"

喜鹊们看到美丽的白云格格，扑啦啦全上了小船。他们拍打着翅膀，滴答着眼泪说："善良美丽的白云格格，你阿玛要毁掉地上的欢乐。快救救下边的生命吧，我们没吃、没住，连块歇爪的地方都没有了！"

白云格格望着滚滚的一片汪洋，悲伤得掉下了眼泪。她从宝云船上捡起几根小木枝扔了下去，说："去吧，用小木枝絮个窝吧！"

几根小木枝一落到大水里，就变成了千万棵大树，花喜鹊煽动着翅膀，从宝船

生命·生命冬·冬

白云格格

上飞了出去，从此以后，鸟总是叼着细枝在高树上絮窝，虫儿和野兽爬到木头上漂啊，漂到远处藏身。人啊，就用水上的绿树造成威呼(船)逃命。剩下的树枝，在浅滩上扎根，树木长得又高又大，一棵挨着一棵，慢慢地长成了兴安岭上的原始森林。进去见不着太阳，分不出来东西南北，黑森森的老林子，海啦！那树枝上的小毛毛就变成了江水里的水浮木，直到现在，还在东北的江河里漂哪。那宝贝集天地之精华，鬼斧神工，天地造化，可是个稀罕物件呢！

白云格格拿出两个匣子。那一个里面装的是金沙土，另一个里面装的是油河土，她打开金沙匣，从天上倒了下去。可是一看，没有用，地上的水不见消，也是的，那沙子怎么能挡水呢！她赶紧就把另一匣黑黄黑黄的油河土也倒了下去。大地变样了，白亮亮的水挤进沟壑里，变成江河和水泡子。当时，白云格格心慌啊，船又摇晃着，土洒得不均匀，土多的地方拱成一座座山丘，土少的地方成了平川。

阿不凯恩都哩发现宝土被撒完了，他怒发冲冠，命雷神妈妈打着炸雷，风神妈妈刮着飓风，雹神妈妈抛着冰块，雨神妈妈淋着洪水，一齐追捕白云格格。

白云格格见势不妙，一纵身跳出了宝云船。顺风飘啊，飘到了大地上。雷、风、雹、雨紧追着白云格格，她的身影到哪儿就跟到哪儿。她拼命地跑，跑到长白山下，正在巡山的百花仙女看见了，急忙挥挥手，铃铛花就忽拉拉地开了遍地，白云格格机灵地摘下一朵插在头上，躲到了海洋般的花丛里。

众神在大地上找了几天几夜，可满山遍野的森林里花儿密密麻麻，连白云格格的影子都看不到，只好唉声叹气地空着双手回天宫复命。

找不到女儿的阿不凯恩都哩又急又恨，他派出雪神降雪。大雪铺天盖地，树有多高，雪就有多深，百花凋零了，白云格格没有回来。阿不凯恩都哩后悔了，他心里想念着三女儿，在天庭里发出召唤："伊兰甘居(三女儿)，认个错回到天上吧,阿玛饶你了。不然,我要一年下半年雪,世代不变。"

白云格格一心想解救地上的生灵,她宁可受尽苦寒,也不认错。大雪越下越猛,白云格格在冰雪里冻着。她把自己的银光衫裹一层又一层,绕了一圈又一圈,最后她变成了一颗身穿白沙、木质洁白的树木,永世长存在了大地上。从此以后,人们都管这树叫白桦树。至今,兴安岭年年风雪不断,您若是在暴风雪中侧耳细听,从白桦树林里还传出"不回喀,不回喀"的回声哩。

白云格格变成白桦树,心还向着世上人,人们用她的躯体,做爬犁辕,盖了哈什(苞米楼),用她身上一层层的银衫,编筐织篓;夏天,在野地里口渴了,在树上划个小口,插根细棒,喝它胸膛里的水,清甜润口。女真人都喜爱和赞美变成白桦树的白云格格。

(孙玉清讲述　王惠立整理)

三、金与大金国的神树崇拜

神树崇拜是多元的,从人类学和民族学的角度来说,其神树崇拜是伴随着其社会历史而演绎了满族从氏族到部落再到国家的一条完整的人文轨迹。

(一)神树崇拜润涵氏族与家的形成。神树崇拜形成母系社会第一个集体居住的家——"榆柳大棚"。在东海野人女真萨哈连人、温迪拜人的神歌里,传诵着:

阴沉沉、雾茫茫的水,像倒灌天河一般,哗哗地波洒尘埃,大地上一片汪洋,恩切布库女神带领着野人们,一窝蜂地进入北山密林,榆柳木为柱,榆柳皮做绳,在山崖的一片平川,搭起个遮天的榆柳大棚,纵然闪电、惊雷、暴雨,榆柳大帐温暖如春,小松鼠、小山猫、小野兔、山喜鹊也都悄悄地钻进大棚避雨。

古老人类初年世界的"家"就这样诞生了。尔后,随着野人女真社会生活的变化,榆柳大棚分化为妈妈窝(氏族居住地)、鞑靼包、撮罗子、马架子、木刻楞等满族先民的居住设施的称呼。至金代,有了皇帝春水秋山行猎的大帐。

(二)神树崇拜中的英雄崇拜。满族先民尚武,早在渤海国时即有"渤海三男顶一虎"之说。女真先民的原始部落在举行春祭时,亦要在神树下举行射柳比

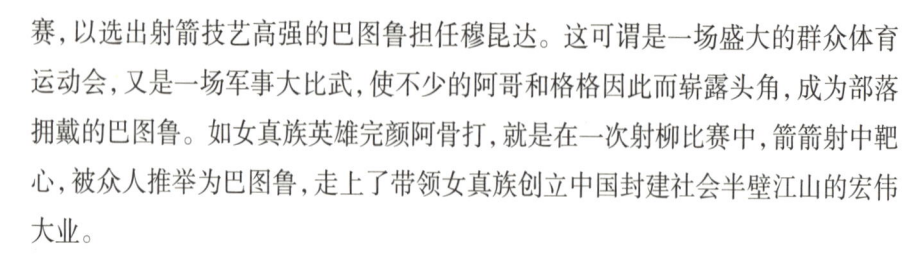

赛，以选出射箭技艺高强的巴图鲁担任穆昆达。这可谓是一场盛大的群众体育运动会，又是一场军事大比武，使不少的阿哥和格格因此而崭露头角，成为部落拥戴的巴图鲁。如女真族英雄完颜阿骨打，就是在一次射柳比赛中，箭箭射中靶心，被众人推举为巴图鲁，走上了带领女真族创立中国封建社会半壁江山的宏伟大业。

（三）神树崇拜成为大金国的皇家祭祀。约在14世纪，满族先民虎尔哈部迁徙至现辽宁一带。17世纪初，努尔哈赤崛起，满洲先民崇拜的柳祭，以原野祭的形式开始进入皇家祭祀，开始有了固定的堂子圆殿，关于这个堂子的规模和形制，李国俊在《满族研究》2002年第4期发表的《努尔哈赤时期萨满堂子》中叙写道：

> 堂子是女真人特有的萨满祭祀场所，他的建筑形式和平面布局与其他宗教庙宇不同，有着自己独特的风格和规划。赫图阿拉城的堂子通过遗址挖掘和参照钦定《盛京通志》里记载：赫图阿拉城的堂子，建在赫城东门外的东南隅，离城内有2华里左右。据《建州闻见录》记载："奴酋之所居上里许，立一堂宇，臻以垣墙为礼天之所，凡于战斗往来，权酋清将胡必往新之。"

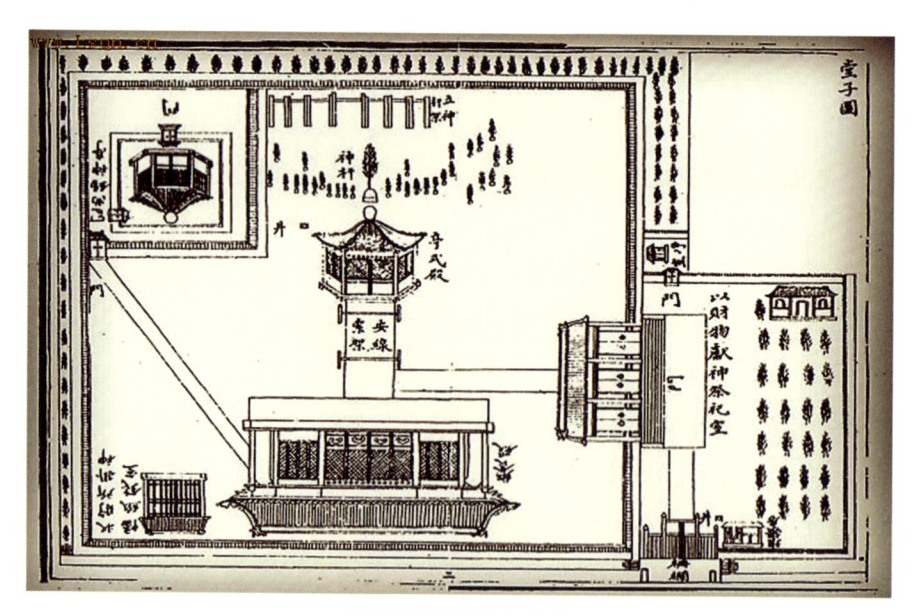

赫图阿拉萨满祭祀堂子

赫图阿拉城的堂子始建约于1535年前后的明嘉靖十四年,努尔哈赤的祖父,明建州左卫都指挥觉昌安从佛阿拉城迁此居住,在城的东南隅建立了规模较小、草顶石垞简陋堂子。早在努尔哈赤起兵之前,爱新觉罗氏族就有了自己的堂子,在《清太祖武皇帝实录》中有较明确的记载,"同族空古塔诸祖子孙至堂子盟誓。亦欲宾卫以归化堪外兰"。1603年(明万历三十一年),清太祖努尔哈赤从佛阿拉城迁城时,在原有的旧堂子基础上进行全修及扩建。

时称奉天堂"拜天圆殿"设置的神案为:

从北门入内,殿的正中没有条形供桌,称之为高案。在高案上面正中供有上下圆带有耳环的四足香炉。在香炉的前面分供三尊供西的银盏,案上的北侧供有糕盘。高案下正中固定一支挂纸钱的木棍。在高案的前面摆设一张长宽和高案相当,但却低了很多的木纸桌,在纸桌上面另供两个盛酒的大兰花瓷碗。两侧还有盛酒用的豆绿瓷谭子。在高、低桌的两侧立有白纱为罩的架子灯。

满族先民的萨满文化敬畏自然,敬请和敬奉神灵的奉品皆来自自然,为什么满族萨满的神器少有传世?因为满族萨满的神器是伴随其终身的,在其去世时,神鼓打破,祭祀典礼用的神像、鹰杖等皆要打坏,与其随葬回归自然,而每次祭祀时的兽肉,则以吃完为福临,吃完后的骨头、剩余的肉则回归山林。祭神树时,堂子的神杆每年按惯例取之于洁净的山林中,当年山林中多野兽,采取神树之日要先行祭山,避免野兽干扰。堂子的神杆每年都要更新一次。旧神杆每年与送堂子的树枝、纸钱、净纸一同焚化。

此时期的满族萨满原始文化进入满族社会历史中宗教多元的第三个阶段:
第一阶段为渤海国从中原带回的佛教文化;
第二阶段为金代的佛教文化与道教文化;
第三阶段为清代满洲族萨满文化与中原宗教文化的全面融合。
此时期皇家立神杆后的堂子祭祀分为朝祭与夕祭,朝祭与夕祭所祭祀的神灵不同:朝祭神为佛教神三位,即释迦牟尼、观世音、关帝圣君。夕祭神有阿珲牟锡安孟阿雅利穆理穆理哈、穆里罕、纳丹岱珲、纳尔珲轩初、恩都里僧固、拜满章

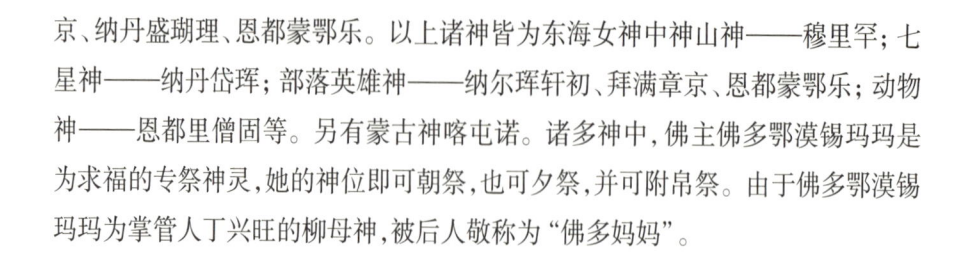

京、纳丹盛瑚理、恩都蒙鄂乐。以上诸神皆为东海女神中神山神——穆里罕；七星神——纳丹岱珲；部落英雄神——纳尔珲轩初、拜满章京、恩都蒙鄂乐；动物神——恩都里僧固等。另有蒙古神喀屯诺。诸多神中，佛主佛多鄂漠锡玛玛是为求福的专祭神灵，她的神位即可朝祭，也可夕祭，并可附帛祭。由于佛多鄂漠锡玛玛为掌管人丁兴旺的柳母神，被后人敬称为"佛多妈妈"。

四、清代的皇家神树崇拜

自清代起，满族的神树崇拜越加丰富，榆树、松树成为有皇权色彩的神树崇拜主角。如在现辽宁新宾满族自治县二道沟有放置努尔哈赤阿玛骨殖的神松，被尊为"神树"。有当年由努尔哈赤亲手所栽的，竟神奇地预示着含努尔哈赤祖上四代、子孙12代皇帝的，被称为神榆的16棵榆树。

清王朝入关后，仿盛京城外东南堂子之制，于紫禁城东南长安左门外、玉河桥东建堂子，并仿盛京清宁宫改建坤宁宫，将萨满信仰习俗带至北京。至乾隆朝已百年有余，唯古制相沿，皆为口授祝辞仪注，久而小有异同，为使其信仰习俗能保留久远，乾隆帝特敕庄亲王允禄等，将满族各种祭祀仪式、祝辞进行收集、诠释、整理，详细考订，汇编成文，并将祭祀中使用的祭器等绘成图画，于乾隆十二年（1747年）成书。乾隆帝钦定书名，为之作序，用满文印刷出版。乾隆四十二年（1777年），大学士阿桂、于敏中奉谕旨将其译成汉文，四十五年（1780年）收入《四库全书》。这套全书首为祭仪2篇，次为汇记故事1篇，次为仪注、祝词、赞词41篇。每一卷成，乾隆帝"必亲加厘正，至精至详。祈报之义，对越之忱，皆足以昭垂万世"。全书备载祭神、祭天、背灯、献神、报祭、求福等各种祭祀活动之祭期、祭品、仪注、祝辞及所用器皿形式图等，是满洲萨满信仰礼俗的总结，也是研究清代宫廷萨满祭祀及满族宗教信仰的重要资料，从而满族的萨满祭祀形成统一祭制。

宫廷柳祭在每天的夕祭里进行。在金碧辉煌的紫禁城里这一敬神娱人，联络亲情，增强家族团结，蕴含家族责任的氏族祭祀——柳祭，每逢皇帝与皇后亲临，更是隆重有加。

立神杆准备：堂子立杆大祭所用为松木神杆，祭前一月派副管领一员带领领催三人、披甲20人前往直隶延庆州，会同地方官于洁净山内砍取松树一株，长二丈，围径五寸，树梢留枝叶九节为神杆，用黄布袱包裹赍至堂子内备用。

祭祀场地：坤宁宫外，系着练麻的求福神箭上系着一条从九家满洲氏族老姓中攒取的棉线，另一条棉索上系着象征爱新觉罗家族先祖的各色布条，这两根线从坤宁宫里牵出，一头系西山墙上，一头穿出户外，系在柳枝上。

祭祀场景：在萨满太太"额—啰—啰"的唤神神词声中，皇帝皇后带领着亲王福晋、皇子皇孙跪对祖宗神板，祈求佛立佛多鄂漠锡妈妈的佑护。然后，皇帝与皇后落座在西炕上，将酒敬洒在萨满太太手中的柳枝上，把桌上供糕夹放在柳枝的枝杈，与皇亲国戚们分享福肉。在场的萨满、太监、宫女也享受这满洲传统祭祀中的平等，如民间一样，柳枝上的糕，桌上的福肉，人人有份，共同分享。

1912年，坤宁宫祭柳的柳枝和代表满洲氏族的那九股黑白棉线，飞回了白山黑水，依附在满洲瓜尔佳氏、尼玛察氏、依尔根觉罗氏、乌扎拉等氏族的萨满祭祀里，延续着祭神树的古老神歌。满族的萨满在祭神树时统一的唤神词是："额罗罗，额罗罗！"直到如今，仍然如此。

五、近现代东北原始森林的浩劫与重生

民国起，萨满文化被污为迷信而停止，所幸的是，至民国年间，东北满族先民曾经赖以生存的原始森林尚有30多个。据民国年间编撰的《宁安县志》记载：其森林至色齐窝集以东为毕尔罕窝集又东为海兰窝集，又东接玛延窝集与毕展窝集，万木参天，排比联络，绵延数百里，多自古未受斧斤之森林也。据宁安的老人说，民国时，烧的柴火出门就能拣到。

中华人民共和国成立后，一部《林海雪原》的长篇小说，一部《智取威虎山》的现代京剧，使林海雪原成为东北的代名词。但那些民国年间记录尚存的原始大森林，解放战争期间中还在的林海——连绵数百里的30多个原始森林因过度的砍伐破坏而不见了踪影，沿途只留下了"乌吉密"的地名。乌吉密是满语，意思是密密森林，这30多个原始森林的消失，是1949年以后对东北林业资源毁灭性开采，掠夺性开发的后果。由于森林资源的破坏，湿地环境保护的缺失，洪水、泥石流、干旱等自然灾害屡在黑龙江省境内发生。当年密林重重，有东北虎的威虎山（威虎山也是小说中的山，真威虎山很小的），只落下一只老虎的雕像，摆着永久的姿势供人观赏。其实，威虎山并不是因老虎而得名。威虎这个词在满语中是船的原意，因为，威虎山是一座船形的山。

满语称为昂邦兴安珠敦的大兴安岭,也发生了许多的变化,这里是满通古斯语族的女真后裔满洲各部、索伦部(鄂伦春、鄂温克)、达呼尔部(达斡尔族)、鱼皮部(赫哲族)、锡伯等民族繁衍生息的地方。从这些民族世代口口相传的民歌里,我们可以看到久远的社会生活记录:

女真族:大雪天、大雪天,大雪下了三尺三,黑貂跑进锅台后,狎子跑到门房前。抓住黑貂扒了皮,色克(貂皮)正好做耳套儿,色克帽耳色克帽儿,最好还是色克袄,坐在兴安不怕冷,坐在雪地像火烧。

女真索伦部(鄂温克族):我们是山林中猎人,世代生活在美丽的兴安岭。富饶的山林是我们理想的家园,漫山遍野的猎物是我们的财富。

女真索伦部(鄂伦春族):高高的兴安岭一片大森林,森林里住着勇敢的鄂伦春,一呀一匹猎马一呀一杆枪,獐狍野鹿满山遍野打呀打不尽。

女真鱼皮部(赫哲族):大顶子山高又高,我们赫哲人在那里打獐狍,不管冰天和雪地,专打鹿茸和紫貂。

女真达呼尔部(达斡尔族):红冠头的公鸡在天亮叫,家雀在太阳出来满天飞,野外的兔子连蹦带窜地跑,猎狗和马一起往前追。

东海女真萨满与男人符号　　女真索伦部岩画　　女真鱼皮部木质神偶

与以上神歌一脉相承的是满通古斯语族——女真各部先民萨满以东海森林符号文字、凿刻在黑龙江流域的岩画、刻制的木质神偶。这就是人类初年文明在东北亚的记载,是中国东北为萨满文化母源地的文化承载,更是中国海洋萨满女神文化的宝贵财富。

1969—1971年间,数以万计的上海、浙江、哈尔滨等地的知识青年上山下乡到大兴安岭。吴梅芬是他们当中的一个。在她撰写的一篇文章里,可以看到北方

原始森林带给这个江南汉族少女的梦幻和神奇,也看到了她目睹大兴安岭下原始森林消失的遗憾:

1971年4月,我们到松岭区绿水林场去筑运材公路。1972年春节后,我回林场被分配到504工段。工段坐落在原始森林里,风景美极了。我曾在森林里发现一棵大于圆台面的红松树桩,趴在树桩上1、2、3、4、5……地数年轮,500多年,真是树神啊!可惜伐了。2003年我重上大兴安岭,再也未见到当年树龄300多年的大树,满眼尽是几十年的小树。祖先留下的遗产在我们这一代人手里烧了不计其数,我看了真心疼。

历史不会永远停留在一个节点上。中共十六大以后,中央政府首次提出了振兴东北老工业基地的方略,东北作为共和国的长子,在作出无私忘我的长达50多年的奉献以后,终于可以开始医治过度开发而留下的伤痛了。我们祈盼:若干年以后,满洲先民发祥的地方——北起大小兴安岭南麓,南至辽宁省盘锦市,西到内蒙古自治区东部大兴安岭山地边缘,东达乌苏里江和图们江,总面积达101.85万平方公里的松花江、嫩江、辽河流域的东北平原这世界上仅有的三大黑土地,经过保护和治理以后,也会犹如曾因过度开发的苏联乌克兰大平原和美国的密西西比流域一样,在人类尊重自然、保护环境、关注地球生态的努力下,林木繁茂,绿草如茵,重展少女般美丽的清纯容颜。

人们在东北原始森林采伐　　采伐的原木送往全国各地

第四章　萨满女神与自然崇拜

六、满族活态原始神树崇拜

哈尔滨尼玛察氏萨满的榆树动物神根雕

宁安地区旷里的神树崇拜

上海满族颁金节以柳枝沾水为来宾祈福

上海满族与民族同胞在乍浦炮台树上系彩带

上海、青州满族同胞与江苏大学生以满族祭神树仪式在镇江祭祖仪式上纪念八旗先烈

七、喜塔喇哈拉的神树崇拜

神树崇拜是满族全氏族统一的萨满祭祀典礼,由东海女真温迪拜氏后裔喜塔喇哈拉萨满传承。喜塔喇为满语,也读为祁他拉,是鸟翅翎管子的意思。《八旗满洲氏族通谱》卷四十三载:喜塔喇女真姓为温迪拜氏。其氏族散处于尼雅(精奇里江,现俄罗斯境内)、满山(辽宁)、珲春(吉林)。

清初,喜塔喇氏昂果都里巴颜率族人来归,编入正白旗。喜塔喇氏累有朝廷重臣。萨克察:封满洲巴图鲁。迈柱:武英殿大学士兼吏部尚书,皇赐葬礼如典礼,谥号文恭。裕禄:历任郎中、兵备道员、布政使。光绪年间,先后任安徽巡抚、湖广总督、盛京将军、福州将军、四川总督、军机大臣。

喜塔喇氏族女亦入主后宫为清仁宗嘉庆帝孝淑睿皇后。辛亥革命后,喜塔喇氏以首字冠姓为祁、奚、喜、齐、文。以上姓氏亦包括满洲锡尔弼氏、锡克特里氏、喜塔腊氏、奚哈氏等。

以上姓氏文化名人有(部分):奚啸伯,满族正白旗人,裕禄之孙。著名京剧表演艺术家,中国四大须生,享誉海内外。瑞德宝,著名京剧武生演员。文彬彬,上海著名滑稽戏表演艺术家,代表剧目《老娘舅》《三毛学生意》等。祁文凯,福州三江口水师营后裔、香港气象台台长。祁延霈,地质学家、考古学家,负责安阳殷墟四座地王墓的测量,负责规模最大、最完整的二号墓的发掘,为殷墟发掘作出重大贡献。祁蕴璞,山东大学文学院教授、著名教育家。齐续春,民革中央副主席、

吉林齐氏祖像

全国政协外事委员会副主任委员。奚中路，奚啸伯之孙。获中国京剧最高奖项梅兰芳金奖。祁雅民，全国人大代表。紫凝，中央电视台主持人。祁莺，中央电视台第四频道《闽南话时间》主持人。齐秦，台湾著名音乐人，多次在大陆举行个人演唱会。齐豫，台湾第二届金韵奖冠军、第一届民谣风冠军。奚鸿雁，著名花样滑冰教练员，中国冰上舞蹈开创者。祁雅民，全国人大代表。祁凤兰，十余载坚守山村的围场教师。祁鲁梁，《旗展复兴路》作者。祁磊，国航西南航空满族飞行教员。

孝淑睿皇后	裕禄	奚啸伯	文彬彬
祁文凯	祁延霂	齐继春	奚中路
祁雅民	紫凝	祁莺	齐秦

齐　豫 　　　　奚鸿雁 　　　　祁凤兰 　　　　祁　磊

第五节　花草崇拜

清代满族妇女的旗头样式

花——满语为依尔哈。对于她的崇拜和歌颂，产生于满族先民母系社会的萨满说部《天宫大战》：

在东方天空有个蓝色的草地，
有天禽和白树，生长繁茂，住着依尔哈恩都哩赫赫（花神）。
她香气四溢，是阿布卡赫赫身上的香肉变成的；
她日夜勤劳为苍穹制造香云。所以天的颜色总是清澄无尘，清新沁人；
她用风翅覆盖着天上草地，里面阳光明媚，百禽鸣唱。

一、人类初年的花草崇拜

人类原始崇拜源自自然环境与社会生活，满族先民的花草崇拜也是如此。如花崇拜中的芍药花，就与满族的社会历史息息相关。

芍药花，原产于西伯利亚和中国北方。满族尚白，而芍药花正是以白色居多而倍受尊崇。萨满在神歌里深情地歌颂芍丹依尔哈（芍药花）：

芳香四散，洁白美丽的芍丹依尔哈，光芒四射。她原是天上的刺猬神者固鲁，满身披有能藏魂魄的光衫，帮助阿布卡赫赫生育万物，付给灵魂。她身上的光衫，就全是日月光芒织成的，锋利无比。

但天宇并不安宁。在《天宫大战》里，耶鲁哩变为赶着三只天鹅的讷讷阿姆：

她拄着个顶天触角变成的木杖吆吆喝喝地走来，三只鹅越变越多，遍野全是白花花一片。她的顶天触角很厉害，把百树、百草、花坛都给豁成了山谷深涧，也把正在睡觉的阿布卡赫赫刺扎得遍体鳞伤。天上的神禽、地上的神兽相继死亡，就在这危难之时，者固鲁恩都哩赫赫化作了一朵芳香四散、洁白美丽的芍丹依尔哈。九头耶鲁里一见这朵奇妙的神花，爱不释手，谁知白花突然变成千条万条光箭，射中耶鲁里的眼睛，疼得耶鲁里闭目打滚，吼叫震天，捂着九头逃回地穴之中。阿布卡赫赫被拯救了，天地被拯救了。

满族先民发祥于东海岸，海岛上的花也是其崇拜的神：

第一个女萨满恩切布库重生，是从山梨花树上的花蕊里长成了一个小人形，当阔野上九十九朵古葵向阳开放的时候，红色的花蕾迸裂开八瓣小叶，里面坐着个可爱的小女孩。她就是伟大慈爱的恩切布库女神降生了！

原始部落在举行萨满祭祀典礼时，要向祭坛献上一簇簇鲜花、珊瑚、海葵。

在举行海祭时，女萨满乘坐的海筏上插满野花，还要将野花、珊瑚等投向大海。

为了给族人治病，住在海岛上的"菲格"五姐妹摇着海舟到深海中的库页岛，夏天采"蔓可星""留松""都布辣"，秋天采"美立它""板吉坎"，四季里采"狼毒"和海草，让妈妈窝（氏族）的族人生龙活虎，百病不生。

花崇拜还给满族妇女创造自然之美，原始之美，人们头上总喜戴花或头上插花，认为花可惊退魔鬼。戴花、插花、贴窗花、雕冰花、都喜欢用白色芍药花。雪花,也是白色的,恰是阿布卡赫赫剪成的,可以驱魔洁世,代代吉祥。因此,满族妇女都以大朵的芍药花戴于头上,尽显自然之美的原始崇拜。清入关后,满洲各氏族妇女随军前往祖国各军事要地驻防,满族妇女头饰上的芍药花儿开遍祖国大地,并成为中央政府颁发的朝廷满族命妇服饰,从此,蕴含人类初年花草崇拜的满族妇女服饰与颁发给汉官命妇的汉式服饰一起,成为中华民族服饰文化中的组成部分。

二、长白山系满族先民的花草崇拜

在满族先民迁徙的路程上,带着花草崇拜的神歌一路前行,神歌的传唱即有海洋文明的神韵,又有森林文明的神词,由鄂霍次克海(原称通古斯海或拉穆特海)起程的神歌飘荡在东北亚大地山川。神秘的锡霍特山、萨延岭孕育了东海野人女真的萨满文化。尔后,随着女真先民氏族的分分合合,分化为黑水女真、海西女真、建州女真,女真人的部落散布于巍峨的长白山脉,在北起三江平原南侧,南延至辽东半岛与千山相接。包括完达山、老爷岭、欢喜岭、吉林哈达岭等连绵的山脉,都是满族的母亲山,其中长白山终年白雪,傲立高天,满族人敬称它为"果勒民珊延阿林",是满族的最高崇拜,是满族人心中永远的母山,也是满族自然崇拜中花草崇拜的重要传承圣地,因为至今,仍开放在长白山的杜鹃花,是一个以自己生命拯救了长白山的英雄女神,是她赐给长白山一个遍野鲜花、动物满林的美好圣境:

相传在很久很久以前,有一个专吃火的耶鲁里来到了长白山。每年一到人们蹲盐场猎鹿的时候,就出来捣乱。天上雷电让她吃了,天就不下雨。山上的野火让她吃了,老林子里就冷了起来。她要让人们吃不到熟的兽肉,全部冻死。各部落的人联合起来,用雪球和冰块制服了火耶鲁里,并把她埋进了几百丈深的山里面。可是,被埋在山里的火耶鲁里吃下了地底的火以后,却变得更厉害了。每年一到埋她的那天,她就用浓烟冲破山峰,喷出地火。她喷出的大火烧毁了山林花草,烧死了百禽万兽,长白山光秃秃的,人们再也不能打猎捕鱼了。

在春天柳祭的时候,穆昆达召集族人商量制服火耶鲁里的方法,这时,塔塔喇哈拉一个名叫日吉纳的萨尔甘追勇敢地站了出来,"别商量了,我去找风神西斯林赫赫,让她帮我们除掉火耶鲁里"。

"那咋行,这事是我们阿哥干的事。我们去。"阿哥们不同意。"别争了,万一咱们噶栅里有事,还得你们出力呢",日吉纳说,"就我去"。

人们选出了最快的雪花驹,日吉纳飞身上马,风餐露宿地往风神西斯林住的最高的山顶奔去!很多天后,她到了山顶,给风神行了格格礼,请求她说:"请您把长白山的大火吹灭,救救我的族人吧。"风神西斯林答应了,她在长白山上刮起山摇地动的大风,谁知道,火却蹦着高儿越来越大了。风神西斯林只好说:"萨尔甘追啊,你去找雨恩都哩赫赫帮助吧。"

日吉纳赶快骑着快马奔向大海,她请求雨恩都哩赫赫:"请您把长白山的大火用雨浇灭,救救我的族人吧。"雨恩都哩赫赫答应了,在长白山下起了大雨,可是那雨点子敌不过火头子,火还是越窜越高,雨恩都哩赫赫只好说:"萨尔甘追啊,你去找奇莫尼雪神妈妈帮助吧。"

日吉纳骑着雪花驹飞过了黑龙江,到了锡霍特阿林的奇莫尼大冰山下,她请求奇莫尼恩都哩赫赫(雪神):"请您把长白山的大火用冰雪浇灭,救救我的族人吧。"奇莫尼恩都哩赫赫答应了,在长白山下起了满天的冰雪,可是那冰雪也敌不过火头子,还没等落到火头子上,就被融化了,火还是越烧越旺。奇莫尼恩都哩赫赫也只好说:"萨尔甘追啊,你去找别的恩都哩赫赫帮助你吧。"

日吉纳哭了,她哭得老伤心了,走了那么远的路,受了那么多的罪,还没有制服火耶鲁里,这不是辜负了族人对她的盼望了吗?"扑腾"一阵声响,她看到一只天鹅落在水泡子边上,她就跟天鹅说:"把你的翅膀借给我吧,我要飞到天上去见阿布卡赫赫,请她来救救她的哈哈珠们。"天鹅一听这事,就把翅膀借给了日吉纳。

有了翅膀的日吉纳飞啊、飞啊,不知道飞过了多少次太阳从海里出来,也不知道飞过了多少个月亮回家的日子,终于飞到了天宫,见到了阿布卡恩都哩赫赫,她向她行了抱腰大礼后,哭着说:"阿布卡赫赫啊,快救救您的哈哈珠们吧,火耶鲁里把长白山都烧得让我们活不下去了!"

阿布卡恩都哩赫赫疼爱地搭去了日吉纳脸上的泪珠,心酸地说:"萨尔甘追啊,其实你就能灭了长白山上的火啊。"

"啊!真的吗?"日吉纳惊讶地问:"如果我能的话,那我怎么去做呢?"

阿布卡恩都哩赫赫犹豫地说："你能做的，萨尔甘追，你能豁出自己吗？"

"能！为了救我的族人，我能都豁出去，我的血、我的汗、我的命。"日吉纳坚定地说。

"好吧，我给你一块最冷的天冰，等火耶鲁里张口喷火的时候你就钻进她的肚子里，火耶鲁里的心就冻僵，大火就灭了。"

日吉纳抱着天冰飞回了长白山，这时正是她离开噶栅的第四个青青（四年），她看到长白山上喷出浓烟，窜出火头子，她毫不犹豫地一下子就扎进了火口，钻进了火耶鲁里的肚子里。只听到天崩地裂的一声巨响，山峰塌下去一截，火烟没有了，火头子没有了！

西斯林风神来了，她送来了满天的白云；雨神妈妈来了，她的雨点把火口里填满了，从此，人们把那火口子叫天池。奇莫尼雪神妈妈来了，被烧红的山峰变凉了，从此长白山天池边上有了16座山峰。

日吉纳在火头子的燎烤里化成了长白山女神，她想念噶栅里的族人，每年春天，她乘着白云，向长白山撒下许多奇异的种子，长白山就长出了神奇的山珍草药，满山满坡的野花。鹿群多了，虎也来了，还有水里游的鱼、天上飞的鸟、地上跑的兽，都来了，林子里可热闹了，给噶栅里的族人们带去幸福安宁的生活。

从此以后，满族人就把长白山上最美的杜鹃花称做"日吉纳"，纪念这位为救族人而献出生命的格格。

三、《红楼梦》演绎的萨满花草崇拜文化

清王朝入主中原后，北方民族古老原始的萨满花草崇拜文化也进入中原，并逐渐与汉文化融合，汇入到清代的文学创作中。一部由正白旗人曹雪芹创作的千古名著《红楼梦》里，花草崇拜始终贯穿其中：

大荒山无稽崖清埂峰上，西方灵河岸边，三生石畔，有绛珠草一株，时有赤霞宫神瑛侍者日以甘露灌溉。这绛珠草始得久延岁月。后因此草受天地之精华，又加雨露滋润，脱却草胎本质，修成个女儿身，只因未酬报灌溉之德，故其五内便郁结着一段缠绵不断之意。恰近日神瑛侍者凡心偶炽，意欲下凡。那绛珠仙子道："他是甘露之惠，我并无水还他，但把我一生所有的眼泪还给他。"

大荒山无稽崖清埂峰是哪里？其所隐喻正是满族萨满文化中长白山与清王朝的关联。也是与满族萨满花草崇拜文化的关联。

史料依据之一：远古时，北野茫茫，人烟稀少，大漠荒野之中之山，皆称之为荒山。至先秦古籍《山海经》大荒西经始载，大荒之中有山，名曰大荒之山，日月所入。有人焉三面，是颛顼之子，三面一臂。三面之人不死，是为大荒之野。这里所记"一臂三面"之乡，据郭璞注指古勿吉部，其治所在现今朝鲜的咸兴，从那儿看长白山正是"日月所入"之山。

史料依据之二：（勿吉）国南有徒（徙）太山，魏言太皇，有虎豹黑狼不害人。人不得山上溲污，行迳山者，皆以物盛去。（《魏史·勿吉传》）

史料依据之三：（勿吉）国南有从（徙）太山，华言太皇，俗甚敬畏之，人不得山上溲污，行经山者以物盛去，上有熊黑豹狼皆不害人，人亦不敢杀。（《北史·勿吉传》）这里的"太皇"当读如"大荒"。《广雅·释诂一》："太，大也。"成玄英疏："太者，广大之名。""皇"与"荒"同音假借。这里的"太皇山"当读如"大荒山"。集安的"好太王碑"，须读为"好大王碑"即为通例。从前，以为"大荒山"同"不咸山"一样，是长白山的古称谓，现在看来没有讲到位。显然，长白山名称演变中，曾存在过内地华夏人称之为"大荒山"、北方勿吉人称之为"大白山"的时期。试列下表：

内地华夏系称谓：大荒（秦汉时期，载入《山海经》）太皇（同大荒，魏晋南北朝，载《魏史》《北史》）大荒，白头长白（满语珊延乌珠、果勒敏珊延的汉译，辽金始定）

北方肃慎系称谓：不咸 盖马（西汉、魏。音近珊延、果勒敏。白、长白之意）徙太太白（南北朝、唐。徙，音近咸，满语白；太，大也）白头长白（辽金。满语珊延乌珠阿林、果勒敏珊延阿林的汉译）白头白（辽金。满语珊延乌珠阿林、果勒敏珊延阿林的汉译）——陈景河《红楼梦》"大荒山"新论

满族先民素有将原居住山名命名新迁徙地山名之民俗，东北山名的依据是：在吉林抚松、通化及辽宁清河均有大荒山、大荒顶子山、大荒顶等命名的山和古城。

因以上之依据，远古时大荒之中的不咸山，即为大荒山，是唐代太皇山。无稽——勿吉，满族先民。清埂峰既清根封。清代帝王以长白山为龙兴之地，康熙年间立柳条边封山。所以，大荒山无稽崖清埂峰隐喻的含义是：大荒山勿吉清根封。

西方灵河——松花江。满语为松阿里乌拉，意为天河。发源于长白山天池，流向西北在扶余县三岔河附近与嫩江汇合，后折向东流。

花崇拜——林黛玉为绛珠草。绛字意为红、大赤，由此可见，这是一棵有着红色珠形花的草本植物。这形象就是唯有东北才有，被称为百草之王的人参。

很有趣的一个文化现象是，在满族长白山神话系列里，人参多是以人参娃娃的身份出现。在故事里，穿着红兜兜，头上顶着人参花的娃娃，是人与动物、人与自然的媒介，她善良聪慧，活泼美丽，演绎了一个个神秘传奇的满族民间故事。

在曹雪芹笔下的《红楼梦》里，进关以后的人参娃娃长大了，在江南的柔软春风里，演变为"林如海"的孤女林黛玉。她融"林如海"之北国冰雪，纳南国之清风雾霾，是个"两弯似蹙非蹙，烟眉一双似泣非泣含露目。态生两靥之愁，娇袭一身之病。泪光点点，娇喘微微。闲静时如姣花照水，行动处似弱柳扶风。心较比干多一窍，病如西子胜三分。此女只应天上有，人间哪得几回见！"的葬花美女。

曹雪芹在红楼梦一书里，除了体现以林黛玉为形象的花草崇拜文化以外，还叙写了许多满族萨满文化神崇拜元素：

石崇拜——贾宝玉含着通灵宝玉降生；
萨满祭祀、神器——风月宝鉴神镜、祭星、拜影；
弱水——为古代黑龙江之名；
祖先神、女神圣坛——太虚幻境；
家族萨满；秦可卿——传授云雨之事，为王熙凤预测等皆为家族萨满职责；
治疗疫病的萨满：盆顿蛮尼、多霍洛蛮尼——癞僧瘸道。

在千古名著《红楼梦》里，有太多萨满文化的元素和满族风俗，难以一文而载之。曹雪芹之所以能把神秘的萨满文化巧妙地融入文学创作中，这与他的社会生

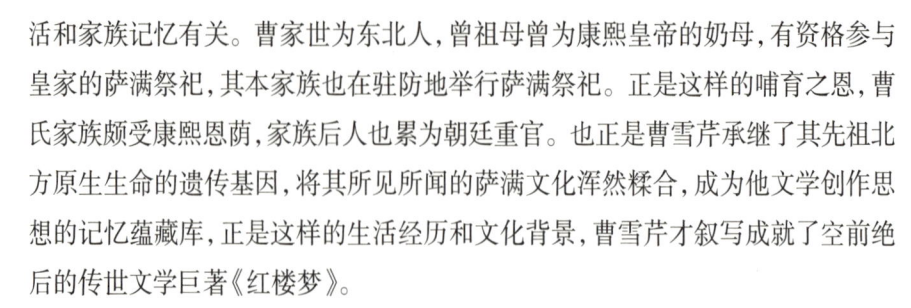

活和家族记忆有关。曹家世为东北人，曾祖母曾为康熙皇帝的奶母，有资格参与皇家的萨满祭祀，其本家族也在驻防地举行萨满祭祀。正是这样的哺育之恩，曹氏家族颇受康熙恩荫，家族后人也累为朝廷重官。也正是曹雪芹承继了其先祖北方原生生命的遗传基因，将其所见所闻的萨满文化浑然糅合，成为他文学创作思想的记忆蕴藏库，正是这样的生活经历和文化背景，曹雪芹才叙写成就了空前绝后的传世文学巨著《红楼梦》。

源于长白山的花草崇拜因康熙帝东巡而得到保护。康熙十六年（1677年），康熙帝在吉林望祭长白山后，为保护龙兴之地，将长白山划为封禁区。这一封，就封到了晚清末年。这一封，封得长白山万木丛生，山高林密，百花遍野。清末贡生刘建封曾以四个月的时间勘察长白山，他赞美长白山花草的美丽：想是天宫有花癖，晚花只此山栽。

如今的长白山，以一望无际的林海、丰富的生物物种资源，于1980年列入联合国国际生物圈保护区。每当春天，看到长白山满山野花争奇斗艳地开放在天地间，人们不由得满怀感慨和庆幸：康熙当年的封山之举，虽没有保佑皇家的江山社稷万年，却起到了爱护环境，保护自然的作用，长白山已成为全人类共同的财富。

四、花草崇拜承载的民族文化融合历史

康熙二十二年（1683年）九月，为保卫祖国东北边疆，康熙皇帝派乌喇和宁古塔满洲兵500～600人、打虎儿（达斡尔族）兵400～500人，设将军、副都统、协领、参领等官镇守"永戍额苏里"。次年11月，派水手150人、乌喇八旗猎户690人、宁古塔兵360人举家迁往黑龙江，于瑷珲、呼玛两地一带建立卡伦（木城），筹划屯田、开辟驿路。这是尼玛察哈拉、纳喇哈拉、乌扎喇哈拉等满洲先民古老氏族在越过鞑靼海峡进入黑龙江、乌苏里江、牡丹江、松花江流域后的回归。承载着满族萨满文化花崇拜的《天宫大战》说部，重又回到黑龙江边，年复一年地在黑龙江的浪花中流传，年复一年地由原野上的芍药花以美丽的花语讲述着。

转眼间，200多年过去。1969年，在知识青年到黑龙江插队落户的红色激流里，一个柔弱美丽的上海女孩，从黄浦江畔起程，来到黑龙江边一个默默无闻的边境小村——瑷珲县外二道沟。这里有一个她从未见过的童话般的芍药花的世

界：高天旷野，一望无际原野上盛开着成片的野花，这野花不是牡丹，不是玫瑰，却高贵而典雅，洋溢着神秘的气息！眼前的一切让迷茫的她有了激动、憧憬。从此，这个上海女孩开始有了一个伴随之一生的、梦绕魂牵的人生之梦：天色昏暗，狂风像一群受惊的野马，在东北平原上奔腾、呼啸。满山遍野的芍药花开得正艳，白的黄的蓝的紫的，无穷无尽，铺到天边……

女孩的名字叫盛文秀。从此，她在心中给自己少女青春降落的地方起了一个美好的名字——芍药沟。

盛文秀

从黄浦江畔来的，十六七岁的少男少女们，为这个边远的小村庄带来了新的生活方式。村民们说：你们来了以后，我们都刷牙了，还去城里买牙膏。衣服、被褥洗得勤了，身上虱子都少了。你们留下的衣服、裤子纸样子，做出的衣服就是好看！至今我们还留着呢！我们愿意跟你们上海人学。

然而，红色年代里的风暴也刮进芍药沟的原住民人群。在这里，有一个怯怯地闪着亮莹莹大眼睛的小姑娘——芍药。她是多么喜爱长得漂亮，有文化，又跟自己一样下力气干农活的文秀姐和上海姐姐们！可她是地主的后裔，有什么资格仰望那片蔚蓝的天空？她美丽的眼睛里满是抑郁和委屈：在邀请知青上家吃年夜饭的时候，她不敢也不能去拉一下文秀姐的手；在文秀姐生病时，她只能悄悄地从家里拿出煮熟的鸡蛋，轻轻地放在外屋的锅台上；在文秀姐回上海时，她只能悄悄地送上一包热乎乎的青苞米……

三十年后，盛文秀与当年一起去黑龙江插队落户的青年从上海启程，重返黑龙江。乡亲们以满族迎接亲人的风俗，50里路外把知青们接到家里，当年的上海少男少女们欣喜地看到：

三十年后的芍药沟，已是莺歌燕舞，换了新颜。原来村里只有37户人家，170多口子，现在有89户，280多口子。家家都有拖拉机，还有的住家用农业贷款买了联合收割机，播种、除草、施肥、收割全是机械化。乡亲们感慨地说，你们在这的那些年，是村里最艰苦的年代。现在，农村经济政策好了，大家生活有了奔头，各家一年下来都有两万多元收入，劳力好的人家能挣六七万元呢。

回"家"的盛文秀看到了心中一直牵挂着的芍药：

一位穿碎花短袖衬衫，面色黧黑的中年妇女走近了车窗，她张着通红的眼睛，在窗前张望，脸上很焦急的样子。我认出了她就是芍药，我俩的视线相遇了，重逢的泪水多的止也止不住。过雨的村道泥泞不堪，芍药见我穿着白凉鞋无法下脚，就哈下身子硬要背着我走。我笑着直摇手："不行不行，不是那阵子小姑娘了，你背不动的。"

"不，我能背动，想背你的心愿我已经藏了快40年了。"芍药哭了，她哽咽着说，"那年你们下水稻田叠稻埂子，上岸时个个成了泥腿子，看到你们走在便道上一步一哆嗦。村里的荷格、巧玲、小霞就抢着背你们，你们背上的和背下的尖叫笑闹，好不开心啊！当时，我远远地站着，也想背上你，然后在欢笑里一路狂走。可是我不能，因为你们要和我这个阶级敌人的孩子划清界线啊，我不能害了你啊！可现在不一样了，我也能堂堂正正地背你了，不，是背你们上海的知青了！姐，我要背着你在村里转一圈，让乡亲们看看，我们多爱你们上海知青啊。"

我落泪了。面对着把当年少女心愿藏了近40年的芍药，我还能说什么？我让芍药背着，伏在她温暖的背上，我前胸紧贴着她的后背，只觉有股热流在心里涌动……

盛文秀与芍药姐妹相逢

1969年的知青历史远去了，但由他们带到黑土地上的海洋文化、都市文明和东北满族文化已是新文化的和合体，留在了黑土地上。那份深厚的情谊，正如盛文秀所说的一段话：遥远的黑土地，我们似乎没有分开过。我的梦境里，依然是满山遍野的芍药花，白的黄的蓝的紫的，无穷无尽，铺到天边。我仿佛又听到了芍药沟的呼唤：有空了回家，回家，回家……

2011年8月，笔者与台湾海洋大学校友会名誉会长冯台源应邀前往长春出席满族说部成立大会，会上与专家一起赴长白山实地考察萨满文化。这是笔者第一次到长白山天池，沿途看到原始森林已在砍伐，新旅游设施拔地而起。在天池边上，立着国碑，有中国的边防军人在站岗，拉着绳子的一边，已经属于朝鲜，也许是为了便于人们在中国的国界这也能够更全面地看到天池，一个观景台正在兴建。

出席吉林满族说部大会专家学者考察长白山

现在的长白山之旅已然听不到长白山女神与花草崇拜的故事，长白山女神离现代的物化社会已经是越来越远了。但是，人类文化总是在岁月的风沙中被遗忘，被打捞，期盼在长白山杜鹃花开放的时候，能够听到导游给游客们讲述长白山女神的故事，讲述长白山花草的来历，讲述中国海洋萨满创世女神的故事，让人们以虔诚的心爱护长白山，呵护长白山……

（本章文字、照片：富育光、陈景河、盛文秀有贡献）

满洲先民花草女神　　作者　富察·清泉

五、塔塔喇哈拉的花崇拜

塔塔喇哈拉既有花崇拜的说部传承，也有其氏族迁徙的记忆。以满洲原始氏族以地名命名的习俗和读音分析，塔塔喇氏族名来自库页岛与鞑靼海峡之间的塔塔玛山（今库页岛达吉山南部）。

塔塔喇氏族群后裔为满蒙先民所组成。据吉林长春满洲正红旗塔喇氏族源载，该支系上至蒙古塔塔尔部，即"鞑靼部"，生活于阔连海子（今呼伦湖）和捕鱼儿海子（今贝尔湖）。1202年，成吉思汗率军打败塔塔尔部，幸存下来的塔塔尔部族众

第四章　萨满女神与自然崇拜

159

一支北上，在现俄罗斯鞑靼共和国定居下来。另一支进入东北地区，成为金代女真族唐括氏，景祖昭肃皇后多保真就出自该氏族。其父石批德撒骨只为部族萨满。清代《八旗满洲氏族通谱》载：塔塔喇氏为满洲老姓，散居于安褚拉库、扎库木等地。《清朝通典·氏族略·满洲八旗姓》记载，满洲他塔喇氏，亦称他塔拉氏、他他拉氏、塔塔喇，满语意为"特别多"。

氏族迁徙线路图为：库页岛塔塔玛山—尼玛察（今黑龙江上游流域）、占河（今俄罗斯比占河）乌苏（今黑龙江、乌苏里江）、伊兰木（今地待考）—宁古塔（今黑龙江省宁安市西海林河南岸旧街镇）—长白山、吉林乌拉—安褚拉库（今松花江二道江一带）—扎库木（今辽宁抚顺东南下营子赵家村的原塔塔喇城）—萨尔浒（今抚顺）—扎克丹（今辽宁海城）、海州（今辽宁阜新海州区）、十方寺（今地待考）等。清初，岱图库哈利率子孙族人五十户来归，编正白旗任佐领。其次子被招为多罗额附。

塔塔喇氏历史名人有清军著名将领、外交家英俄尔岱，世袭部长艾塔，国初五大臣之一的罗屯等。清代，塔塔喇氏族女有数人入宫为皇家后妃，咸丰帝有庄静皇贵妃。光绪帝有珍妃、谨妃。溥仪有贵人谭玉玲。

《库页岛志略》插图

庄静皇贵妃 　　　　珍　妃 　　　　谭玉玲

辛亥革命后，塔塔喇氏取首字冠姓为唐、谭、舒、静、滕等。塔塔喇氏近代历史名人有：唐聚五，著名抗日将领。唐圭璋，词家，出版有《全宋词》《全金元词》与《词话丛编》等20余种。唐韵笙，京剧名家，与周信芳、马连良齐名，被誉为京剧史上南麟北马关外唐。谭凤元，著名单弦表演艺术家，自创"谭派"。唐日新，曾在民国时期作诗："自从民元到如今，民族沉怨似海深。旗族伤残如草菅，谁敢自言满族人？"唐舜君，国大代表。唐鲁孙，熟谙各地民俗风情。著有《中国吃》艺术。滕腾，滕氏布糊画创始人、联合国工艺大师。唐双宁，金融家，中国光大集团董事长。唐朝，西柏坡文化产业投资集团董事长。唐宾，赛艇世界冠军。唐振方，中国阀门行业优秀企业家。唐如密，著名萨满画家。唐静琦，云南满族之花。唐晓红，上海满族，热心传播满族文化。唐龙，著名书法家。唐旭，影视剧演员。

唐聚五　　　　唐圭璋　　　　唐鲁孙　　　　唐舜君

唐韵笙　　　　谭凤元　　　　滕　腾　　　　唐双宁

唐　朝　　　　唐　宾　　　　唐静琦　　　　唐晓红

第五章　萨满女神与动物崇拜

女真原始部落敬奉的海豹女神

满洲原始部落传承的一虎神

供奉在沈阳故宫的熊神

听，古代的东海，飘荡着人类始前的神歌：

德乌咧——德乌咧——在祖先远祖的岁月，在祖先远祖的时光，东方天宇红光四射，东海海面波涛汹涌，海狮、海象、海狗、海豹，啸叫欢舞；雄鹰鸣叫着，飞翔着，遮住了日光，掀起了雄风，统驭着东海所有的海疆；

德乌咧——德乌咧——在祖先远祖的岁月，在祖先远祖的时光，在堪扎阿林坎坷古道之端，在恩切布库阿林山巅之间，野猪、蟒蛇、熊瞎子、塔斯哈（虎）啸叫着，奔跳着，咆哮在密林，跃跳在山岗，统驭着东海所有的阿林；

德乌咧——德乌咧——在祖先远祖的岁月，在祖先远祖的时光，荒野绿草连天接地，大草甸子岁岁枯荣，僧固、领顿、土拨鼠穿行着，蹦跳着，游走在草丛，跳跃在枝叶，统驭着东海所有的荒野；

德乌咧——德乌咧——在祖先远祖的岁月,在祖先远祖的时光,东海,女神的海,东海,生命的海,东海,威武的海,东海,巴图鲁的海!满洲的儿女啊,世世代代记祖恩,尊崇着夹昆妈妈神(统领万鸟的鹰神)、塔斯哈妈妈神(统领百兽的虎神)、僧固妈妈神(统领草丛百虫)!

第一节 鹰鸟崇拜

满族萨满文化鸟崇拜是母系社会原始信仰文化,鸟崇拜分天体与渔猎生涯里的鸟崇拜。天崇拜之源在满族创世史诗《天宫大战》里:

浩瀚的天空,是因为阿布卡赫赫命三鸟在天呼唱,天穹才有生气:夜里沙乌沙(猫头鹰)号叫,清晨嘎喽(雁)号叫,傍晚嘎哈(乌鸦)号叫,从此这三种鸟总是轮流呼唱。有了生气的天穹,还有众多的星阵,连成一个满族人崇拜的神——鹰星神。

一、鹰星神让西方人震惊

康熙十六年(1677年),康熙皇帝东巡,在一个繁星满天的晚上,与传教士南怀仁在吉林鳌龙河畔观星,当南怀仁很是骄傲地指着波江星述说后,康熙帝说:"你说的波江星啊,不过是我们满洲鹰星右腿上的一根小皮绳。"

这话让来自比利时的传教士大吃一惊,他连忙请教康熙皇帝怎么看鹰星,于是,康熙皇帝告诉他:"你看,这是你说的双子、御夫、猎户、金牛、小犬、天狼、参宿、嘴宿、毕宿、昴宿……你再看,这些星座连在一起,是不是一只鹰啊。"

在康熙皇帝的指点下,南怀仁看到了一只傲立于天宇,展开双翅的神鹰,他在惊讶满洲人在很远的古代就有了星图的同时,也明白了正是这

满族萨满鹰星图:富育光收藏

样一个把自己的神镶嵌在天宇里的智慧民族，才能有如此开放、包容的胸怀，建立着一个东西方文化交融的东方帝国。

二、鸟崇拜的生育女神

天体的鸟崇拜如此绚丽，地上的鸟崇拜则灵动非常。在满族先民的渔猎生涯里，鸟崇拜是满族生育崇拜之一，女性的生育神偶为佛赫姆。鸟崇拜包含众多鸟类，鹰雕鸦鹊、燕雀水鸟，无所不有。有许多古老的世居地、古老的哈拉，都以鸟的名字来命名。如伊通河，是因为在这条河上栖息着成群的半翅鸟而命名。叶赫河，则是一种水鸟的名字。

满族女性生育神偶佛赫姆

三、鹰鸟崇拜里的爱情故事

让满族人不能忘怀的是结雅河。在满族萨满说部里，这条河从古到今都称精奇里江，亦称黄河，是女真族众多古老氏族的发源地。这条河上，有一个女雁通岛，满语为尼阳尼雅，由于满语读音汉译的原因，亦读写为尼雅，也译为白白的、清清的、明朗的。尼雅岛的故事源于尼阳尼雅氏一个古老而凄美的雁崇拜故事：

黑龙江岸有个地方，叫黄河口，为啥叫黄河口？因为，这地方咱们满族人叫精奇里乌拉，也叫结雅河，这里的水是黄色的，跟那萨哈连乌拉的水颜色不一样，所以，咱们把这就叫黄河口。很久以前，在这精奇里乌拉边上住着个小阿哥，能干，打一手好鱼。有一年春天，他看到江心的小岛上，又是树木花草，又是花枝鸟雀的，一搭眼就稀罕上了。他砍倒几棵树，压巴个木头跺儿，就住了下来。小岛原先就挺美，现在有了人影儿，就更美了。

有一年，草又黄了，小阿哥背着装满了鱼的柳条鱼篓，往他的窝棚走，半道上，冷不丁地听见了一阵萨尔甘追（年青格格）的哭声，那声音还挺可怜，怪揪心的。他觉着挺纳闷，这岛上除了他，也没有旁人啊，哪来的哭声呢？他麻溜地放下鱼篓，放眼天上地下瞧瞧，只有一行忽扇着翅膀的大雁，在他的头上转悠着飞来飞去。

"备不住是我听错了？把大雁的叫声听成人哭的声音了？"小阿哥背起鱼篓朝

前走,刚走没几步,就听到草棵里"扑楞"一声,把他吓了一大跳!定神一看,原来是一只大雁,它看到人也挺害怕,急急忙忙地、一瘸一拐地正朝树棵子里钻呢。

小阿哥忙搁下鱼篓,拨开树棵子,把大雁捧起来。细一看,哎呀,雁腿正往下滴嗒血!雁还"叭哒、叭哒"直劲地掉眼泪。小阿哥急忙从鱼皮衫上撕下个条,把雁腿上伤口包好,双手捧着大雁,送它往天上飞。可是,大雁的伤太重,怎么飞也飞不起来了。小阿哥眼睁睁地望着这只灰肚囊大雁,看到它眨眨眼皮儿,又扑簌簌地淌下了眼泪。心想,它好像懂人事似的,真不忍心把它扔在大荒野的草甸子上!想到这,小阿哥忙把鱼篓里的鱼倒腾出来一半,腾出个空把大雁轻轻地装里,背回自己的窝棚。

从此,小阿哥每天下草甸子,找草药来给大雁疗伤。一天天地,大雁腿上的伤养好了。它整天在

结雅河上的雁群(2006年8月采凤黑龙江所摄)

清皇室萨满的神帽　　民间萨满的神帽

文化节上戴神帽的萨满舞蹈

窝棚里里外外飞飞跳跳,"哏嘎、哏嘎"地叫,就像是给小岛上多增加了一个人似的,日子也变得热闹了。不知不觉的,春来了,江开了,树绿了,看到南方的大雁又成行成行地飞回来,灰肚囊的大雁就总是张膀闪呼着,可低低地飞了几圈后,又恋恋地飞落在小阿哥的身边,远远看着飞来又飞去的雁群。小阿哥明白,大雁伤好了,也能飞了,它想家了。一天清晨,他把雁儿抱到河边,"雁儿,雁儿,你飞吧,去找你的讷讷(妈妈)吧。"小阿哥把怀里的大雁朝半空里一扔,大雁扑楞楞地展开

第五章　萨满女神与动物崇拜

165

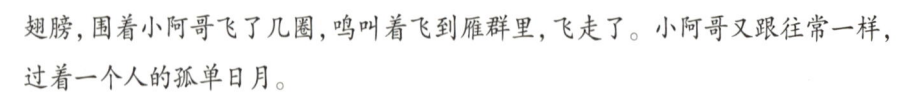

翅膀，围着小阿哥飞了几圈，鸣叫着飞到雁群里，飞走了。小阿哥又跟往常一样，过着一个人的孤单日月。

一转眼，又到了冰凌开花，春草发芽，补网的时候，等冰排跑净，就该下江打鱼了。一天，小阿哥刚走出窝棚，就看见一个白胖白胖，穿着青灰皮袍子的格格，坐在地上补网呢。这可把小阿哥吓愣了，忙问："你是哪个地方来的格格，咋给我补渔网呢？"萨尔甘追笑了，她丢下手里的网梭子，站了起来，笑吟吟地说："我叫尼雅，是我阿玛和讷讷让我来找你，跟你过日子的。"

小阿哥看那格格又白又胖的鸭蛋脸，细眉大眼的真是霍其坤（漂亮），不觉得又是稀罕，又是惊奇。心里想再问，又抹不开口。尼雅看透了他的心思，笑眯眯地说："看你的记性，我那年贪玩，跌伤了腿，不是你给我包的吗？"

小阿哥是个实诚人，听她这一说，他想了好一会，就是想不起来，格格看他不相信，就挽起裤腿给他看，可不，大腿上真有块紫红的伤疤。小阿哥看了看格格，抹不开地说："俺除了有两只手，就有一条破船和一张破网，别的啥都没有，只要你不嫌弃就行。"就这样，他俩就在一起过日子了。

尼雅手巧心灵，干啥都行，小两口一起打鱼、窖鱼，日子过得挺舒心。可草黄草绿三次后的又一个秋天里，天渐渐地冷了，不知道怎回事，尼雅的脾气忽然变得好像是另一个人，她不唱不笑了，整天躲在窝铺里唉声叹气。一天晚上，小阿哥打鱼回来，看见一只黑老鹰在窝棚前忽煽忽煽地直转悠，他捡起根棒子，赶忙把老鹰撵跑了。他刚进屋，就看到尼雅正哭呢，他赶忙问："你怎么了，哭啥呀？"尼雅一听，哭得更厉害了，这可把小阿哥急得够呛。

尼雅止住了哭，拉着小阿哥的手，眼泪汪汪地说："爱根，咱俩相处这么多日子了，别怪我没跟你说实话，告诉你吧，我，我不是人呐，我是德尔吉莫德力穆都力罕（东海龙王）的依兰奥莫洛（三孙女），去年，我变成一只大雁出来玩，一不小心摔伤了腿，幸亏你好心救了我，我就变成了格格来报答你。谁知道，这事让阿玛知道了，就叫我的二阿哥变只老鹰来追我，逼着我回去，要不然，就啄死我。可是，我舍不得你，我宁死也不离开你！"小阿哥听得心酸，连忙说："不管你是龙还是雁，有我就有你，谁也拆不开！"

听到这话，尼雅不哭了，她让小阿哥用渔网遮住窝棚的门，这样一来，那只老鹰在窝棚边上转啊转，就是不敢扑进门，生怕渔网套住它。过了几天，老鹰终于不得不飞走了。小阿哥插上门,摘下网,悄悄地到江边打鱼,他要打些鱼留着冬天吃。那天的鱼"囊"(多)啊,左一网,右一网,网网不空,小阿哥连打八大网,鱼篓装的满满登登,喜滋滋地扛着回到了窝棚。一看,尼雅不见了!他连忙跑出去找,从河湾跑到江滩,从江滩找到柳条沟,后来到底在水边上找到了尼雅,她一半身子在水里,一半身子在岸上,已经让黑老鹰给啄死了。小阿哥把尼雅背回窝棚,埋在了鱼房子面前。他想念尼雅,他天天哭啊,喊啊,哭死在了尼雅的坟前。

尼雅的姐妹们被小阿哥对尼雅忠贞的爱情感动,从此以后,她们每年的春天都衔泥叼土飞到这个小岛上,给这对相爱的人添坟。后来,年复一年地,尼雅的坟越来越高,越来越大,小岛慢慢地变成了一个大岛。

(武维斌讲述,白文记录)

因为尼雅和小阿哥凄美的爱情,人们就把这个岛叫做尼雅岛。

远去的尼雅岛印在了满洲后裔的心里。尼阳尼雅氏以东北最古老的氏族之一而载于史册之中。据《八旗满洲氏族通谱》卷之五十七载,尼阳尼雅氏世居费达木村及黑龙江地方。

现黑龙江雁窝岛湿地

也许是世事轮回,也许是阿布卡赫赫的天意,曾经的费达木村如今已不考,20世纪50年代在黑龙江出现了一个名叫燕窝岛的地方,这里出土了满族先民居住过的遗址,出土了带着满族先民挹娄人生产和宗教信仰的文物。那文物是不是在向满族后裔昭示着——因岁月久远而被遗忘的费达木村,就在这片广袤的土地上……

燕窝岛,这个三江平原上最美丽的大湿地,仍然是那么的静谧,那么的原始。那原野的季风,吹来千年的风云,讲述着满族先民神秘而古老的往事,至今,满洲氏族的萨满,仍头戴鸟崇拜神帽举行隆重的萨满祭祀呢……

四、尼阳尼雅哈拉的鹰鸟崇拜

满族的鹰鸟崇拜包含所有鸟类,既有鹰的神武,又有鸟儿的翅膀、栖息地来承

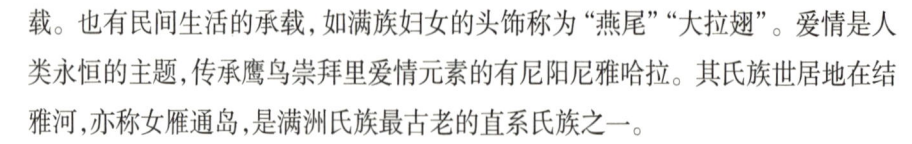

载。也有民间生活的承载，如满族妇女的头饰称为"燕尾""大拉翅"。爱情是人类永恒的主题，传承鹰鸟崇拜里爱情元素的有尼阳尼雅哈拉。其氏族世居地在结雅河，亦称女雁通岛，是满洲氏族最古老的直系氏族之一。

  清康熙年间，穆昆达洪图瑚率族人来归编入正白旗。正白旗为清代八旗之一。因旗色纯白而得名，由文皇帝皇太极统领。顺治年间，由多尔衮亲领，至清末，正白旗辖86个整佐领，约2.6万兵丁，男女老少总人口约13万人，散居在全国各地旗营，保卫祖国领土。辛亥革命后，尼阳尼雅氏冠姓大多为白、巴。

  白姓的老姓里还包括瓜尔佳氏、纳喇氏、巴雅拉氏、伊喇氏、那塔拉氏、扎拉里氏、那木都鲁氏、萨察氏、纳塔氏、拜嘉拉氏、塔喇氏、巴鲁特氏、萨加拉氏、拜英格哩氏（鄂温克族）。

  以上姓氏的历史名人有（部分）：年羹尧，清代名将。白志文，中国人民解放军开国少将。宣化上人，著名佛教大师，在美成立法界佛教总会，将百余种佛经译为英文。白万玺，20世纪80年代任凤城县委书记，向中央建议成立满族自治县。白玉霜，著名评剧表演艺术家。白春礼，中国科学院院长、党组书记。巴德年，国务院学位委员会委员、上海同济大学医学院名誉院长。白同朔，科学家、教育家，上海市政府参事。白英彩，上海交通大学计算机科学技术研究院副院长、博士生导师。马加，原名白永丰，著名作家，曾任辽宁省文联主席。白长青，文学理论家，辽宁省社科院文学研究所所长。白淑贤，黑龙江省龙江剧剧院院长、龙江剧表演艺术家。白淑湘，中国芭蕾名家，曾任中国舞协主席。白淑妹，沈阳军区前进歌舞团著名舞蹈演员。白寿宁，宁夏轻工业设计研究院食品发酵研究所所长。白玉，2008年世界亚裔小姐总冠军。白庆琳，著名影视剧演员。白致瑶，总政歌剧团著名独唱演员，获中国音乐金钟奖优秀表演奖等众多奖项。白羽平，中国著名油画家。白馨然，著名影视剧演员。白洁，广东省新闻出版广电局（省版权局）党组书记、副局长，政协广东省第十、十一届委员会常委，广东省政协文化与文史资料委员会副主任，省第十一次党代会代表。白鲤瑞，著名山水画家。白大成、白广成，北京鬃人作者。白崇仁，吉林省非物质文化遗产——东辽满族剪纸传承人。白松涛，广西区团委书记。白长鸿，沈阳市文联党组书记、主席，辽宁省文联副主席。白万程，著名二人转作家、二人转理论研究者。白文喜，中国曲艺家协会会员，中央电视台《曲苑杂坛》特约演员，丹东市民间文艺家协会主席。

白春礼	巴德年	白同朔	白英彩
白万玺	白长青	白淑湘	白淑贤
白淑妹	白致瑶	白庆琳	白广成
白鲤瑞	白崇仁	白文喜	白长鸿

第五章　萨满女神与动物崇拜

五、抗日战争和解放战争中的尼阳尼雅氏

1937年，抗日战争全面爆发，在全国人民奋起抵抗侵略的行列里，尼阳尼雅氏后人也挟着关东大地的雄风，叱咤在抗日战争的前沿，如华北抗日联军副司令白乙化，他被称为"平东洋"、"小白龙"。1945年9月2日，日本在投降书上签字。

1946年6月26日，中国内战全面爆发，在"人民江山人民保""一切为了前线胜利"的口号下，满、蒙古、回、朝、锡伯、鄂伦春、鄂温克等少数民族青年踊跃参军，其中满族青年达到数万人。

1946年秋天，在黑龙江省双城县一个满族聚居的小屯子——高家窝棚，尼阳尼雅氏后裔白凤起和叶赫那拉氏后裔那莲红，把新婚三天的独生儿子白永胜送进了东北民主联军的队伍里……

白凤起与那莲红

白永胜与妻子高秀坤 　　四野第39军152师456团从天津武清南下 　　白永胜在湖南武岗留影

广西横县、宾阳剿匪胜利结束 　　《永淳烽烟》记录历史 　　人民铭记

第二节 乌鸦崇拜

满通古斯语族先民的文化分为四个阶段,具体的进化规律是:海洋萨满女神文化—森林文化与农耕文化相结合—森林文化与农耕文化结合体—清文化与多民族文化相结合——形成中华民族多元文化的重要组成部分。这个文化论点可以在满族的萨满文化里寻找到丰富的论证。仅以满族的乌鸦崇拜来敍写。

一、森林萨满文化里的森林女神

在满族崇拜的雁雀鸟禽之中,乌鸦是最受崇拜的女神之一。在满洲各氏族的祖像中,皆有乌鸦形象,在萨满口传的神话中,有关乌鸦崇拜的,都无一例外地带着人类初年创世文化的基因。在萨满文化体系里的乌鸦崇拜,最早的第一个文化源是满族创世史诗《天宫大战》:

九头恶魔耶鲁哩率领着能自生自育的成千恶魔,在宇宙里胡作非为,她吞噬万物,造成迷雾弥天,天地间飞禽走兽失去生命。阿布卡赫赫和身边的西斯林风女神商量,让她刮起大风,以飞沙走石驱赶恶魔耶鲁里。耶鲁哩遭到满天巨石的打击,仓皇地逃回到地下,不甘心失败的她喷吐冰雪覆盖宇宙,将万物冻僵,使遍地冰河流淌。于是,阿布卡赫赫命侍女古尔苔受命去取太阳光,可是,古尔苔却不幸落在了冰山里。负有使命的古尔苔千辛万苦地钻出冰山,要取回神火温暖大地。可是,她却在饥饿时误吃了敖钦耶鲁哩吐出

冰山里的乌鸦女神　　作者:瓜尔佳塔娜

的乌草穗，不幸含恨死去，变成了一只没有太阳颜色的黑鸟。

这个黑鸟就是乌鸦，乌鸦的满语为嘎哈。从此，为了提醒人们防备九头恶魔耶噜哩，她总是高声地号叫着，日复日、夜复夜地飞翔在森林和噶栅，千年不懒惰，万年忠实尽职地为人类报警、指路，传递信息。满族先民敬称她为嘎思哈恩都哩赫赫，成为满洲先民氏族萨满祭祀中最受尊崇的女神。

崇拜乌鸦与满族先民的社会生产息息相关。在依密林、逐水草的渔猎生活中，野兽多，危机四伏，而鸦雀鸟儿发现危险就腾飞的警觉性，能为打围的人报信，鸟儿还能为"麻大山（迷路）"的猎人引路。分布在满族居住地的乌鸦主要是大嘴乌鸦。这种乌鸦多集群而行，在觅食时有负责放哨的，一旦发现危险，守望的鸟发出惊叫声，成群的鸟儿就也惊叫着腾空高飞。它们发出的叫声，还为打渔捕猎的满族先民们传递着遇到危险的信息。所以，每到祭祀时，要在树上挂上猎来野物的内脏，专奉与乌鸦女神。

在渔猎生产中，满洲众多氏族歌颂乌鸦为林海女神，是"看林子的格格"。在打围祭山神时，要先给乌鸦女神扬酒撒肉。那木都鲁氏的族众在祭祀蟒神扎布栅的时候，要学着乌鸦发出"噶——噶——噶"的叫声。正因为如此，在东北亚的原始森林里，满族先民与动物相依相靠，留下了许多敬奉乌鸦的民间传说。这些民间传说口口相传，记录了满族民间生活状态的记忆，同时，也含有朴素原始的人与动物的关系，人与森林的关系。如瓜尔佳哈拉有一个故事里说道：

很早以前，松花江边老林子的撮罗子里住着一户人家，小夫妻俩爱根（丈夫）名叫和伦泰，萨尔甘（妻子）名叫依尔哈，爱根经常要上山打围，留下她和讷讷阿姆带着小哈哈珠（孩子）过日子。

依尔哈每天要熟皮子、做袍子、采集，不能老抱着小哈哈珠，就把他装在一只桦皮篓里挂在树上。一天，她刚走出撮罗子，听见扑棱扑棱的声音，一看，见树下有一只小鸟在打滚。她走近前一看，原来是一只小乌鸦从树上掉下来，把腿摔断了。她就赶快地扯块熟好的狍子皮把小乌鸦的腿包好，又送到树上的乌鸦窝里。

转眼到了夏天。采集的季节到了，爱根上山打围，讷讷阿姆到河边下亮子套鱼，依尔哈把睡着的哈哈珠子放到桦皮篓里挂树上，就进了身边的林子里采集野菜。她采了小根蒜，采着了剌嫩芽，看到草丛里跳出一只跳兔，她就想把它抓住。可是没想到，那跳兔跳跳停停，不知不觉追出一箭多地。到了没抓住，她就转身往撮罗子里跑去。离老远她就听哈哈珠哇哇的哭声，还有呱呱的叫声。

她定眼一看，啊呀，一条大花蟒盘在树上，伸着长长的脖子，吐着红红的芯子，直往桦皮篓上扑呢。眼看就要扑到小哈哈珠了！这可把她吓坏了，就在这时，她看到一只大嘴乌鸦从天而降，站在了桦皮篓边上，那大花蟒一扑，那大嘴乌鸦就用尖嘴啄它，护着小哈哈珠呢！她就把手里的用来扒拉草的树棍子朝大花蟒扔过去，大花蟒吓跑了，大嘴乌鸦飞到她的身边，围着她飞了几圈，就飞走了。

女真先民的桦皮摇篮

进关后京城开始有悠车买

从那以后，人们就发明了可以悬在撮罗子里的摇篮，后来，人们很形象地称其为悠车，满族人的孩子都是在悠车里长大的。

二、森林文化与农耕文化相结合

在满洲先民依密林、逐水草的渔猎生活中，许多氏族从世居地逐渐南迁，进入到森林文化与农耕文化结合体的历史时期，如吉林满洲关尔佳氏的古居地为现吉林松花江边的一片山林地带，人们以乌鸦来命名居住地，如吉林汪清县境内就有"噶哈""噶哈里"，延吉有"噶哈里和罗""噶哈哩河（现嘎呀河）"等地名。

满族枕头顶

满族早期在黑龙江的居住情况　　　　满族先民发明的火炕

在人们创造出火炕，走出半地穴，居住到房屋里以后，因为祖先是从遥远的西伯利亚迁徙而来，所以，以西为大。西炕是满族放祖宗匣子的地方，人不可坐。匣子供奉着氏族的祖物，如神偶、子孙绳等，亦有氏族供奉乌鸦神偶于西炕的，格格出嫁亮嫁妆的亮箱仪式中，出现了以乌鸦为图案的枕头顶。此可见乌鸦女神受尊崇的程度。这时祭祀乌鸦女神的形式也由原自然的神树，过渡到在院中竖立神杆，成为满洲祭院中杆，以猪肠及肺先置于杆顶之碗中，作为祭乌鸦的祭祀仪式。

走在茫茫原始森林的人们开始种植粮食和饲养畜禽。每逢节假日在居家大院门口树起"索伦杆"，上放一个方平斗，里面装有猪肉、粮食等供乌鸦享用。氏族萨满在祭祀时的祭天仪式上唱颂：嗨呦，嗨呦，祭天的索伦杆啊，竿头绑上猪肉一大块，当风把猪锁骨吹得嘎嘎响时，乌鸦和喜鹊就飞来了。

在这个历史时期，鸟生和胎生神话润入满洲先民的萨满文化之中，乌鸦女神成为生育幸运神。虎尔哈部世代口头传承着的族源故事说：正固伦与两个姐姐在布库里湖野浴时，吃了神鸦叼来的红果，孕育了布库里雍顺。固伦为满语，为国家之意，在这里需要解释的是，远古时期，满族先民东海窝集国（部）领土辽阔，大大小小的部落宛如星辰，在相当长的人类历史进程中，分分合合，文化交融，各部也均有自己的族源故事，但是，最终约定俗成，并成为满洲族群共同认可的族源故事，唯有虎尔哈部传承下来的这个故事。这个故事符合当时的社会历史状况，也是满族神话从女神崇拜进化到人神与动物神共同崇拜的阶段。

三、森林文化、农耕文化结合体与清文化元素相结合

1403年，为加强对东北边疆的管理，明帝朱成棣娶虎尔哈部（史记中亦写为

火儿哈)万户首领阿哈出之女,设置了建州卫,委阿哈出以指挥之职,"欲使招谕野人"。1405年,授努尔哈赤的六世祖斡朵里部猛哥帖木儿任建州卫指挥一职。1409年,在黑龙江下游设立了奴儿干都司,并立永宁寺碑,时居住在现辉发河、海浪河等处的"女直野人头目哈刺等"朝明,明"遂并其地入建州卫"。时建州卫属地西至今吉林市东南,东近东海,北达穆棱河,南过图们江。海西女真也相继南迁,并形成了哈达、叶赫、辉发、乌拉四个强大的部落。1442年,迁徙至现辽宁苏子河流域的斡朵里部猛哥帖木尔之弟樊察和阿哈出之孙李满住分别担任建州卫左、右都指挥使。在女真各部的部落战争中,满洲氏族含森林文化、农耕文化的乌鸦崇拜开始与清文化元素的乌鸦崇拜相结合。一个乌鸦护主的满族传统说部开始流传,并记录在《满洲实录》里:

　　布库里雍顺被三姓人推举为贝勒之后,不知过了多久,建起了鄂多哩城。建城后,又不知过了多少年,由于布库里雍顺的后裔们不善抚民理政,致使族人反叛,奋起而攻打鄂多哩城。只见那刀兵血火之中,子孙们纷纷惨遭杀戮。

　　在那血肉模糊的尸体中,唯有布库里雍顺的嫡孙樊察,因年岁尚轻,人小体弱,在人慌马乱中幸免一死。待樊察从死难的父兄尸体中爬出撒腿逃命时,又被杀红眼的叛族发现,呐喊着追杀过去。惊魂未定的樊察一看有人追杀过来,吓得面无人色,呆若木鸡,木桩般立在那里不知所措。就在樊察死到临头的当口,忽然从远处飞来一只神鹊,不偏不倚正好落在了木然伫立的樊察头上,看上去就像是乌鹊在枯树木桩上一样。

　　追杀过来的人追着追着,不知怎的,就发现那落荒而逃的樊察忽然不见了,茫茫荒野上唯见一只乌鸦在枯树木桩上哀鸣,振翅欲飞。追杀的人看到那枯树孤鸦,就停止了追杀,回部落去了。又不知过了几个时辰,

满洲实录:神鹊救樊察

乌鸦的叫声终于让吓傻了的樊察醒了过来。他沿着乌鸦飞走的方向，逃命去了。

这个神话还嫁接于努尔哈赤身上。

明朝时，因紫禁城相士发现东北一带的天空有紫光出现，预示着将有帝王踏着北斗出现，辽东总兵李成梁奉旨寻找脚底有七星图案的人，在发现了努尔哈赤是这样的人后，他决定要将努尔哈赤送京绞杀。可这时，他身边一位心地善良的三夫人喜兰知道后，赶紧偷偷地告诉努尔哈赤快点逃命。于是，努尔哈赤骑着一匹大青马，带着一条大黄狗连夜逃出了总兵府。

李成梁发现努尔哈赤逃走，杀了三夫人，派出重兵追杀，在明兵的追杀里，努尔哈赤的大青马累死了。狗一次又一次地跳到河里，沾着满身的水，熄灭了努尔哈赤身边的一块草甸子大火以后，也活活地累死了。而这时，成群的乌鸦落在了昏迷的努尔哈赤身上叫着"阿户，阿户"。

这叫声就像满洲人说的话，是没有的意思。是啊，这烧过火的草甸子，谁能活下来？追杀的兵士们找不到努尔哈赤的尸体，认为努尔哈赤必死无疑，就收兵回去了。得救的努尔哈赤感激善良的三夫人，他许下心愿："如我将来能立国，我就封你为喜兰妈妈，要我的百姓在祭祖时先祭祀你。"

努尔哈赤做到了。满洲八旗祭祖时，人们在祭祀她时称三夫人为喜兰妈妈、瓦力妈妈、锁头妈妈、锡力妈妈等。如今，这位善良的女人仍惦念着当年的小罕子，在沈阳东陵，步上一百单八磴石阶梯，来到巍峨耸立的大清神功圣德碑楼前，您会看到碑前有康熙皇帝敬写的碑文。如果是在雨后，在碑后，您会看到喜兰妈妈侧身的身影，她一手持柳枝，一头黑发在历史的长风里飘动，母神佛立佛多鄂漠西妈妈、喜兰妈妈和柳母神一起，佑护着满洲子孙后代的平安。她美丽的容貌和善良的心，永远活在满洲氏族的祭祀里，活在满族人的心里。现在黑龙江原始部族后裔的祭祀里，老萨满都传承着这个故事。满洲氏族后裔如此之传世的感恩之心，让三夫人心怀欣慰，也正是她的身影现身在东陵，以慈悲之爱佑护着满族的儿女。而八旗后裔每逢去东陵在祭拜罕王爷时，也总要去到大清神功圣德碑后，虔诚地祭拜喜兰妈妈。

当年，努尔哈赤把大黄狗埋在了阳坡上，他说："从现在起，我的子孙后代永远不吃狗肉，不许戴狗皮帽子和狗皮皮巴掌（皮手套）。"从此，不吃狗肉是满族重要而神圣的民族风俗习惯。为纪念大黄狗，一只龙头狗身的守护神，也在爱新觉罗的祖陵——永陵里诞生。

清王朝进关后，把满洲氏族祭天的神杆立在了北京紫禁城的坤宁宫。这是爱新觉罗家族供奉先祖为八旗将士祈福平安的堂子。在这里，每天都有萨满祭祀，每日要杀猪四头，猪的下水就搁置在坤宁宫门外东南方楠木神杆的木碗里，用以供奉乌鸦女神。同时，还有太监每日以米黍饲喂乌鸦。每当夕阳西下时分，乌鸦成群结队铺天盖地而来，是紫禁城一景。时远在沈阳的关外紫禁城——沈阳故宫也是如此盛景，据《东三省古迹遗闻》载：必于盛京宫殿之西偏隙地上撒粮以饲鸦，是时乌鸦群集，翔者、栖者、啄食者、梳羽者、振翼肃肃，飞鸣哑哑，数千百万，宫殿之屋顶楼头，几为之满。

永陵座龙

1912年，清王朝逊位，宫廷的萨满祭祀彻底结束，乌鸦也远飞而去，不再成群结队地飞临坤宁宫上空。但是，满族民间敬奉乌鸦的习俗却流传到现在，在满族人祭祀的堂子，在现在的满族文化室院子里，都有一根索伦杆，每到全族举行萨满祭祀时，人们仍像很久以前一样，在祭祀时，要将象征神树的索伦杆头上沾上兽血，在锡斗里装上切碎的福肉，敬奉乌鸦女神。

四、瓜尔佳哈拉的乌鸦崇拜

瓜尔佳哈拉为满族古姓氏。金代为夹谷、加古、古里甲氏，清代为瓜尔佳氏，为满洲第一大姓。《八旗满洲氏族通谱》卷之一载：瓜尔佳本系地名，因以为姓。其氏族甚繁，散处于苏完、叶赫、纳殷、哈达、乌拉、安褚拉库、蜚悠城、瓦尔喀、嘉木湖、尼玛察（现俄罗斯乌苏里斯克）、辉发、长白山及各地方。

瓜尔佳先祖以乌鸦女神的满语"嘎哈"命名居住地，如在现吉林省汪清县境内就曾有"噶哈""噶哈里"。延吉有"噶哈里和罗""噶哈里碧汉额里村"等地

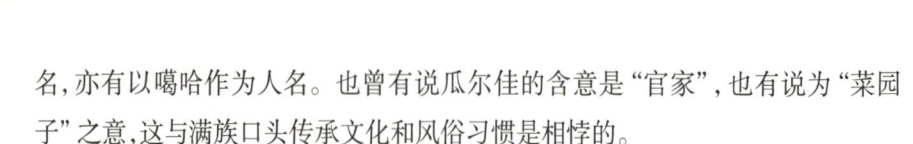

名，亦有以噶哈作为人名。也曾有说瓜尔佳的含意是"官家"，也有说为"菜园子"之意，这与满族口头传承文化和风俗习惯是相悖的。

清初，苏完部长索尔果次子费英东随父率500户首先来归，努尔哈赤授他一等大臣，以孙女下嫁，部族编入镶黄旗。在统一女真各部的过程中，费英东因助努尔哈赤灭乌拉部而被誉为"费英东真乃万人敌也！"。皇太极封其为直义公，配享沈阳故宫太庙。

清代，瓜尔佳名人有（部分）：鳌拜，清朝开国元勋，誉为"满洲第一勇士"，为辅政大臣，康熙五十二年，恩赐一等男，雍正五年，封超武公。关天培，晚清爱国将领，在虎门要塞炮战中，他持刀奋战，遍体鳞伤仍然大呼杀敌，后终因伤重与守卫炮台的400多名将士全部壮烈殉国，清廷赐他"法福灵阿巴图鲁"称号。辛亥革命后，瓜尔佳氏多冠姓为关。关姓的满洲氏族还有卦尔察氏、洪鄂氏、索尔济氏、孔尼喇氏，赫哲族的瑚锡哈理氏，鄂伦春族的古拉依尔氏等。

近代，瓜尔佳氏名人辈出，著名的有中国革命政治家、军事家关向应。他爱国爱族，对本民族有着深厚的感情。据长期主管国家民族和宗教工作的李维汉先生回忆：在延安的时候，西北民族工作委员会成立不久，毛泽东同志同我谈到，关向应同志病重时，他去医院探视，关向应同志向他说：主席，我是满族，今后满族有什么问题，请主席给讲一讲。1986年7月22日，金县人民政府（现金州新区

| 鳌 拜 | 关天培 |

人民政府)兴建的"关向应纪念馆"落成;1989年7月21日,国家副主席王震亲自题写馆名;2001年,被中共中央宣传部命名为全国爱国主义教育示范基地;2002年,关向应诞辰一百周年重新兴建新馆;2005年,被纳入全国100家红色旅游经典景区之一。

关向应

瓜尔佳氏名人有(部分):关山复,第五届人大期间最高人民检察院副检察长。关肃霜(原名关鹔鹴),京剧表演艺术家,首将景颇族文化移植于京剧艺术。关德栋,著名文史研究家、敦煌学家和满学家。关楚梅,著名粤曲表演艺术家。关学曾,琴书泰斗。荣剑尘,北方曲艺单弦创始人。关中,台湾国民党副主席。关纪新,中国社会科学院满族文化专家。关志成,清华大学副校长。关壮民,上海水资源保护基金会副理事长。关恒慎,海军工程大学校长。关君蔚,工程院院士,水土保持专家。关铁云,历任全国武术锦标赛裁判长、副总裁判长、总裁判长及国际级武术裁判等职。关彦斌,黑龙江葵花药业集团董事长。关云峰:北京百源基业房地产开发有限公司董事长。关锡友,沈阳满族企业家,沈阳机床集团董事长、总经理。关砚秋,哈尔滨市创金文化发展有限公司董事长、哈尔滨市阿城区金代圣紫生态园总经理。关峡,中国交响乐团团长。关尔嘉,中央电视台《探索·发现》栏目编导。关阔,当代著名书画家。关阳,雕塑家、画家,上海大学美术学院教授。崔艳丽,画家,上海大学美术学院教授。关庄,国家一级作曲家。关伯阳,金源文化专家。关嘉禄,著名满族历史、满语专家。关志坤,满族民俗、满语专家。关琦,中国首位世界小姐季军。关平,著名竞走运动员,两次打破世界纪录。关序,国家一级青年音乐指挥家。关云德,"乌拉神鼓"制作传承人、满族萨满文化剪纸传承人。关利,满语传承人,编写出版满、汉、英语对照的《满语1200句》。瓜尔佳·塔娜,传承、编写《满语1200句》,创作极具特色的满族剪纸和美术作品。希尔格,满族古筝音乐家。关宝慧,著名香港影视剧演员。关喆,中国内地歌手、音乐制作人。关尚持,广州满族民营企业家。关永年,中国太极棒尺内功唯一掌门人。关睢,著名诗人。关少曾,著名影视剧演员。关晓彤,内地著名女童星。关凌,著名影视剧演员、主持人。关山、关之琳,台湾著名影视剧演员。

生命·生命

关山复	 关萧霜	 关德栋	 关君蔚
 关　中	 关壮民	 关彦斌	 关云峰
 关志成	 关嘉禄	 关纪新	关仁山
 关　峡	 关砚秋	 希尔格	 关　庄

180

五、瓜尔佳哈拉的萨满祭祀

吉林九台满洲镶红旗瓜尔佳氏罗关家族堂子

每到龙虎之年举行隆重的氏族萨满祭祀

宁安市依兰岗满洲镶蓝旗瓜勒佳氏祭祖仪式

依兰岗瓜勒佳氏满汉双语文字的家谱谱单

海林宁古塔满洲镶黄旗瓜勒佳祭祀庆典

海林瓜勒佳氏阖族朝着初升的阳光虔诚祭祖

第三节 马崇拜

马,满语为莫林,亦有写为穆林。如黑龙江省的穆陵(林)市,就因这里曾经是女真人的牧马场而得名。

一、满族马崇拜历史久远

马是满洲萨满创世女神恩切布库的化身,起源自东海女真人先民的海洋文化。在原始部落的神歌《乌布西奔妈妈》里唱颂着她:迎日女神,身骑天鹅,将海面喷薄跃出的朝日,举送到苍穹九九八十一个方位,让逊莫林驰骋寰宇……

逊莫林是满语,汉意为追赶太阳的马。早在远古,满族先民认为是逊莫林在寰宇中奔跑,分出了草绿草黄,引来了炎热寒冬,掀起了江浪海潮。当满族进入到渔猎与农耕并存的社会生活时,马在满洲直系氏族的萨满祭祀仪式里,是战神奥都妈妈的形象,以一匹大红马参与祭祀。

二、民间与清皇室的马崇拜

在满族传统的萨满民间故事里,马以拟人化的艺术形象出现,成为能与人和神沟通的神。有关马崇拜的艺术品亦出现,如在黑龙江省友谊县凤林古城挹娄人

奥都妈妈神偶　　　　　　皇太极御马——左小白,右大白

半地穴的遗址上,就出土了陶马。在满族部分先民进入到浑河流域以后,因为努尔哈赤的崛起,马被皇家尊崇。如在民间传说里,清王朝就因一匹大青马救了太祖努尔哈赤而得名。又如在世界文化遗产的沈阳北陵,清文皇帝皇太极生前心爱的坐骑大白、小白的石生象就坐落在甬道的两旁,永远陪伴着它们的主人。

三、氏族祭祀的马崇拜

满族萨满祭祀中的祭马仪式,由黑龙江省流域大萨满傅英仁收集,并由宁安市原文联主席张爱云记录下来:

在虎尔哈河右岸,有四十八个穆昆,都是满族的祖先。在这些穆昆里,有一个伊尔根觉罗穆昆。穆昆达叫扑活哈齐,他是骑马的能手,也是射箭的巴图鲁。族人们对毕拉恩都哩(河神)非常敬重,每年春秋两季,都要在这条河上举行萨满祭祀。这位毕拉恩都哩也保护着两岸人民,每到旱年他就推波逐浪润草场河汊,到了涝年,他又率全体水族开沟引水。所以,两岸各穆昆是年年狩猎丰收,吃穿不愁。

扑活哈齐五十个青青(50年)的那个春天,冰凌花开的时候,他的萨尔甘生了一个哈哈珠子,起名叫绥芬别拉。这哈哈珠子常偷偷跑到河里,一呆就是大半天,全穆昆的人都暗暗称奇。又一个狩猎丰收的秋天,穆昆的人聚集在河边,准备祭河的事。突然,从河里冒出一个黑脸人,把人们献上的猎物一卷而去,还抓去了一对小哈哈珠子!正在大家都着急的时候,那黑脸人又从河里出来了,他说:"听着,你们的哈哈珠子我家昂邦罕(大王)收下了。从今以后,还要隔三差五地送哈哈珠子,送整猪整牛!"这一来,哪能再住在这里呀!有哈哈珠的族人们只好离开这。水丰草茂、兽群丰收的虎尔哈,变成了荒凉可怕的地方。

绥芬别拉便和老阿玛商议,决心到虎尔哈毕拉恩都哩那里探听一下,到底是怎么回事。扑活哈齐哪舍得亲生的哈哈珠子冒这个险,说啥也不答应。可是绥芬别拉为了穆昆人,不管不顾地向河里游去。游不远,就闻到一股又腥又臭的味道,一声怪叫声里,过来两个黑水魔,把他押到了虎尔哈毕拉恩都哩住的地方。他抬头一看,哪里是那位慈祥的虎尔哈毕拉恩都哩,上面坐着一个头大腰粗的黑水魔,他哈哈大笑地说:"这几天没吃到鲜人肉了,先把他给我关到黑水亮子里去。"

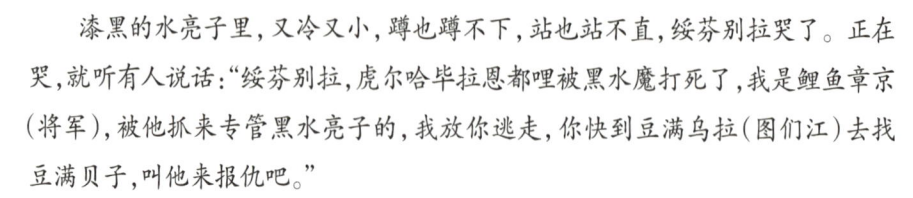

漆黑的水亮子里，又冷又小，蹲也蹲不下，站也站不直，绥芬别拉哭了。正在哭，就听有人说话："绥芬别拉，虎尔哈毕拉恩都哩被黑水魔打死了，我是鲤鱼章京（将军），被他抓来专管黑水亮子的，我放你逃走，你快到豆满乌拉（图们江）去找豆满贝子，叫他来报仇吧。"

绥芬别拉回到穆昆后，把虎尔哈毕拉恩都哩被害死的事告诉大家，然后，他给阿玛和额姆行了抱腰大礼，向豆满乌拉走去。可让绥芬别拉没想到的是，豆满贝子听绥芬别拉一说，却为难了，他说："阿哥，那黑水魔比我有能耐，我也拿他没招啊，这可咋整啊？"

"那怎么办？再这样下去，我们的穆昆就全完了。实在没招，我就跟他来个鱼死网破。"绥芬别拉说。

"哎，别的，我想起来了，豆满乌拉那有一个黑水洞，分水口里锁着一头木克耶鲁里（水魔），你要能把它救出来，它就能帮你报仇。我送给你两样东西。一件是分水珠，它可以分开水帮你进洞，一件是月明珠，它可以帮助你照亮洞里。"

绥芬别拉别接过豆满贝子送的东西，向豆满乌拉上游游去。越往前游江面越窄，水流越急，他看到从分水口涌出的水轰隆地吼叫，溅出的水花把石头打得坑坑洼洼，别说一个人，就是一块石头，也要被涌出的水击成粉末。绥芬别拉立刻拿出分水珠吞到肚子里，果然，水就向两边分开了。他往水洞里走，越往里走越黑，最后黑得伸手不见五指。他掏出月明珠，看到有一头大乌龟堵住洞口，绥芬别拉就恳求它："好心的龟大哥，放我进洞吧。"

老乌龟闷声闷气地说："小阿哥，我奉白山主的令，看守这头木克耶鲁里。没有白山主的命令是不能放你进去的。"

"喂！外边是来救我的阿哥吗？你赶快拽住它的脖子，把腰刀往它嘴里扎进去，就能把它杀死救我出去了。"绥芬别拉刚要照着这话去做，可一想乌龟跟我没仇啊，我怎能杀死它呀。这时，分水珠的水渐渐地向一起靠拢，水珠打在脸上像刀刮一样。洞里的木克耶鲁里又喊了："小阿哥，快动手杀死它，要不然你我都没命了。要不，你赶快逃出洞口吧，不要为救我害了你的命。"

这水珠箭一样射向绥芬别拉，把他打倒在急流中。当绥芬别拉苏醒过来的时候，却发现自己躺在一个厚厚的石床上，旁边站着一位金甲红脸的玛发，拿着一面闪闪发光的托里，他说："好心的阿哥，白山主让我来搭救你。木克耶鲁里就等你来领它,但它的心性还不好。果勒敏珊延阿林额真(长白山主)让你用这托里照着它,就可以管着它了。"

绥芬别拉走到木克耶鲁里面前,把虎尔哈河里黑水魔的事跟它一说,木克耶鲁里气坏了:"这头混账的黑水魔,趁我被压在水洞,他就得瑟得胡作非为了。来,你趴在我背上,咱们找它去。"绥芬别拉走到河边大声喊道:"喂,黑水魔,我绥芬别拉找你比试来了,有胆的你就出来。"

听到绥芬别拉叫阵,黑水魔跳出水面,就在它刚一露头的时候,木克耶鲁里一把抓住了它:"好你个混账东西,你还挺能耐啊,我不在家,你就得瑟上了?"黑水魔一看,吓得骨头都酥了。木克耶鲁里伸出两只铁扇手,把黑水魔扯把吃了。

虎尔哈河两岸恢复了以往的宁静,躲在山里的穆昆人又携男带女地回到噶栅,狩猎打围过日子。可是,好景不长,那只木克耶鲁里又泛起吃肉的心,想偷几个人吃一吃,又怕绥芬别拉的那块托里,它就在半夜里变成绥芬别拉的模样去偷猪吃。人们发现后,都感到很奇怪,绥芬别拉咋偷偷地干这事呢?是嫌我们没感谢他?这些话就传到绥芬别拉的耳朵里了。说他变坏了,不去行围打猎,偷穆昆人家养着的小野猪吃。绥芬别拉要把事弄明白,有一天半夜,他躲在河边的老林子里,果然看到有一个和自己模样一样的人,背着一个猪向河里跑去。他紧紧跟在后面,追到河里,知道是木克耶鲁里干的勾当。

"你真坏心眼,敢冒我的名去偷猪?"木克耶鲁里知道瞒不过去了,就说:"绥芬别拉,你救了我不假,我也忘不了。可我生来就是吃肉的,不吃多要命啊。"

绥芬别拉拿出托里在木克耶鲁里面前照着,说:"木克耶鲁里,果勒敏珊延阿林额真说得没错,我得照他说的去做,让你改了心性。从今以后,你就叫哲里得吧!咱俩好好地给穆昆里的族众干活吧。"被照着的木克耶鲁里一打滚,变成了一匹大红马。这一照以后,哲里得性情改了,和穆昆的人亲了,吃肉也改成吃草了。它跟着绥芬别拉和穆昆的人一起打猎、捕鱼,做了好多的好事。阿布卡恩都哩赫赫知道后,赐绥芬别拉为东海恩都哩,赐木克耶鲁里为虎尔哈毕拉恩都哩。

从此,虎尔哈毕拉的各满洲穆昆举行萨满祭祀时,都要牵来一匹红马致祭。在满洲氏族的祖像中,也多有大红马形象,接受族众的祭拜。

四、清入关后的马崇拜

清王朝入关后，满族的马崇拜文化进入北京。顺治十八年（1661年），清王朝改原前明御马监为阿敦衙门（满语牧群之意），康熙十六年（1677年）改名为上驷院，隶属内务府，由皇帝特派兼管大臣总负责管理，并重建马神庙。乾隆二十年（1755年），又将马神庙重建，并规定了祭马的典礼仪式，直到清王朝逊朝，马神庙和宫廷萨满祭马仪式结束，马神庙逐渐废弃。而在民间，北京纸铺有卖一种"神马"图，图上印有一个头戴翎官帽，身穿马褂骑在一匹白马上奔驶的神像，旗营满族孩子如有受到惊吓，睡不安稳的状况，家中就会去请"快马先锋"（也叫白马先锋），供在孩子睡觉的床前桌上，同时，供一盘饽饽，一碟草，一碗清水。到了夜里子时，把"神马"取下来，在孩子睡觉头前位置的地下，把纸焚了，即表示先锋去追魂了。

京师的快马先锋图

祭马的习俗在满洲各氏族普遍存在，并由黑龙江宁安依兰岗的依尔根觉罗氏、吉林的石克特哩氏等氏族的后裔传承至今。在满洲氏族的祖像中，也多有大红马。而今，这个习俗由黑龙江宁安依兰岗的依尔根觉罗氏后裔传承。表现原始满洲氏族马与木克恩嘟哩崇拜的神像，则从北京回到黑龙江，由托霍洛氏后裔继承。

托霍洛氏传承的神像图

五、依尔根觉罗哈拉的马崇拜

该氏族世居今长白山、松花江流域、辽宁抚顺、新宾等地。清初，伊尔根觉罗氏各部来归，清太祖努尔哈赤以宗室女下嫁与阿尔塔、噶哈善哈思瑚为妻，分编正蓝、正黄旗，并封佐领。清代伊尔根觉罗氏名人众多，如创制满文的噶盖、武英殿大学士阿尔泰德、清史馆总裁,主编赵尔巽。

康熙五十七年(1718年),清廷平定准噶尔入藏之乱,拨八旗将士入川。伊尔根觉罗氏正蓝旗一支从湖北荆州进川,康熙六十年(1721年)留驻成都。在清代,成都驻防旗营是八旗主力部队,旗营将士驻守在祖国西南边陲,参与了清王朝期间为维护民族统一、保卫祖国领土完整的所有战役,如收复台湾、平定廓尔廓,等等。180多年里,有多位成都将军因军功而得以八旗军人最高荣誉而图形紫光阁,亦有多位著名人物在中国社会历史里留下了文化印记。辛亥革命中,成都驻防八旗旗营幸免于战火,得以保存下来。

成都将军　明　亮	成都副都统　舒景安	成都将军　鄂　辉
金石、教育、外交家　端　方	清末四川总督　赵尔丰	清末四川总督　赵尔巽

辛亥革命后,伊尔根觉罗氏大多冠姓为伊、赵、曹、顾、萨、包、哲、席。

以上姓氏名人有(部分):赵洵,著名翻译家,翻译的主要作品有《钢铁是怎样炼成的》《静静的顿河》。赵玉明,著名单弦表演艺术家。赵尚志,著名抗日英雄,东北抗日联军的主要领导人之一。赵侗,国民党少将,抗日烈士。赵少华，中国国务院文化部副部长。赵大年，北京作家协会副主席。越晏彪，中国作曲《民族文学》杂志社副主编，中国少数民族作家学会秘书长，中国少数民族电影工程领导小组成员。赵书，画家、美术设计家，中国民间文艺家协会副主席。赵阿平：黑龙江大学满族语言文化研究中心主任，国际国内著名满族学专家。赵志忠，满学家，中央民族大学教授，少数民族文学研究所所长。赵鹏大，著名矿产学家，《地球科学》主编。赵玫，著名作家。赵春山，中国国画院院士，AAA级中国国际金奖艺术家，也是唯一获得中国国际书画名家艺术创作终身成就奖的著名书画家之一。赵力，多年来自费调查研究满族世居地、老姓，成果颇丰，为满族后裔寻根提供了巨大的帮助。赵明哲，国家非物质遗产鹰猎传承人。赵朝勋，满族文物收藏家、画家、书法家。赵东升，满族说部传承人。伊尔根觉罗苏鲁，满族舞蹈复原工作者。赵盛烨，中国讯网CEO，沈阳理工大学教师，中国九一八历史研究学会研究员，冯庸大学重建工作委员会委员。赵文伟，河北省政协常委，河北省山区经济技术开发办公室副主任，强烈呼吁：建设文化强省，不能少了满族文化的保护、发掘和传承。赵洪涛，中国著名婚礼司仪，华语流行音乐偶像派歌手。赵红伟，开办青龙县个人民俗展览馆。赵之羽，专注清史尤其是清朝商业史的研究，出版《大生意人》。赵彩霞，松原市满族艺术剧院副院长，国家一级演员，"满族新城戏、八角鼓"非物质文化遗产传承人之一。赵宏博，国际著名花样滑冰队运动员。赵星，中央民族歌舞团副团长。赵景春，著名军旅歌唱家，国家一级演员。赵喆：沈阳红药制药有限公司董事长、总经理。

成都旗营现著名人士有(部分)：赵尔劲，西南民族大学客座教授，四川省人大常委会委员，为传承满蒙文化尽心尽力，深受满蒙同胞的敬佩。何特木勒，成都市满蒙人民学习委员会主任。杜麟，中国著名杜氏骨伤医学科传人。赵尔宓，中科院院士，国际知名两栖爬行动物学家。何天祥(蒙古族)，国际著名舞蹈损伤治疗专家，四川舞蹈学院舞蹈损伤研究所所长。关山月，国画大师。赵尔俊，旅美画家，作品在西方艺术界享有盛名。何天佐(蒙古族)，中国人民解放军文职中将，成都军区八一骨科医院院长。刘宝善，宝成、宝渝铁路总设计师。赵尔倩，著名漆艺家，作品被中国美术馆及各国名人收藏。赵小凤，成都府河电器公司总经理，著名满族女企业家。

赵大年	赵 书	赵少华	赵志忠
赵晏彪	赵尔宓	赵阿平	何特木勒
赵 力	赵东升	赵文伟	赵朝勋
赵尔劲	伊尔根觉罗苏鲁	赵之羽	赵尔倩

第五章 萨满女神与动物崇拜

六、依尔根觉罗哈拉的萨满祭祀仪式

黑龙江宁安依尔根觉罗氏女萨满唱诵神歌

东北亚先民萨满的祭马仪式（1889年）

大门上扎草把铭记祖先草莽生涯

20世纪80年代的萨满祭马仪式

敬送祭天神杆回归天地

（本章照片由郭淑云、张伟、张爱云提供）

第四节 蛇 蛙 崇 拜

蛇、蛙是满族萨满文化中重要的崇拜神。对其在满族母系社会旧石器时代的创世史诗《天宫大战》里记载到,人们世代唱颂她:地上的森林树海、河流,不少是从天上掉下来的。由于阿布卡赫赫与敖钦耶鲁哩拼斗,扰得周天不宁。不单是山林、溪流,也把不少生物从天上挤下来。蛇就是光神化身,是从天上掉下来的,虫类也是从天上掉下来的。所以,它们在有火和光的春夏才能出洞生活,无火无光的暗夜和严冬便入眠了。

一、蛇——勇武之神崇拜

人类初年,野兽比人多,渔猎充满危险与艰辛,森林中的狩猎也是危机四伏,林莽草野里的爬行动物也不少,危及人的生存安全。如在现黑龙江宁安,就有蛇群聚居多达三处的盘蛇岭。这里的蛇"大者丈许,粗如盂",如果人被它缠上,数分钟就会被缠得骨节松断,窒息而死。

但是,蛇更是吉祥物。在遥远的苦寒年代里,土著人居住在地穴里,一个冬天过去,十人死之八九,人们是多么盼望春天的来临,而蛇就是报春的使者,当春的气息悄然来临时,冬眠的蛇、蟒就苏醒了,它们钻出洞穴,给人们带来度过严冬存活下来的喜悦。蛇,还是林中最有灵性的动物,在满族先民的萨满文化里,蛇是阳光、春天和温暖的象征。在萨满的神裙上绘有蛇的图案,男性的生殖崇拜神楚楚阔神偶是木刻的蛇,氏族树是由蛇的形象组成的,在萨满星图里还有蛇星。

萨满神衣上的龙蛇图案

生殖崇拜男神楚楚阔神偶

在黑龙江流域满洲原始部落的大萨满里，梅和勒氏的萨满是最有名的之一，亦有氏族以梅和勒命名。辛亥革命后，其后裔冠姓为梅，氏族举行萨满祭祀时，萨满请蛇神时要跳神舞，要像蛇一样爬行和飞跃盘旋，唱诵着赞美梅和勒的神歌：

神风呼啸，金色的蟒神，身随爱米神走来，银色的蟒神，带着众蛇神走过来了，贴色的蟒神，是带领着众萨满神来的。神蟒统辖着九层天中的三层天，是百虫中最高的神主，你们的神主是虫神之首，尊贵的九尺蟒神降临神堂了……

二、蛙——族群生命、信息之神崇拜

在古代，人类的生存环境远比现代艰难，劳动、迁徙、传递信息非常重要。蛙的叫声能声传至十数里外，向人们报知林中的危险与安全，因此，古代人对蛙产生无比的崇拜，满族喜塔喇氏传承的神歌里，将蛙尊称为：山安班玛发，蛙珊玛恩都哩。

蛙，既能在草地里跳跃，又能在水里畅游，在原始森林的水泡子里，蛙，能生下成群的蝌蚪，而蝌蚪的生长发育又是从没有腿到两条腿，再到变成四条腿，这样神奇的生命现象受到古代人类的崇拜。因为，人类的生育繁衍是多么艰难！

在远古，女人的生产，就是一条新生和死亡之路：孕妇赤身裸体，小山峰似的肚皮，忽上忽下地蠕动，一连三天三夜，难产的痛苦使她痛不欲生……

在这时刻，悲壮的萨满仪式开始了对新生命的催生：一声螺号，二声角号，三声桦号，四声角号，乌布西奔妈妈敲响了鱼皮鼓，乌黑的长发随着她的旋转像黑伞一样照向产妇，她半跪着身躯，蹲跃、唱跳、击鼓、诵唱着，九位萨满的骨鼓击得更加激越，山峦、大海、河流、百兽都被乌布西奔妈妈的神威震撼，山鸣海啸，浪涌三尺，为救奄奄一息的生命和未见人世的幼儿而激跃、祈祝……当星星消逝在白桦林中,东天闪出微微的白光,一声清脆亮音迎来了东方的旭日。

在古代,苦寒、疫病常常会使一个部落全部覆灭,因此,各氏族都期盼人丁兴旺,萨满还担负着向族众中的青年男女传授性知识的重要责任。在满族萨满说部里,留下了许多传世的爱情故事,原始森林里的小青蛙,和许多动物一样,成为阿哥和格格爱情故事里的一个角色,至今读来,仍是那样的生动传神,让人忍俊不禁:

从前有个小妞妞,三岁没了讷讷,七岁死去阿玛。噶栅里一个名叫佟佳的赫赫,爱根去世了,她带着哈哈珠松阿里过日子,虽说自己都过不好,可她还是把小妞妞领到了自己的撮罗子里,给她起了个名字叫妮嫚。从此,尼嫚叫松阿里为哥哥,叫阿克占为讷讷,一家人的日子虽然清苦,却你尊我让的,过得挺和美。

日子过得真快,尼嫚和松阿里都长大了,一个像林子里的芍丹依尔哈美丽,一个像林子里的红松挺拔,一个是心灵手巧,一个是箭艺高强,可世上的事那能都那么好呢,眼瞅着能享福了,老讷讷却突然得了急病,她跟跪在木榻前的尼嫚和松阿里说:"我不行了,我死了以后,你们俩就……"话没说完,老讷讷就闭上了眼睛。

讷讷死后,松阿里决定为尼嫚找一个巴彦(有钱人)家的阿哥,可是尼嫚不要,她说:"我哪也不去,就跟你一起捕猎打鱼过日子。"

松阿里不干:"不行,我不能让你跟我过苦日子啊!"

"苦怕啥?跟你在一起,吃野菜,穿兽皮,我愿意。"就在他们商量的时候,来了一个人,说是卦尔察噶珊的额真(主子)派来的,说要娶尼嫚去做他的侧福晋,看尼嫚没动心,来的人说:"你知道额真有多少座山,有多少河汊吗?做了他的侧福晋,就请等着享福吧。"

"我不图希享这福,我就爱自己上林子里找吃的穿的。"

来人看说不动尼嫚,灰溜溜地走了。满以为这事就这么拉倒了,没想到,那额真却不甘心,他趁松阿里进山打猎的时候,派人来把尼嫚抢走了。

松阿里打猎回来,知道尼嫚被抢走了,他拿定主意要去找回尼嫚,走半道上,听到水泡子的草丛里传来一阵沙沙的声音,他一看,不得了,一条大蟒蛇在撵着一

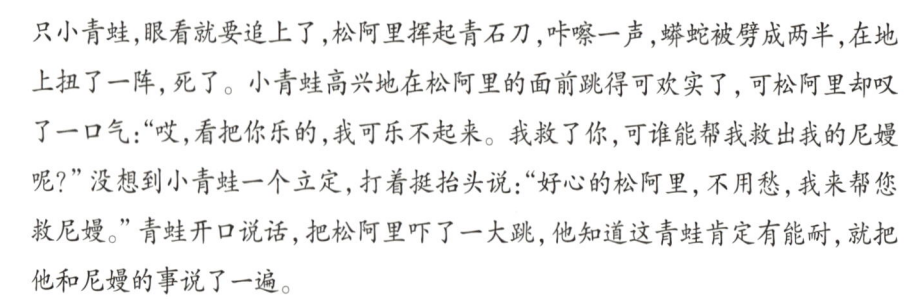

只小青蛙,眼看就要追上了,松阿里挥起青石刀,咔嚓一声,蟒蛇被劈成两半,在地上扭了一阵,死了。小青蛙高兴地在松阿里的面前跳得可欢实了,可松阿里却叹了一口气:"哎,看把你乐的,我可乐不起来。我救了你,可谁能帮我救出我的尼嫚呢?"没想到小青蛙一个立定,打着挺抬头说:"好心的松阿里,不用愁,我来帮您救尼嫚。"青蛙开口说话,把松阿里吓了一大跳,他知道这青蛙肯定有能耐,就把他和尼嫚的事说了一遍。

"这么的吧,你去把马牵来,把尼嫚新作的鱼皮衣拿来,我来帮你一起去救尼嫚。"松阿里麻溜地把马牵来,又拿来尼嫚的鱼皮衣:"就咱俩去呀?能行吗?"松阿里担心地问。

"你先上马吧,还有她呢。"小青蛙指着林子边上的一棵松木橛子说。真是奇怪,那松木橛子忽地站了起来,像林子里吹过草地,又吹过树叶的风,袅袅地飘到马上,落在了松阿里的前面,小青蛙又对着松阿里吹了口气,松阿里就变成了像熊一样丑的人。

看到一切都整停当了,小青蛙撅了一棵狼牙草,递给了松阿里,自己跳到松木橛子上,"走吧,一边走一边喊'换小美人了,换小美人了'"。

就在松阿里和小青蛙去救尼嫚的时候,尼嫚却正要拼命呢,原来尼嫚被抢到额真的木屋里以后,她抓破了额真的脸皮,摔碎了额真的岫岩玉灵芝,这一下,额真气坏了,就像是他斯哈(老虎)抓了个者固鲁(刺猬),没法下嘴,还被扎得够呛,他举起了青石刀,要亲自杀掉尼嫚!

"额真!额真!外面有人喊换小美人!我看了,那小美人长得可美了,拿尼嫚跟他换吧!你听,还在喊呢!"一个阿哈跑得气喘吁吁地说着。

额真觉得奇怪,他放下刀出门一看,果然一个丑八怪骑着的马上真有一个穿着鱼皮衣的小美人,哎呀呀,那个美呀,就像是水泡子里的滴答水珠,透亮的!他坏笑着说:"啊哟,小美人,你要跟这个丑八怪,可真白瞎了,跟我吧,进门就做福晋,有人侍候,有吃有喝有穿,愿意不?"

"愿意。我就是不愿意跟这个丑八怪,才让他把我换给别人的,换您,正可了我的心呢。"那小美人娇滴滴地说。

"好,山岭随你挑,河汊随你要",额真说,"小美人归我。"

"我啥也不要,就把你要杀的尼嫚给我吧。"松阿里说。

"好啊，我还正愁咋处置她好呢。"额真说。就这么的，尼嫚上了丑八怪的马，走了。那边额真可高兴坏了，他把全噶栅的人都叫来唱喜歌跳蟒式。又抬来刚酿好的酒，左一碗，右一碗，喝到太阳下山，他才进了木刻楞，一躺在小美人的身边，就迷迷糊糊地睡着了。第二天一早醒来一看，傻眼了，那小美人原来是一个松木橛子。他气坏了，叫上噶栅里的人，跟着他去抓松阿里。

　　再说尼嫚上了松阿里的马以后，就看见了一个小青蛙也在马背上。一跑出额真的噶栅，她看见小青蛙从马上跳到地上，朝丑八怪的脸上吹了口气，那丑八怪立刻变成了松阿里，这可把她乐坏了，她拉着松阿里跳下马，两人双双站在小青蛙的面前，她向小青蛙行格格礼，松阿里行打千大礼，谢过小青蛙，两人才又上马往家赶。

　　走啊，走啊，走了三天三夜，眼前的一条大河挡住了路，就在尼嫚和松阿里着急的时候，额真带着人马追了上来，就在这时，小青蛙一蹦一跳地来了。它张开大嘴，把大河一下子吸得就到脚脖子浅了，松阿里一扬手里的狼牙草，马就冲过了河，而这时，额真的人马还在河里跑呢，小青蛙再一张嘴，把刚才喝的河水又吐了出来，把额真和他的人马全淹没了。

　　后来尼嫚和松阿里去哪了？

　　听老一辈的萨满说是就住在了那条河的对岸，他们想念讷讷，就给那条大河起了个名叫佟佳江，敬奉着他们的恩人小青蛙，在那里生儿育女，过上了幸福的日子。再后来，他们的儿女多了，分成了好多支，去了好远好远的地方，那条佟佳江也叫成了浑江。

（孙淑清、佟凤乙讲述　张其明、董　明整理）

三、佟佳哈拉的蛇蛙崇拜

　　佟佳氏先祖世居黑龙江下游的虎尔哈万户、和翰朵里万户（现黑龙江依兰县）属地。元代，佟佳氏迁徙至松花江的马察等地。而后又沿佟佳江迁徙至现新宾满族自治县、抚顺一带的雅儿湖、加哈、佟佳各地方。其氏族传承的蛇蛙崇拜说部含有满族萨满多文化源。

　　《八旗满洲氏族通谱》卷之十九载，佟佳本系地名，因以为姓。佟佳，古称通（佟）三雅吉哈乌拉。发源于浑江市（现白山市），流经通化市、集安县、桓仁县、宽甸县，于宽甸、集安两县交界处注入鸭绿江。所以，在许多佟氏祖先神位边的对

生命·生命 老·老

康熙帝孝懿仁皇后　　　　雍正帝孝康章皇后

联上，后裔们都写着"怀念族亲北方远，辽东桓仁是故乡"的词句。

1577年，佟佳氏族女哈哈纳扎青与清王朝奠基人努尔哈赤完婚，从此，以佟养性为首的佟氏家族成为清王朝勋阀之家。在八旗部队正蓝、正白、镶黄、镶红四旗的序列里，在统一女真各部，奠基大清王朝，入主中原，一统天下的历史里，佟佳氏满门忠烈，功高天地。清王朝入关后，佟氏家族以有朝官108名，知县、知府等官吏571人而史称佟半朝。清定鼎中原后，佟佳氏有族女两人母仪天下，分别为康熙帝孝懿仁皇后，雍正帝孝康章皇后。

清代佟氏名人众多，最负盛名的有：塔木巴彦，努尔哈赤岳父，辽东富商，号称佟百万。扈尔汉，努尔哈赤侍卫，数次领兵往黑龙江收复女真各部。是"佟半朝"重要的官员之一。佟养性，辽东富商，努尔哈赤的良师益友。准塔巴图鲁，崇德年固山额真。佟图赖，清军将领，入关后率军南下，和平解放鲁、豫、甘。佟国维，清军军务参赞，在平定准噶尔之战中殉国。隆科多，康熙朝重臣。

近代，佟佳氏名人有（部分）：佟麟阁，中国抗日战争中最早捐躯疆场的一位高级将领。佟冬，著名历史学家、教育家，曾任吉林省社会科学院院长、省社科联名誉主席等职。佟柔，中国人民大学法学院教授，中国民法学科创始人。佟翔天，八一电影制片厂一级美术师，主持完成一百多部影片的特技和拍摄。佟悦，沈阳故宫博物院研究室主任。佟靖仁，内蒙古呼和浩特市满族民俗馆馆长。佟明宽，满族佟氏历史研究会秘书长。佟幼生，著名书法家。佟希仁，著名儿童文学作家，作品曾获全国"五个一工程奖""陈伯吹儿童文学奖""满族文学优秀作品奖"等。佟冠亚、佟起来，滕派蝶画传承人。佟明光，著名作家。佟冬人，著名书法家。佟树珩，著名摄影家。佟瑞敏，戏剧教育家、上海创意文化产业研究院长、上海创意产业协会影视委员会长。佟瑞欣、佟大为：著名影视演员。佟骏，著名影视剧演员。佟丽华，公益律师，首都十大杰出青年法学家。佟树声，芭蕾舞名家，获世界第七届古典舞比赛金牌。佟铁鑫，著名男高音歌唱家。佟童，演员、电影导演、电视编剧，上海国际艺术节委约青年艺术家。佟健，国际著名花样滑冰运动员。佟庆羽，曾在国内外武术比赛中获得65块奖牌，现为国家一级武术裁判员，国际散打七段，中国武术六段。佟博彦，独立音乐人。佟长友，擅长北京菜肴的烹制与研究，为各大报刊杂志撰写稿件100余篇，并主编了《京菜烹调280例》和《北京风味小吃》等书。佟吉禄，高级经济师，中国铁塔通信公司总裁。佟健，国际著名花样滑冰运动员。

| 佟麟阁 | 佟冬 | 佟柔 | 佟翔天 |

| 佟希仁 | 佟起来 | 佟瑞敏 | 佟树珩 |

第五章　萨满女神与动物崇拜

生命·生命

佟 悦	佟靖仁	佟明宽
佟铁鑫	佟 童	佟 骏
佟大为	佟冬人	佟树声
佟丽华	佟吉禄	佟 健

四、佟佳哈拉祭祖与修谱

20世纪60年代被毁的佟养性墓

2007年佟氏族人祭祖

族长念诵祭文

2010年阖族祭祀大典

以女真古俗圆坟填土

续修家谱代表会

(本版照片由佟成富　佟贺　佟胜刚等提供)

第五节　虎　崇　拜

虎，满语为塔（他）斯哈。满族人都知道"白山黑水，源远流长"，形成这句话的文化元素中，有一个支点就是满洲先民原始萨满文化中的虎崇拜文化。

在远古，满族先民以虎的先祖——"妥勒痕"命名部落之号。

在古代，《东夷传》记载的虎崇拜有：祭虎以为神；满族先民——靺鞨族因尚武而被誉为"三人渤海当一虎"；渤海国还以虎皮作为礼物献与唐。

一、满洲原始部落与渤海国虎崇拜

满族先贤富希陆、程林元等人搜集撰写的《满洲跳神发微》一书，留下了弥足珍贵的满族先民虎崇拜原始历史史料。远古时期，在东北亚的原始森林里，有一种凶猛的猫科动物，人们称其为"妥勒痕"。它身形大，却可以像猞猁般敏捷，甚至可在树巅上行走，由此，它傲居于森林食物链的最高端。于是，满洲先民原始氏族以"妥勒痕"命名部落之号。

氏族萨满则以妥勒痕头上中间贯通的三条黑色横纹，作为萨满行使着与宇宙、天地、人之间沟通的崇拜形象。

萨满神像（富育光收集）与东北虎头上的黑纹

这个神像即至高无上地凿刻在锡霍特山德烟古洞里传世万年，也凿刻在先民们居住的半地穴土屋、撮罗子、木刻楞、窝棚里，凿刻在老林子里的树上、山岩上，在满族先民的渔猎生涯里佑护民众。所以，虎在民间被尊称为阿林恩都哩——山神。因虎崇拜而诞生的萨满神像由黑龙江省绥化兴隆镇的瓜尔佳哈拉老萨满传承，在举行萨满祭祀时，他就以这个萨满神像画在村民的住宅内外，屯子附近的河边、路口、山谷、树上都画上这个符号，以此来表明萨满在天地间行使神圣职责的权威。

在古代,满洲族先民以鹿、野猪、狍狍等动物皮为衣,氏族萨满的神服则是由人们尊崇的动物神之皮做成,虎皮制作的神衣就是其中之一。在萨满祭祀的神舞里,小萨满们戴着虎和其他动物的面具,欢乐起舞庆祝狩猎丰收,一声声"赛音"的欢呼,一个个模仿动物跳跃腾飞的舞姿,是多么美好的人与动物、人与自然的歌唱!

在满族先民粟末靺鞨建立的渤海国,亦有虎崇拜文化现象遗存,如"渤海三男顶一虎",其武将的腰牌为虎头。

渤海国琥将腰牌

而今,源于女真先民原始的虎崇拜文化,祭祀仪式由迁徙到吉林乌拉的满族石(锡)克特哩氏萨满世代传承。在神歌里,萨满唱颂着掌管森林万物的山神——虎神的降临:从山顶传来一声长啸,南山猛虎,像团黄云坠下山尖……

二、女真人的虎崇拜文化

12世纪,女真人崛起,在完颜阿骨打的统率下,女真人在黑土地上灭辽建金,在燕山脚下立金中都,又一次拉开了满族先民登上中国封建社会历史舞台的大幕。

金代时,女真军队实行"猛安谋克"制,虎崇拜体现在军队的装备和战斗中,如使用的旗帜为白虎旗,排出的战阵里有飞虎阵,使用的武器里有虎蹲炮、毒虎炮,调动军队的令牌有虎符(现藏于中国军事博物馆)。帝王的朝日殿有石螭虎,为帝王护灵的神兽有石虎。

虎符　　石虎(出土于阿城)

朝日殿出土的石螭虎(出土于阿城)

16世纪,随着努尔哈赤的崛起,满族的虎崇拜文化传承围绕着努尔哈赤建国的过程,萨满讲述的满族说部里将八旗的来历,满族民俗的形成,做了一个新的讲述,同时,也鲜活地记录了一段满族民间虎崇拜文化的历史:

当年罕王爷小,人们都叫他小罕子。他被李成梁的三夫人喜兰救出来以后,又有乌鸦、大青马、大黄狗救了他,等到追杀他的人马都走了以后,他一气就跑进了长白山。眼看天就要黑了,他怕狼虫虎豹来伤害,就爬到树上去过夜。

天蒙蒙亮时,老林子里有了动静,小罕子一看,是一伙背着参兜子,拿着拨索棍的八个放山人。小罕子忙叫:"救命啊,救命啊!"

大伙赶快上前,把小罕子从树上救了下来,把头问:"你是哪里的人,咋一个人就到这老林子里来了?"小罕子就把自己的事说了一遍。把头看小罕子虽然穿得破破烂烂,长得却是利利亮亮的,两只眼睛英气竣朗,他就说了:"你要不怕苦,就跟着我们一块放山挖棒槌(人参)吧。"

小罕子听了这话,心想也好就在这躲一躲吧。于是,他就跟这八个放山人插箭结拜为生死弟兄,因为他最小,就是老疙瘩。把头看小罕子小,又是个初把,就派他看窝棚、做饭。从此,每天把头带着大家伙上山了,他就在窝棚外边,搭上三块石头,架上三足锅做饭。饭好了以后,在大树桩上铺快兽皮,就吃饭了,怕风吹翻了,就四角边上压块小石头。

把头带着八个弟兄们爬山越岭去挖棒槌,一晃月圆到月缺了,一棵人参也没挖到。一天,天上下着雨,大伙坐在窝棚里唠嗑,忽然刮来一阵大风,紧接着就听到一声吼叫,赶忙都站了起来,一看,不得了了,一只老虎瞪着两只大眼睛,张着大口,蹲在了窝棚前面!

阿林恩都哩来了,咋办?把头看了看大家伙,把头上的帽子摘了下来:"阿林恩都哩找咱们来了,咱们按规矩办吧。遇到老虎,咱们大家轮流扔帽子,谁的帽子被它叼走,谁就跟着老虎走。"把头说。

"你们都有萨尔甘(妻子)和哈哈珠(孩子),我去吧。"小罕子说,大家伙不干,于是,把头说了:"得了,别争了,该着谁就谁吧,来,轮着扔。"

说来也怪了,把头的帽子扔到老虎跟前,老虎理也不理,第二个人的帽子扔过去,老虎闻也不闻,第三个人的帽子扔过去,老虎闭上眼睛睡觉了。最后轮到小罕子了,帽子一扔过去,老虎一甩头,醒了!它腾地一下站了起来,叼起帽子,转身朝老林子里走去。小罕子告别众兄弟，跟在老虎后面走。走过了一片老林子，又走过一道岭，小罕子累坏了。他一屁股坐在了倒木上歇着。这老虎就像通人性似的，开始走走停停，就这么的，老虎领着小罕子走到了一座陡峭的石砬子上边，一阵风吹来，小罕子看到石砬子上有个平台，平台上长着一片绿莹莹的草，每棵草上都顶着一团红籽儿，这是棒槌？是阿林恩都哩来搭救我们了？

小罕子忙朝老虎看去，只见那老虎一跳，过了山涧，转眼就看不见了它的身影。小罕子忙山去了。后来，小罕子成了文武全才的巴图鲁，在赫图阿采参生涯，后全国和大清朝官员的官帽上就用红色的人参缨做了顶子，可好看了。

那天，小罕子回到窝棚里，可把几个老哥给乐够呛，再看到他拿回来的那朵红花籽儿，大家伙更高兴了，那不就是棒槌籽吗！第二天，小罕子头前领路，去到了那个石砬子，到了那个平台顶子上一看，哎呀我的天啊，好大一片棒槌！把头说："这是阿林恩都哩在搭帮我们，让我们找到棒槌营子了。"

于是，大家伙按照挖参人的规矩，选大的，留小的，绑红绳的，敬神行礼的，轻轻地动土，生怕一不小心就整坏了满是"珍珠疙瘩"的参须，一直忙到鸟归巢了，一数，挖出了64棵大棒槌，大家伙满满登登地背着棒槌包下了山。

后来，八个放山人拥戴小罕子做了大把头，小罕子带着他们用这些山货换来了马匹、弓箭，还发明了把参晒干，存着慢慢卖的辙，日子越过越好，人也越聚越多，八个弟兄护着他，小罕子统一了女真，成为女真人拥戴的罕王。

（罗治中、关世珠讲述，佟丹整理。本章略有删减）

人们敬佩罕王爷，怀念先人放山的辛苦，每到吃饭时，就上四小碟咸菜，或是四小碟蜜果，代替小石头压桌边上，如今，你到满族乡间农家，到满族饭店去吃饭，这老一辈的规矩还传承着呢。

三、清宫廷与满族民间的虎崇拜文化

清王朝入关后，满族的虎文化进入宫廷。清代军队的军旗中有飞虎旗，军装中有虎服。

虎的形象，成为三四品武官官服上的补子，并成为新设汉军藤牌兵的军装：汉军藤牌兵虎帽用革，形如虎头，后垂护项。下为护耳。皆用黄布，通绘斑文。虎

台湾清代武官官服上补子（左为三品，右为四品）

衣用黄布，其长半身，下裤如其色通绘斑文。袖端白布像虎掌。靴亦黄布，绘斑文。绿营藤牌兵同。

在清帝出行时，以八旗骁骑旗杆之制，由含宇宙星宿、大地山川之神形，绘着天上飞的、地上跑的动物神偶的红、黄、兰、白旗帜，组成了威严壮观的卤簿旗阵，这一片铺天盖地的旗帜里，飘扬着一面白缎绣金的蹲虎——白虎旗。在八旗部队由北京至承德的长途野营拉练里，康熙、雍正、乾隆等帝身背弓箭，骑上骏马，率宗室亲王、阿哥，与八旗将士一起，在古树参天、茅草蔽日、野兽出没的荒原上擒虎猎熊。乾隆帝还留下了《虎神枪记碑》《永安湃围场殪虎》碑。

满族先民萨满祭祀里戴着虎面具跳的狩猎舞，则在北京天坛按照皇家规矩举行的国家祭天仪式里演变，成为由32人扮作野兽，全戴面具。另八人骑竹马带弓箭，代表八旗士兵的《扬烈舞》。在皇帝去世后葬在帝陵时，也离不开虎崇拜，帝陵的门钉为虎头。在北京崇文门外珠市口东大街、宣武门内、西单北大街、德胜门内大街、左安门内大街分别有石虎胡同、小石虎胡同、大石虎胡同、石虎巷，皇室贵戚的门前还立着石虎。

北京石虎胡同的石虎

而远在东北吉林的满洲氏族祖居地，承担为清室上贡北方山林特产的打牲乌拉的原住民，却保留和传承着萨满文化里的虎崇拜。如吉林满洲石（锡）克特哩氏的萨满神谕里，依然如先民一样，供奉着六位虎神，它们分别是必索塔斯哈（母卧虎神）、穆憨塔斯哈（公坐虎神）、德热菲珠塔斯哈（飞虎神）、库立塔斯哈（悬立虎神）、爱新塔斯哈（金虎神）、安巴萨连塔斯哈（大黑虎神）。

年复一年，石（锡）克特哩氏一代又一代地传承着古老的萨满祭祀，敬奉着撮哈占爷（长白山主）、六位太爷（氏族老萨满）、三十一位瞒尼（氏族英雄神），敬奉着与氏族相伴的鹰、雕、虎、豹、熊、野猪、蟒等二十六位野神。每到祭祀时,阖族团聚,届时,院里插上虎旗,西墙上的祖宗匣子里请出传世的神偶和祖像。在这个隆重的祭祀里,族人们向祖先神行三拜九叩礼。神鼓声中,新生代的萨满虔诚地以满语唤神,以满语唱着古老的神歌。告慰先祖全氏族永远不忘根基之心。看着他们那庄重的舞姿,听着他们那稚嫩却又嘹亮的声音,有什么理由去怀疑满族萨满文化的千万年之传承?!

曾有一位记者在参加满族的萨满祭祀时说:"真是幸运,以后这么古老的文化难看得到了。"

听到这话,氏族的老萨满很认真地告诉他:"不可能,我们有自己的小萨满,一代一代地接着,怎么能看不到呢?"是啊,听,小萨满们在唱颂着歌颂德热菲珠塔斯哈的满语神歌,那是传承千万年的,他们的神情是多么神圣,歌声是那么响亮:

飞虎神啊,长着花纹的翅膀,居住在林中山谷,从金沟中降临,慈祥地下来了。点燃了蜡烛,光芒四射。飞虎神抬起头,攀登上南边的山,又赶到北边的山,怒气冲冲地下来了,庄重地下来了……

(汉语译者:宋和平)

四、虎崇拜文化的未来

满族的虎崇拜涵盖于东北满洲原住民的民间生活之中。如地名有虎林、虎头等。语言上有虎实、虎啦吧叽等。民间给孩子起名有虎子、虎妞等。虎,还以其威

虎崇拜枕头顶(杨有洪收藏)　　戴虎帽穿虎衣的幼童

武的气势、灵巧的跃跳、俊美的形象，成为格格出嫁女红的吉祥物——枕头顶上的图案之一。在这些枕头顶的虎图案里，有虎在林中的嬉戏，也有家族祭祀虎神及动物神的记忆。

当哈哈珠降生，做母亲的要在悠车上挂虎神偶，还要给哈哈珠戴虎帽，穿虎鞋。在满族民间艺术上，吉林满族剪纸艺术家关云德创作的虎面具、虎生肖剪纸独具魅力。一把剪刀一张红纸，以满文和虎形象将满族虎文化鲜活再现。

满族虎崇拜文化历史悠久，其传承既需要文化的，也需要生态的，这样，才能有形有神。然而，在中华人民共和国成立以来，被开采过度的东北原始森林面积减少，东北虎也面临灭绝的窘迫境地。好在随着人们动物保护意识的回归，东北虎被列入中国一级保护动物，并被列入濒危野生动植物种。

为保护东北虎种群，世界自然野生动物基金会已将东北虎列为全球十大濒危动物之首。国家建立了长白山自然综合保护区、黑龙江省七星砬子东北虎保护区，进行东北虎栖息地的保护。因保护措施的实施，目前在东北，以前踪迹难觅的野生东北虎，已在黑龙江东部林区频繁出现，并在吉林珲春、辽宁新宾等地山区都有发现。

满族的虎文化元素还显现在21世纪民族文化的融合上，由上海市委宣传部、世博局为指导单位，民博会组委会组织的2009中华元素创意大赛海宝服饰设计大赛上，一组海宝身穿56个民族服装的设计稿获得一等奖。其中的满族海宝，头戴红缨帽，脚着虎头鞋，时尚新潮的服饰，形态可掬的舞姿，着实让人喜爱。由此，也让人们看到，满族的虎文化在它的原发地，在祖国的内地，已是中华民族多元文化中一个文化的、艺术的、生态的、直观的魅力璀璨的虎文化世界。

2010年上海世博会满族海宝

五、石（锡）克特哩哈拉的虎崇拜

满族的虎崇拜属于大型野祭仪式中所祭祀的虎神，在满族世家氏族传世的祖像中亦有虎的神像，虎祭仪式保存至今的有石（锡）克特哩哈拉。其氏族古居黑龙江锡霍特山脉一带（现俄罗斯境内），以地为姓，为满洲稀少的姓氏，初时仅有两户。后世逐渐南迁至松花江沿岸的讷殷、乌拉一带。属卦尔察女真。

清初，石（锡）克特哩氏陆续来归，分别编入正黄、镶黄、正红、镶红、正白旗。清代巴图鲁有：贾隆阿，天聪时授骑都尉，从征黑龙江、松花江，入关有功，加世职至一等轻车都尉兼一云骑尉。库色纳，以从征乌喇、明朝有功，加世职二等轻车都尉。刚吉纳，从征大凌河，授骑都尉。塔尔机善，征明，赐号巴图鲁，晋一等轻车都尉。塔纳克，征明有功，授骑都尉。

辛亥革命后，石（锡）克特哩氏多冠姓为朱、西、石、奚、郋、邵等。以上姓氏的老姓还包括石佳氏（石尔佳氏）、乌勒理氏、倭赫氏、书玛哩氏、石富察氏、石穆鲁氏、洪骆氏、扎克塔氏、扎库塔氏以及加入满洲八旗的胡依特氏（蒙古族）、斡勒氏（达斡尔族）、石氏（汉族）等。

以上姓氏近代知名人物有（部分）：石继昌，当代北京文史掌故专家。石泽生，著名牧师，原中国基督教三自爱国运动委员会主席。石志夫，北京大学政府管理学院教授、国家人事部高级学位职称评委。石光伟，致力于满族音乐研究，著有《满族音乐研究》等著作。朱川，曾任辽宁省政府副省长、中国经济学团体联合会执行主席。石嘉兴，全国人大代表。石君广，富裕县三家子满语学校教师。邵令方，著名胸外科专家，率先在我国开展了胸腔镜检查胸腔内粘连割断术、食管胃吻合器，被中国医师协会胸外科医师分会授予"中国胸外科杰出贡献奖"。朱春雨，著名军旅作家。朱秀海，著名军旅作家，获多种国家级文学大奖。朱纯一，画家，代表作品《雄鹰》《长城风情图》等被国家美术馆及国内外名家收藏。石俊凤，承德民间剪纸艺术家。石振华，福州歌舞剧院院长、艺术总监、国家一级导演。石俊，上海戏剧学院导演系副教授、著名导演，朱翠萍，著名工笔画家。西林觉罗·和璠，社会活动家，通满文、女真文、满语。朱珊，江苏省社会科学院哲学与文化所研究员。奚景春，阿城音乐舞蹈家协会主席，黑龙江省级非遗项目"满族传统民歌"代表性传承人。朱立军，中国网络联通公司运营公司副总裁。郋婉英，满族曲艺世家传人。朱玉辰，全国人大代表，上海浦发银行行长。朱玉印，上海金融业青年优秀领军人物之一。朱洪波，从长白山到江西宜昌的都市养马人。朱墨，著名影视演员。朱玥如，上海满族"颁金节、那达幕"节目主持人。

生命·生命

石光伟	 邵令方	 朱春雨	 朱　川
 朱秀海	 石振华	 石　俊	 石君广
 朱纯一	 朱翠萍	 奚景春	 郗婉英
 朱玉辰	 朱玉印	 朱　珊	 朱玥如

六、虎啸威武——石（锡）克特哩哈拉萨满祭祀传世文物

世传祖像

石（锡）克特哩哈拉族徽

满文神本

族众每人要向"子孙绳"上拴一条白黑相辫的丝线

第五章 萨满女神与动物崇拜

七、虎鹰飞扬——石（锡）克特哩氏萨满祭祀仪式

萨满祭祀上的虎、鹰、豹、熊图腾旗

虔诚的请出祖先神像

萨满祭祀之奥都妈妈神像

宗族萨满进行换家祭槽盆仪式神

氏族萨满以神舞敬神

祭祀神舞代代相传（宗朋、光华）

（本处照片由郭淑云等提供）

第六章　萨满女神与祖神崇拜

在遥远的古代，
阿布卡赫赫的光焰，
从大地上凝聚，
翻腾的光焰和白气，
在天空中翻滚浓缩。
七色阳光凝结成寰宇中的白光，
瞬间，顶天立地的白光，
化成一位头顶蓝天、
脚踏大地、
金光闪烁、
美貌无比的，
裸体女神女。
她就是天母阿布卡赫赫的侍女
——恩切布库女神。
恩切布库女神佑护森林生命，
这是恩切布库女神的骄傲，
这是恩切布库女神的荣耀。
她的魂灵给大地带来暖流，
她的魂灵给生命带来欢笑。
恩切布库女神，

满族英雄祖神像

安卧在东海之滨，

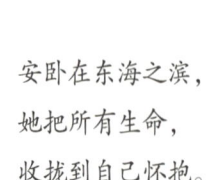

她把所有生命，

收拢到自己怀抱。

从此，满洲氏族先民敬奉的祖先神、部落英雄神，有海东青（鹰）、梅和勒（蛇）、塔斯哈（虎神）、古尔苔（乌鸦）、莫林奥都（双马战神）、沙克沙（喜神）、熊神、鹿神、野猪神，等等。满洲先民敬奉的还有氏族的祖先神、英雄神，至今，颂唱祖先英雄神的神歌仍然响彻四方，万世流芳……

第一节　抓罗格格（神鹿女神）崇拜

在女真各部逐水草迁徙的路上，刻下了许多麋鹿的岩画。在内蒙古东部地区的动物岩画，以熊、野猪、虎、鹿为多。而古代的时候，这里正是东海野人女真原始氏族先民逐水草而迁徙的地方，这四种动物也皆为女真原始部落迁徙到黑龙江流域的萨满自然崇拜文化。

辽宁省歌舞剧院隆重来沪演出舞剧《白鹿额》

在大清帝国的关外紫禁城里,皇帝宝座扶手由鹿角制成,并成为皇女下嫁内蒙古草原的嫁妆。在民间,鹿图案的枕头顶是满族女孩的闺阁女红。鹿崇拜文化贯穿于女真各部后裔的生活之中,至清代女真各部总体统一为满洲八旗,1644年,清王朝入关,鹿崇拜文化中的鹿茸成为东北原"人参、貂皮、靰鞡草"后的新三宝"人参、鹿茸、乌拉草"。

一、鹿是女真各部崇拜的女神之一

女真索伦部萨满所穿的神服为头戴鹿角帽,神裙下的小皮穗代表为鹿毛。在世传的满族说部里,满洲先民氏族萨满赋予鹿神美丽而浪漫的遐想:

在北天偏西的地方,有鹿豹星座,在天空浩大的牧场里,有宽广的兽圈,一个英俊的少年在追赶着神鹿。

浩瀚的天空里,鹿是阿布卡恩都哩赫赫的坐骑,满洲氏族萨满赋予她美丽而浪漫的形象:

在浩瀚的天空里,神鹿是阿布卡恩都哩赫赫的坐骑;在浩瀚的星空里,众星银光闪闪,巴尔尊赫赫追赶着九天神鹿,要让神鹿去飞越火海、冰山,可是,巴尔尊赫赫胖,又老是打瞌睡,所以,她追啊、追啊,总是追不上,全靠卧勒多赫赫相帮,才抓住了神鹿,去接受敖钦耶鲁哩的挑战。

古代麋鹿岩画

满族的创世史诗,是由一位名为博额德音姆的女萨满传承。在很久很久以前:

天上彩霞闪光的时候,萨哈连(今黑龙江)跳着浪花的时候,天上刮下来金翅鲤鱼,树窟里爬出四脚的银蛇,萨哈连大下游的东头,走来骑九叉神鹿

满族鹿崇拜枕头顶

第六章 萨满女神与祖神崇拜

213

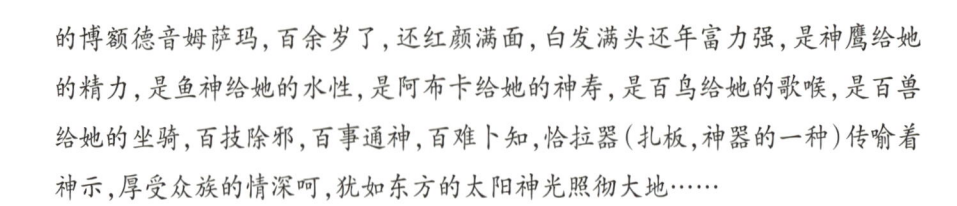

的博额德音姆萨玛，百余岁了，还红颜满面，白发满头还年富力强，是神鹰给她的精力，是鱼神给她的水性，是阿布卡给她的神寿，是百鸟给她的歌喉，是百兽给她的坐骑，百技除邪，百事通神，百难卜知，恰拉器（扎板，神器的一种）传喻着神示，厚受众族的情深呵，犹如东方的太阳神光照彻大地……

在满洲氏族的雪祭里，萨满以优美神词迎请骑着神鹿降临的雪神奇莫尼赫赫：

奇莫尼赫赫，骑着九天之上双鹿，挂着装满白雪的褡裢，来到了萨哈连乌拉，窝集红松林闪着银光，嘎栅雪花飞，兴旺安宁……

二、鹿崇拜祭祀仪式——鹿窝陈

满洲先民的鹿崇拜故事由乌扎喇哈拉萨满传承，由黑龙江流域大萨满世家传人富察哈楞阿讲述，传承在满洲族、鄂伦春族、鄂温克族、达斡尔族、赫哲族、锡伯族民间，记录在《满族说部》《萨满神话》中：

早先年，鄂多里一带各个霍落里的哈拉，都以打猎捕鱼为生。他们吃的是兽肉和鱼肉，穿的是用鱼皮或牲口皮做的衣服。尤其是鱼皮衣服，那些巧手的萨尔甘追把它染成各种颜色，做五颜六色的衣服，穿着很好看。据说萨尔甘追不穿各色花衣，就不招阿哥喜欢。

在黑乌坚（现黑龙江同江一带）地方有一位萨尔甘追叫阿兰，她从小就爱骑马射箭，因此，眼瞅要二十个青青了，还没相上一个可心的阿哥。她撒腿能跑九山十八梁，两手能拉十石弓，什么野牲口要是被她搭上眼，就别想跑掉。她什么野牲口都猎，就是不捕鹿。每次上山，阿兰总是带一些树盐去给鹿群吃，她和鹿群在一起玩呀、跳呀、跑呀叫呀，还能跟它们说话。鹿群找到一些草药也送给她，她就把这些草药带到嘎栅里给大家治病。嘎栅里谁要说鹿的一句坏话，她就敢和谁拼命。日子长了以后，嘎栅里的人都敬她为抓罗格格，一些人常常笑话她："抓罗格格，你该找一个鹿阿哥当爱根。"

有一年冬天，雪大山滑。抓罗格格上山打猎，走到那丹哈达峰时，一不小心掉到山洞里,左腿受了重伤。她咬着牙想爬上来,可是腿不听使唤,爬了几次也没爬起来。山高、林密、大雪封山,哪里有人救她呀!

正在这危难的时刻,从山沟里跑来两只大鹿,跳到山洞里叼起她跳出山洞,把她放在了一个铺着松软草窝的山洞里。一只老鹿天天守在她身边,给她舔伤口,找吃的,还到处找草药给她敷伤口。没有几天,抓罗格格伤腿就将养好啦,抓罗格格感激鹿的救命之恩,她索性不回噶栅,就和鹿群在一起生活起来。

噶栅里的族人一看抓罗格格不回来了,又高兴又担心。高兴的是可以痛痛快快地捕鹿,没人敢吱声;担心的真要进山捕鹿,被抓罗格格发现了,那还了得。不过,也有不听邪的,几个小阿哥,就相约着进山打鹿围。可刚捕住三只鹿就被抓罗格格知道了,不但把鹿要了出来,还狠狠地抽了他们一顿鞭子。这回可惹翻了噶栅里的阿哥,他们集合了好几十人,向抓罗格格的撮罗子杀来。群鹿一看不好,里三层外三层把抓罗格格围了起来。为了搭救萨尔甘追,有两只鹿被人给砍死了。这可气坏了抓罗格格,她分开鹿群杀了出去。小阿哥们哪是她的对手,没两下子,就有七八个小阿哥被她打倒了,剩下的人抱头跑回噶栅。

抓罗格格把受伤的人都安置在山洞里,群鹿给他们采药,用舌头舔他们的伤口,给他们找吃的、喝的。没几天,伤治好了,又把他们送回噶栅。以后,山中群鹿一听说部落人闹病,都纷纷给他们送药,甚至把头上的角折下来给久病不好的人服用。鹿的行动感动了噶栅的人。从此,人和鹿群和睦地相处着。其他地方的鹿,听说鄂多里各噶栅爱护鹿群,都纷纷向这一带跑来。没有几年,这一带的鹿群,满山满沟。

可乌斯浑河(现黑龙江林口县境内)两岸住着的乌斯人不乐意了,他们生性野蛮好斗,专指打鹿为生。自从乌斯浑河一带的鹿全部跑到鄂多里以后,这可气坏了乌斯人。他们出动好几百人,向鄂多里杀来。鄂多里人哪是他们的对手,都躲到霍通(山谷)里面不敢出来。抓罗格格率领几十群鹿趁乌斯人睡觉的工夫,向他们住的地方闯来。这些鹿群,横冲直撞,头顶脚踢。数不清的鹿把好几百乌斯人撞得七零八落,狼狈地逃走了。鄂多里人一看群鹿赶跑了乌斯人,高兴得了不得,在大草甸子上点起许多火把,把老林子照得透亮,和鹿群一起尽情地唱乌春跳莽式。

乌斯人打了一个大败仗,却并不甘心。他们造出阴箭、子母箭、明箭、暗箭、流星箭,足足地准备了三个青青,要踏平鄂多里,把鹿群弄到手。第四个草青的时候,上千的乌斯人马杀向鄂多里。为了防备群鹿袭击,他们用树枝、柴草、硫磺,堵

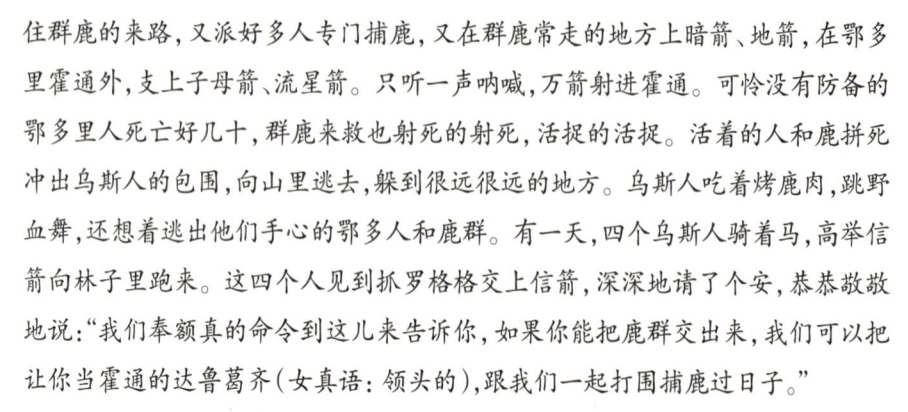

住群鹿的来路，又派好多人专门捕鹿，又在群鹿常走的地方上暗箭、地箭，在鄂多里霍通外，支上子母箭、流星箭。只听一声呐喊，万箭射进霍通。可怜没有防备的鄂多里人死亡好几十，群鹿来救也射死的射死，活捉的活捉。活着的人和鹿拼死冲出乌斯人的包围，向山里逃去，躲到很远很远的地方。乌斯人吃着烤鹿肉，跳野血舞，还想着逃出他们手心的鄂多人和鹿群。有一天，四个乌斯人骑着马，高举信箭向林子里跑来。这四个人见到抓罗格格交上信箭，深深地请了个安，恭恭敬敬地说："我们奉额真的命令到这儿来告诉你，如果你能把鹿群交出来，我们可以让你当霍通的达鲁葛齐（女真语：领头的），跟我们一起打围捕鹿过日子。"

抓罗格格冷笑一声说："收回你的信箭，回去告诉你家额真，我宁可和你们死拼，也决不交出鹿群。宁可和鹿群同死，也不愿当达鲁葛齐。"族人也齐声说："要想让我们交鹿群，不可能！"

乌斯人气坏了，又来攻打这块老林子。鄂多里人和鹿群边战边退，又损失很多人和鹿，退到更远的地方。就这样一连三次，抓罗格格和鄂多里人也没有投降的心，和鹿群共同过着苦日子。可老这么下去，也不是回事啊，大家都愁得不知咋整。鹿群里有一只老鹿走到抓罗格格面前，叫了几声说："抓罗格格呀，不用怕，不用愁。我领你去找果勒敏珊延阿林额真，她能替咱们报仇。"

抓罗格格马上把鹿群和鄂多里人安置到隐蔽的地方，和老鹿奔向果勒敏珊延阿林求救去了。她俩走呀，走呀，过了十八道河，翻过九十九架高山。这一天来到果勒敏珊延阿林，这山，上通天下通地，彩云绕山腰，苍松翠柏满眼都是，野花漫坡，数不清的鸟、兽在林子里飞呀、叫呀、跑呀、跳呀，真是好。抓罗格格和老鹿往山顶爬去，足足爬了三天三夜才到了山顶。看到一位慈眉善目的讷讷阿姆，她戴着一顶鹿皮帽，穿着紫底白花的袍褂。

老鹿向这位讷讷阿姆拜了三拜，抓罗格格也请了蹲安礼。讷讷阿姆笑着说："格格，你为了保护我的哈哈珠子，一不变心，二不灰心，三不坏心。赛音！"

抓罗格格这才知道她是库玛哈恩嘟哩（鹿神），她忙请求："讷讷阿姆啊，你快搭救你的哈哈珠子和鄂多里人的苦难吧！"

讷讷阿姆点了点头，吩咐她俩住下来。打那以后，每天吃的不是松子就是榛子，再不就是猴头和蕨菜，抓罗格格吃了这果勒敏珊延阿林的山珍，力量也更大了。有一天，讷讷阿姆把抓罗格格叫到跟前说："北边的乌斯人驯出几百头罕大犴,要来你们这,要想制服他们,只有在你头上安上一双角,才能把他们赶走。"抓罗格格听了有点害怕,心想头上长两只角出来,今后咋见噶栅里的人啊!

正在她犹疑的时候,只见从山下跑来四只花鹿,气喘吁吁地跪到讷讷阿姆和抓罗格格的面前哀求:"抓罗格格,乌斯人把我们包围了,眼看我们就要被他们抓走,快想办法搭救吧。"

抓罗格格一听,跪在了讷讷阿姆的面前,她坚定地说:"讷讷阿姆,为了杀退强盗,保住众人和鹿群,快给我安一双角吧。"

"赛音!"讷讷阿姆抚摸着抓罗格格的头顶:"格格,你是肃慎人的好后代,你是人和鹿的大救星,你是耶鲁里的对头人。都说天上的海东青能飞善战,格格呀,你比那海东青还要英勇。都说山中的塔斯哈又凶又猛,你比塔斯哈还胜强。巴图鲁格格,你去吧,你能降住那些耶鲁里!恩都哩会保佑你!"讷讷阿姆刚叨咕完,抓罗格格就觉得头上发痒,不一会,果真突突地长出一对四平头的鹿角来。

讷讷阿姆说:"格格,一摸左角,万支神箭齐发;一摸右角万把鹿角刀齐飞。可要记住不要乱杀人,就是坏人,只要告饶,就不要杀死他们。你走吧。"

抓罗格格立马就飘了起来,耳边风声呼呼直响。不一会风停了,一看,已经回到了自己的噶栅。往下一看,乌斯人耀武扬威,军大犴张牙舞爪,鄂多里人和群鹿退到山谷里,眼看要全部被抓到了。抓罗格格大喊一声:"乌斯人,赶快退回到你们的地方去!"

乌斯人一看,是个头生双角的萨尔甘追,"呸,就你这熊样,小心你的脑袋!"说完一举黑鹿皮旗,几百只军大犴一齐向抓罗格格奔来。抓罗格格不慌不忙,她一摸左角,顿时万支神箭齐发,把几百只军大犴射死一大半。剩下的飞快地向老林子里逃去。乌斯人一见不好,一齐向抓罗格格杀来。抓罗格格不慌不忙,她摇一下右角,数不清的鹿角刀飞向乌斯人,一眨眼杀死一大堆人。

一看死了这么多乌斯人,抓罗格格急忙收回鹿角刀,她喊着:"乌斯人,只要你们答应退回去,我就饶了你们!"

乌斯人吓得哆哆嗦嗦,全部都趴在地上,一个劲地向抓罗格格求饶,乖乖地退回到乌斯浑河去了。从此,鄂多里得救了,群鹿得救了,抓罗格格教人们学会了用狗拉爬犁,驯鹿拉车驮东西,噶栅里的人过着打鱼捕猎的平安日子。噶栅的人越来越多,就有了上野部和下野部。后来,抓罗格格到果勒敏珊延阿林去了,走之前,把她头上的双角留给了后人,鄂多里人尊敬地称她为抓罗妈妈。为了纪念抓

罗妈妈，人们把上野部叫成使鹿部，把下野部叫成使犬部。在各部举行萨满祭祀时，人们要戴上鹿角神帽，唱着乌春，跳起布特哈玛克辛（神鹿舞），怀念着抓罗格格给族众带来的安宁和幸福。

（傅英仁整理）

三、神鹿之歌——女真原始部落的融合与分化

女真原始氏族在历史的行走中分化融合，至天聪九年（1635年），统一称为满洲，列入满洲八旗索伦部、达虎尔部、锡伯部。至1957年分为鄂伦春族、鄂温克族、赫哲族、达斡尔族、锡伯族。

使犬部后来怎样了？

他们是赫哲族、达斡尔族的先民。由于没有文字，所以，少有历史记载。早在清初，使犬部就归顺努尔哈赤。据清史稿太祖本纪载：天命三年（1618年）冬十月……使犬各部路长四十人来归，赐宴赏币，并授以官。

清朝末年研究边疆地理的学者曹廷杰，是中国近代史上第一个对黑龙江流域民族、历史、地理、古迹、社会经济作全面调查的人。他的著作《东北边防辑要》《西伯利亚东偏纪要》以及《东三省地图说》为我国东北史地研究作出很大贡献。据他考定：三姓疆域额登喀喇（现黑龙江依兰），其人鼻端贯金环，穿鱼皮和兽皮，陆行乘舟，舟行冰上，驾犬，称为使犬国，亦称为鱼皮部。

著名萨满文化学者黄任远先生在他的著作《赫哲那乃阿伊努原始宗教研究》一书里写道：赫哲族在清朝初期分属于虎尔哈部、窝集部（或称渥集

1809年鱼皮部人生活情景

达斡尔族郭博勒塔温浅家族续谱立碑

部)、瓦尔喀部、使犬部、萨哈连部的一部分。赫哲族在春秋两季举行萨满祭祀时，有大型的跳鹿神舞蹈。届时，萨满领，众人和，方圆几十里，逢村舞唱，声势浩荡。

一首赫哲族传唱的驾令阔(民歌)记录了他们的社会生活：

顶着烟儿泡，我们乘坐五狗托拉乞(雪橇)，去过依兰哈拉(现黑龙江依兰县)，七条狗拖着威呼(船)，逆水拉着纤绳，我们采到了雅格达(野果)，在深山老林里，和山中的野兽搏斗，猎犬是我们得力助手。在密林里驻营，在篝火旁打小宿，猎犬是我们忠诚朋友。赫哲人和猎犬，世世代代形影不离，朝夕相伴。赫哲人和猎犬，狩猎捕鱼的故事，辈辈相传……

尔后，因雅克萨战役，沿黑龙江的达虎儿部(现达斡尔族)族众编入满洲八旗，所以，在现黑龙江满洲氏族里，亦传承自己族里的先人有赫哲人、达斡尔人。

使鹿部后来怎样了？

使鹿部后来成为清代黑龙江的索伦部、内蒙古东北部呼伦贝尔境内的索伦别部。据清史稿太宗本纪载：崇德二年(1637年)(十二月)是岁，黑龙江索伦部博穆博果尔来朝。

康熙二十四年(1685年)，500名鄂伦春依彻(新)满洲八旗兵，来到被称为呼玛尔的白银那一带，与满洲八旗、汉军八旗的将士们一起，在保卫建设东北边疆的社会历史中发挥了重要作用。

在鹿产仔的季节里，鄂伦春族人要举行萨满祭祀，在祭祀中，一首古老的萨满神歌和着萨满跳的神舞，表现了经过千难万苦，寻找到阿布卡赫赫，请她赐予神力，赐予驯鹿和野牲口生命之魂的过程：

我是英俊的青年猎手，背起我的弓箭去狩猎，如你走在路上见到一片的丘陵，是我的后脊梁，如你走在森林中的白桦林，是我的胸脯。我是出色的猎手，我吹响了乌力安(鹿笛)，所有的鹿都在我跟前集合……

鄂伦春人萨满在为族人寻找走失的驯鹿时，身挎驯鹿的头，模仿赶回驯鹿的动作唱颂着：

奥诺，奥诺日、嘘、嘘、嘘，快腿的姑娘出去找驯鹿，到水泡、山坳里去寻找，到河边、山脚下去寻找，祈求九男九女神灵，帮助我们找回驯鹿，奥诺，奥诺日、嘘、嘘、嘘……

鄂温克族女学者卡丽娜在《驯鹿鄂温克人文化研究》一书中写道：

在文化人类学的研究中，驯鹿鄂温克人古老的文化时代为"铜石并用的文化时代"。据史料记载，贝加尔哈东北部尼布楚河上游温多山林苔原高地和黑龙江上游的石勒喀河一带的古老山林，是我国通古斯使鹿部鄂温克人祖先的世居之地。

有一段鄂温克萨满世代相传的神歌记录了鄂温克人的迁徙历史：我们是从锡霍特山之阴，顺着乌苏里江而下的，我们在乌苏里江有根源，锡霍特山有家园，阿穆尔有营地，萨哈连有分支。

鄂温克有一首优美的民歌——小驯鹿，表达了他们对于美好生活的期盼：漫长的冬天，搬来搬去很苦。眷恋是森林，向往是美好生活，迎来了春天，小河融化流淌。可爱的小驯鹿，乖巧充满希望。

鄂伦春萨满　　　　　　鄂温克萨满

17世纪前期，生活在精奇里江、石勒喀河流域的鄂温克人，与女真各部一起归附后金。清康熙二十八年(1689年)，清政府与俄罗斯签订《中俄尼布楚条约》后，鄂温克人离开了原先祖居的地区，迁徙到黑龙江以南的大兴安岭、嫩江流域各支流地区。至雍正年，为北方领土安全，清政府将鄂温克、达斡尔、鄂伦春族骁勇善战的三千余兵丁，编入满洲八旗，前往呼伦贝尔，成为防御沙俄入侵，驻守呼伦贝尔地区戍边的主要军事力量。时满洲八旗妇女唱着《八角鼓咚咚咚》，送别亲人出征：八角鼓，咚咚咚，我的爱根去出征，八面旗，彩色新，我的爱根粗骨轮敦。粗骨轮敦有力气，骑上大马奔正西，奔正西，打罗刹，打败罗刹快回家，快回家，好团圆，恩恩爱爱过百年。

有一首民歌，至今在呼伦贝尔草原上流传：雍正十年(1732年)五月中，索伦骁勇天下闻。兵丁三千人马壮，移驻北疆守国门。戍边驻屯防沙俄，守边御敌巡"卡伦"。索伦八旗举旗旌，"罗刹"对岸不敢侵。索伦将士对敌恨，爱国壮举皇谕赞。保家卫国立功勋，光辉业绩世代颂。

四、神鹿之歌——八旗家谱中的北方民族融合史

在人类行走的路上，氏族与部落你中有我，我中有你，女真各部也是如此，一首女真原始部落共同拥有的族源神歌，由满族乌扎喇氏萨满世代相传，并由萨满文化学者富育光搜集在他的《萨满论》里记录传承，这首历经岁月雨雪冰霜而保留下来的神歌，深情地把族源、居住地、氏族社会生活的史实传承给子孙后代：夫勒赫，夫勒赫，一棵树上的根须。吉哩赫，吉哩赫，一个角上的枝杈，特巴赫，特巴赫，一个胎胞的儿女，诺诺赫，诺诺赫，萨哈连鱼卧砬子，乌扎喇开世祖乡。庹声申号，岩图明帜，荒古无号，焉可兴疆，五世女祖，以鱼为姓。革布吴查，永世勿忘。穿地穴眠，罐袍鱼裳。长冬猎射，短夏围鱼。子孙衍衍，福寿绵长。

族源神歌是什么时候诞生的？岁月的风云飘散，我们已经无从去探究详细，但是，我们可以从一张满族说部上的东北亚文化地图上去寻找：

锡霍特山脉位于现俄罗斯远东地方。又称老爷岭，内兴安岭。西与中国黑龙江、吉林省接壤，南与朝鲜罗先直辖市接壤，北与哈巴罗夫斯克边疆区相连，东隔着东海与日本远远相望。西南部是乌苏里斯克平原和布利哈卡伊斯克平原。主要河流为乌苏里江，最大湖泊为兴凯湖。

东海岸锡霍特山远眺　　　　　　　锡霍特山最高峰

德烟古洞

这一带也正是女真原始氏族迁徙的居住地。一部部满族说部将久远的人类初年文明之光承载并传承。21世纪，乌布西奔妈妈命人刻着神秘符号文字的德烟古洞，已在信息高速公路上现身，万年前的族源神歌也在电波声中吟唱，那是女真原始部落的故事——

古代，乌布西奔妈妈派出的船队从东海出发，越过火山、冰海，走向鄂霍次克海，前往北美、北欧；从此，印第安人的火把照亮海岛，马蹄腾飞跨入新的领地；15世纪，当欧洲的船队出现在世界各处的海洋上时，历史的岁月进入后航海时代时，人类的又一次大迁徙开始，东北亚地区的女真部落继肃慎族系的东海窝集国、勿集部、挹娄部后三度在东北亚崛起，以1000多年时间，统一女真，建立满洲，入主中原，完成了人类社会历史上的又一次文化与政治、军事的大迁徙，彻底结束了中国社会南北方之间的分分合合，尔后，开疆拓土，建立了多民族、大一统的大清王朝。这段历史化为文字载入清代历史档案。而在民间，它也是那样的厚重和丰实。从黑龙江瑷珲镶蓝旗二佐佛蒙古乌力哈拉（吴氏）族谱序里，我们可以看到北方民族融合的历史：

夫吾族远祖，东胡、室韦、先世之部；鲜卑、契丹，旁枝所属。兴安林海，必祖庭之所居；蒙古荒原，任祖龙之所驰。元太祖兴于漠北，挥鞭欧亚，吾祖侧身左翼铁骑；清太祖起于辽东，横戈关外，吾祖归之蒙古八旗。清之初年，俄人袭远，掠边民，侵疆土。康熙年，吾祖一世公讳穆钦、玛沙兄弟，奉旨北调，筑瑷珲城，屯垦永戍，落籍江东布丁屯。兄穆钦无出，弟玛沙生子三，遂为吾族三支之始也。累世渔猎稼穑，齐家治业；历代披甲执锐，巡边守疆。生齿日繁，子孙益盛。

俄人虎狼，清室衰微，北疆不宁，生灵涂炭。于国前有庚申裂土之灾，继以庚子入侵之祸；于族前有垦地纳税之争，继以捣毁酒铺之殃。及至庚子七月，兵戎再加，屠民夺地。我族人或遭屠戮，魂魄无依；或弃故园，辗转流离。江东不能再得，空望逝水长泣。无奈寓居沿江五道沟、黄旗营子、红旗营子、外三道沟等各屯，于今近百年矣。期间政权跌宕，语言交替，取原首音，译作吴氏。吾族虽经颠沛之困，更坚顽强之志。亦工亦商，或学或仕，多有所成。近年适逢盛世，家业益隆，人丁旺矣。

蒙古乌力哈拉祖先神偶

民国七年编修的族谱

续修族谱大会合影

国盛编志，族旺修谱。由今日逆而溯之，原其本出自一脉。自始祖顺而推之，其流十有八世。修订十二至廿一世行字为：富锦善洪常，秀荣兴永广。父兄宗族俨在庭帏，长幼尊卑秩然不紊。咸集一本之谊，共敦九族之亲，上敬祖宗，下收族人。后世子孙续修家谱，寻根乃知历史之嬗变，溯源方晓祖宗之维艰。然后通力共谋、循道而行，踵继先贤、扬我家风，则吾族继续兴旺可待。

〔瑷珲镶蓝旗二佐佛蒙古乌力哈拉（吴氏）族谱和照片由吴忠提供〕

五、乌扎喇哈拉的神鹿崇拜

乌扎喇满族古姓氏。是鹿崇拜传承的氏族之一。该氏族以地为姓，居黑龙江下游乌扎喇、虎尔哈(现俄罗斯境内)、萨哈尔察(现嫩江)、乌喇(吉林)。《八旗满洲氏族通谱》卷三十载为兀扎喇，亦有汉字译音为乌(吴)扎喇。

清初，乌扎喇氏各部来归努尔哈赤，其中吉林乌扎喇氏编入正白、镶白两旗。族人福兰任正白旗佐领。萨哈尔察(现嫩江)乌扎喇氏编入镶黄、镶白两旗。族人穆穆理德特赫任镶黄旗佐领。虎尔哈(现黑河以北)乌扎喇氏编入正黄、正红两旗。族人色赫任正红旗佐领。清代乌雅氏护军参领武威之女嫁与康熙帝，封为孝恭仁皇后。辛亥革命后，乌扎喇氏、乌雅

孝恭仁皇后

氏、乌苏氏、乌尔胡济氏、乌裕氏、乌雅拉氏、伊尔库勒氏、乌库里氏、武佳氏，以及加入满族的乌礼苏氏(达斡尔族)等氏族多冠姓为乌、吴。

以上姓氏里近代著名人士有(部分)：吴克仁，国民党爱国将领，淞沪抗战中以身殉国。吴贵芳，上海史志研究专家，著有《古代上海述略》《淞故漫谈》等书，并主编《上海风物志》。吴鉴泉，吴式太极拳创始人。吴翼翚，六合八法拳宗师，民国中央国术馆教务长、编纂委员会主任，上海市文史馆员。吴执中，杰出医学教育家，我国职业医学的奠基人。其家族吴咸中、吴振中等多人为中国医界名家。吴英恺，中科院院士，中国胸心血管外科学、流行病学的奠基人。乌钺，前台湾空军总司令，台中华航空公司董事长。吴季松，瑞典皇家工程科学院外籍院士，北京航空航天大学经济管理学院院长，国际科技工业园协会顾问委员会亚洲唯一的委员。吴振海，中科院遗传研究所，中科院生物专家组研究员，教授。乌廷玉，中国当代著名历史学家。吴文夫，著名企业家，大连市中美交流协会副会长。吴素秋，著名京剧表演艺术家。武韬，当代外交家，任驻俄罗斯联邦特命全权大使时，参与完成了北京申办2008年奥运会任务。吴建勋，中国人民武装警察学院副院

长。吴兑,广州热带海洋气象研究所环境气象中心主任、首席专家。吴士宏,曾任TCL集团常务董事、副总裁,被亚洲《商业周刊》列为"亚洲风云人物"。吴昕阳,辽宁民族出版社副社长,主编出版多部满族古籍及现代大型丛书。吴正格,国家特一级厨师,沈阳满汉全席餐饮有限公司总经理。吴洪兴,著名导演,影视戏剧演员。其导演的《百合花开》获第七届洛杉矶国际电影节最佳外语片奖,自编自导自演的情景剧《我为祖国献石油》获全国金奖。吴京,著名武术运动员、武打影视明星。吴彤:著名音乐人、歌手。吴钢芳,马圈知名人、马友联盟创始人。吴榕美,上海市群众艺术馆活动部主任。吴跃峰:中华人民共和国濒危物种科学委员会专家库成员。吴星朋,中国著名时尚造型师,获得cctv国际造型师电视大赛冠军。吴康,画家,参加众多美展及各项大赛并有多幅作品获奖。吴震启,诗书名家,诗歌创作累至三千余首,现已整理成《新世纪黑白丛书——吴震启诗歌系列》24卷。武秀君,以7年时间诚信为丈夫还清270万元债务,被选为全国人大代表,全国道德模范人物。吴世仓、吴炳政:宁安满洲吴苏氏萨满,黑龙江省牡丹江市首席大萨满。吴世刚,黑龙江省宁安市满洲吴苏氏萨满。

| 吴克仁 |  吴英恺 |  乌 钺 |  吴鉴泉 |

| 吴咸中 |  吴季松 |  吴震启 |  吴昕阳 |

吴洪兴 　　　　吴 京 　　　　吴 彤 　　　　吴钢芳

六、宁安吴苏哈拉苏克都哩家族萨满祭祀仪式

龙兴之年阖族祭祖 　　　　　　挂起草把祭祀开始

以满族礼节迎接族人 　　　　　祭祀神坛亮出祖先神物

竖起祭天索伦杆　　　　　　　　老萨满吴世仓祭天神

萨满跪请家谱　　　　　　　　女萨满唱诵敬祖神歌

族人虔诚祭天　　　　　　　　还原先人渔猎时烧烤兽肉

族众仿先祖狩猎分食小肉饭　　阖族跪拜神树

（照片资料提供：吴秀波）

第二节　多龙格格（弓箭女神）崇拜

弓箭是古代满族先民狩猎生涯中必不可少的武器和工具。

弓箭，满语为牛录。古代，满洲先民们在森林里行围狩猎时，以牛录为最早的狩猎组织命名，以"毒箭围""陷阱围""天火围"等原始的生产方式，组织渔猎生产劳动。

一、弓箭女神崇拜的化身——多龙格格

满族先民在虎成群、狼成帮、狗熊随处可见的东北亚原始森林里繁衍生息，弓箭是猎取野兽的武器，也是防身的宝贝，看一个穆昆是否能够发达兴旺，就要看他们的箭做得好不好，族众射箭的武艺精不精。因此，对于弓箭的崇拜油然而生。

满洲弓箭女神崇拜的文化由尼玛察哈拉传承至今：

尼玛察哈拉属于东海窝集国，这个地方住的人，都是满族先民。

满族弓箭女神

那时候，野兽多，飞禽也大，人们害怕野兽，都像鸟一样把房子搭在树上。大房子利用四棵或六棵邻近的大树做架子，搭起连二或连三的房子，叫连桥。也有的在一棵大树上搭个小屋，叫马架子。那时候，管理着穆昆的人叫穆昆达，还都是赫赫担这个重任。

很久以前，尼玛察哈拉的穆昆达是一个年轻的格格，她长得跟小阿哥似的，行事大方，长像虎势。别看她年岁不大，要论起骑马射箭、狩猎捕鱼，那是样样好又精通，全穆昆没人能比得上她。人们叫她为多龙格格。

有一年，从海边飞来一群黑大鹏，这些大鹏铁爪钢嘴，力大无穷，两只眼睛能

冒出火苗，射出有几丈远。两翅一扇，飞沙走石，谁也近不了它的身边。不管人和动物，它一口就能给吞了。多硬的弓、多厉害的箭也射不死，真是一群耶鲁里。

这些黑大鹏飞到尼玛察地方以后，占了人们树上的房子，生吃活人、生吞野兽，把一个好端端的大森林祸害得鸟兽绝迹、百草不生。多龙格格率领着众人和黑大鹏斗了一阵，死了好些人，也没能战胜那黑大鹏，只好躲进山洞里。他们白天不敢出来，只有在晚上趁黑大鹏睡觉的时候，才悄悄地出来找点东西吃，眼看日子都快没法过了。

多龙格格愁坏了，想什么办法能除掉这害人的黑大鹏呢？穆昆里有一位名叫都隆阿的玛发告诉多龙格格："听说在东海窝集，有一个年轻的巴图鲁阿哥叫阿布泰，他呀，身高力大专射大鹏，他使的弓二十个人合伙也拉不开，射出的猎箭能把石头射穿，去求他来，或许能帮帮咱们。"

多龙格格赶忙背上雉尾荆弓，带上鹰翎箭，向东海窝集走去。白天，黑大鹏鸟满天飞，她只好夜里赶路。走啊，走啊，她终于到了东海窝集。一打听，这里的神箭手名叫阿布泰。多龙格格顾不得休息，赶快就去到桦树林，把黑大鹏祸害他们那的事，一五一十地告诉了阿布泰，盼着他去帮他们。

阿布泰是个火性子人，一听黑大鹏这么可恶，立马带上最硬的弓、最强的箭，和多龙格格连夜向尼玛察赶去。到了尼玛察一看，这些黑大鹏抢占人们的树屋，发出来嘎嘎的叫声，吃着抓来的人和兽。阿布泰立刻搭上箭，拉开弓嗖地一箭射出去，正射在黑大鹏身上。可这箭要是射在平常禽兽身上，不管它多大多猛，管保粉身碎骨。可射在这些黑大鹏身上就不行了，只见它抖一抖翎毛，一点也没咋的。阿布泰连射三箭，黑大鹏抖了三次毛，射九箭，黑大鹏抖了九次毛，还是照样飞叫。

阿布泰拿出开山箭射了出去，这箭一射出去，"呼呼"地带着风声，窝集里的树被震得乱颤。可是，黑大鹏只是掉了几根翎毛，还是没射死。这时，被激怒了的黑大鹏纷纷飞起，大翅膀一扇，扑向阿布泰和多龙格格，眼看就要抓住他们了！多亏阿布泰腿快力大，他拉着多龙格格就向东海边退去。他们俩紧跑，黑大鹏紧追，一直追到东海。一看这地方比尼玛察还好，人多野兽肥，就落在这窝集里不走了。黑大鹏把尼玛察的灾难又带给了东海窝集。

这事急坏了多龙格格，也气坏了阿布泰，为了消灭黑大鹏，他从石砬子里找来黑宝石磨成利箭，从西窝集找来老红松制成箭杆，从北乌拉砍来万年柳制成强弓，

第六章 萨满女神与祖神崇拜

229

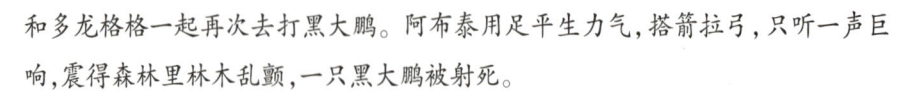

和多龙格格一起再次去打黑大鹏。阿布泰用足平生力气，搭箭拉弓，只听一声巨响，震得森林里林木乱颤，一只黑大鹏被射死。

阿布泰又接着连射三箭射死三只黑大鹏。连射九箭，九只黑大鹏鸟粉身碎骨。正在这时，几百只黑大鹏铺天盖地向阿布泰扑来。阿布泰毫不胆怯继续拉弓射箭，又射死十八只黑大鹏。他也累得拉不开弓站不起来了。剩下的黑大鹏趁机向阿布泰俯冲过来，叼食他的血和肉。好虎也架不住一群狼啊！巴图鲁阿布泰为了解救尼玛察和东海窝集的人，献出了年轻的生命！

多龙格格哭得死去活来，她看着阿布泰的尸体，看着山川大地，看着噶栅里的族人，咬了咬牙，跺跺脚，发誓说："我要去找有本事的人，学了本事，我要为阿布泰报仇，为尼玛察和东海窝集除害。"

她向东南方向走去。她要回尼玛察去，找老玛发打听，看什么地方有人能制得了这些可恶的黑大鹏。正往前走的时候，忽听树上有"呱、呱"的叫声，抬头一看，是一只小乌鸦向她叫着。

说起来也怪，看到多龙格格看着它，它就说起了人说的话：东飞飞，西飞飞，不如翻翻乱石堆。南看看，北看看，不如喝口泉水变一变。走十里，走百里，不如长翅飞千里。找一千，找一万，不如到长白山学神猎箭。小乌鸦说完，一展翅膀飞走了。多龙格格想不明白小乌鸦的话，回到尼玛察，她找到都隆阿老玛发，把小乌鸦的话学了一遍，老玛发想了一会说："我小的时候听额姆说过乱石堆的故事。"

"真的？"多龙格格惊喜万分，"那小乌鸦说的是真事啊！"

"是真的。"老玛发说："咱们的先祖住在长白山地方，长白山神主是阿布卡恩都哩派来保护咱们先祖的。他教咱们做弓做箭，打渔狩猎，可咱们的先祖不满意，他们看见鸟在天上飞，自由快活，再高的山挡不住，再宽的江河挡不住。翅膀一展，就能飞千万里。为这事，他们就求长白山神主赐给人两只翅膀。长白山神主答应了人们的请求，请阿布卡赫赫派她的侍女古尔苢赫赫——乌鸦女神领着人们向尼玛察走去。到了尼玛察，找到一眼清泉，阿哥们喝了清泉水，长出又漂亮又大的翅膀来。从此，阿哥可以随便在天上飞，上了岁数的人却怎么喝也长不出翅膀。"这一来，坏了！阿哥们只顾飞来飞去地玩，越飞越野，啥也不干。玛发和讷讷阿姆们，半夜半夜地忙着行围打猎，累得腰酸腿痛，精疲力尽，他们告诉长白山神主："看看这群阿哥吧，他们忘了行围打猎，成天结队成帮地就知道在天上飞,他们忘了阿玛和额姆了。'长白山神知道后很生气,他来到尼玛察这地方,把阿哥们的翅膀通通收回来,变成一堆堆大石头,紧紧盖住清泉,从此,人就再也不能长翅膀高飞了。"

多龙格格听完老玛发讲的故事,下决心要和老玛发一起找到清泉水,飞到长白山。学好神箭,消灭黑大鹏。可是,尼玛察地方山多、窝集密、石头堆又多,到哪地方找有清泉的石堆呢?

把这事跟穆昆里的族人一说,可把穆昆的人高兴透了,能长一双翅膀飞到天上去,谁不想啊。都争先恐后地帮着在一堆一堆石头堆里翻找。翻开一堆石头一看,哪有什么清泉,都是些污泥乱草;又翻开一堆石头一看,只有蚂蚁窝、耗子洞。再翻一堆石头一看,全是浑水又黑又臭;还不死心,再翻开一堆石头一看,大大小小的蛇地上盘。就这么一堆一堆地翻,一堆一堆地找,累得人们直不起腰,抬不起腿。他们背地里说:"哪有这奇怪的好事,不会有长翅膀的清泉。"于是,一个一个地都走了。

多龙格格和都隆阿老玛发俩人不灰心没泄气,还是一堆堆地找,一堆堆地翻。翻啊,找啊,累得多龙格格躺在地上起不来,累得都隆阿老玛发只有一口微弱的气了。可是,他们挣扎着又爬到一堆石头前的时候,看到这堆石头又多又大又尖又滑,两人喘口气连搬带拽,终于好不容易搬开了石堆,往下一看,有一块青山板,又听到青山板下有泉水流动的声音,使劲搬开青山板,一眼清湛湛的泉水,像一粒明珠似地闪在眼前,透心清香!

多龙格格忙不迭地先请老玛发喝,可是老玛发已经累得不行了,他躺在泉水边上,微声地说:"赛音多龙,我不行了,你快喝清泉水,长出翅膀来,飞到长白山,学好射神箭,给咱们东海窝集、尼玛察除害报仇。"就这样,老玛发在清泉的边上闭上了眼睛。

多龙格格哭啊,哭成了泪人,哭到月亮偏西了,天也快亮了,她挣扎着爬到泉水边,喝一口清泉水,顿时精神百倍;喝两口清泉水心眼透亮;喝三口清泉水似火烧身。又咬着牙继续喝,她喝到第九口时,身上真的长出两只又漂亮又大的翅膀来,她轻轻地一展翅膀,就飞了起来。穆昆的人一听说找到清泉水啦,都争先恐后地向清泉跑来,忽然西北刮起大风,顿时雷雨交加,等大雨过后,再看出泉水的地方长出来一座美丽的小山,紧紧地压在泉水上,老玛发就永远睡在这里了。多龙

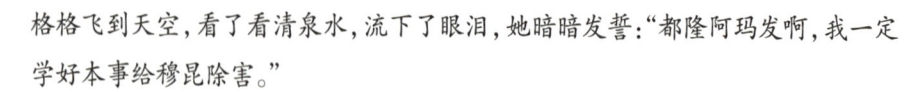

格格飞到天空,看了看清泉水,流下了眼泪,她暗暗发誓:"都隆阿玛发啊,我一定学好本事给穆昆除害。"

说完,多龙格格向东南方向飞去,她不舍得噶栅啊,又飞到尼玛察上空,就在这时,小乌鸦又从远方飞来说:赛音多龙,不要舍不得你的噶栅。让翅膀带着你,飞到长白山上。何必躲在山洞里,唉声叹气。快去吧,多龙格格!学一身射箭的好本事,给穆昆人除害报仇。不辜负都隆阿玛发的心意。跟我飞,飞向长白山!好救出穆昆脱离黑大鹏的灾难。多龙格格一听,立刻打起精神,展开双翅,和小乌鸦向长白山飞去。她恳求长白山神教她练神猎箭。长白山神看她是要学好本事为穆昆除害,答应了她的请求,就把射神箭的方法传授给她:

学神猎箭要练臂,两臂一张力千斤。

学神猎箭要练眼,金针刺目不眨眼。

学神猎箭要练腿,两脚一站稳如山。

学神猎箭要练步,四平八稳走如风。

学神猎箭要练神,稳中求快意不移。

多龙格格苦学苦练,终于练成了一身射箭的好本事。果勒敏珊延阿林额真把她叫到身边,送给她一把镇山天弓,九支射鹏神箭,告诉她:射出一支箭能变百支箭,能箭箭射中黑大鹏的眼。射出八支箭把黑大鹏鸟全射完,留下的一支箭传给人间。

多龙格格飞回到尼玛察和东海窝集,她搭上箭,拉满弓,只听一声巨雷,神箭朝着黑大鹏射了出去,她紧接着一连射了八支,这八支箭变成了八百支神箭,把那群黑大鹏通通射死落地。从此,东海窝集里再也没有黑大鹏祸害人的事了。多龙格格嘱咐人们:"要想能好好地过日子,就要祖祖辈辈好好地练箭。"说完把最后的一支神箭留给穆昆的人,向果勒敏珊延阿林飞去。

尼玛察和东海窝集的满族哈拉记住了多龙格格的话,祖祖辈辈练习弓箭。每到春天,族众们就聚集在一起,祭天射柳,比赛箭法,所以一直到清朝初年,在满洲哈拉里,尼玛察哈拉射箭最好最神奇。

长白山主封多龙格格为龙妈妈恩都哩。族人们怀念多龙格格,按照她的模样,做了个长着两个翅膀的多龙格格神像。每年秋祭时,先请出她的神像,供在北面的炕桌上,这是因为多龙格格在北方啊。摆上糕、糜儿酒、野鸡一对,烧年息香,供上弓和箭。然后由专门侍侯这位神的萨满戴神帽、穿神衣、扎腰铃、敲萨满鼓、诵神词、跳神舞做飞翔的动作,表示多龙格格已附身。这时,全族人都跪在地上,不许抬头,一直到祭完才站起来,气氛隆重而肃穆。

二、弓箭——记述古代满洲先民的社会生活状态

弓箭也伴随着满洲先民在人类历史上的进步而进步。据记载,在母系社会的石器时代,满洲先民使用的弓箭是长"尺有咫","箭长尺2寸,以石为镞"。这时的先民已会将植物的药性运用到弓箭上,如在氏族萨满祭祀的伏兽神判中,使用迷醉野兽的"醉烟""醉药"。有的氏族还将毒药天南毒草根奉为祭祀神偶。这种毒草根为剧毒,服食会出现恶心、呕吐、抽搐、致死。在《后汉书·东夷传·挹娄传》载:"古肃慎之国,在夫余东北千余里……弓长四尺,力如弩,矢用楛,长一尺八寸,青石为镞,镞皆施毒,中人便死……"

古代满洲先民的弓箭崇拜还贯穿于族群的思想意识形态之中,就如萨满文化平等普世一般,满洲先民各穆昆没有世袭的领袖,穆昆达是在萨满祭祀中的火祭、柳祭中的斗兽神判和射箭比武中诞生。日后,完颜阿骨打建立的金代猛安谋克制、努尔哈赤建立的大金国八王议政制,八旗部队的编制由牛录开始等一系列为大清王朝奠基的国家管理体制,都来自萨满文化中的思想根基。

满族是个崇拜英雄、尚武的民族。弓箭是满洲巴图鲁手中最为明显的标志物。就是帝王后妃,也因康熙皇帝"改革开放"而引进的西洋画家,得以手持弓箭、跃马奔驰的英姿而留下了传世的画像。鸦片战争以前,在中南海紫光阁里,有280多张巴图鲁画像,其中大多手持弓箭,身佩箭袋,然而,在八国联军的烧杀抢掠里,仅留下几十张,还大多在国外的博物馆里,让人痛惜!

弓箭崇拜还在满族传统的风俗习惯里占有重要的地位。以满族原始萨满文化中自然有神、万物有灵的理念,箭是神圣之物,在满族传统的婚礼上,新郎阿哥要张弓射出吉祥的三支柳箭:

第一支箭射向天空,告知阿布卡恩都哩赫赫;

第二支箭射向大地,告知巴那姆赫赫,从此我将成为顶天立地的阿哥;

第三支箭射向心爱的格格,那是阿哥的心里话:我把我的一生交给你,从此,

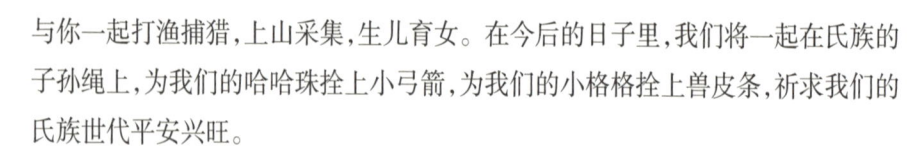

与你一起打渔捕猎，上山采集，生儿育女。在今后的日子里，我们将一起在氏族的子孙绳上，为我们的哈哈珠拴上小弓箭，为我们的小格格拴上兽皮条，祈求我们的氏族世代平安兴旺。

至今，这种满族风俗仍在满族聚居地的婚礼上演绎着。

三、弓箭——友好邦交、民族和睦的礼物

茫茫的东北亚森林，人烟稀少，野兽比人多，为此，常有多个穆昆联合起来打围狩猎。在这个部落与部落之间的联盟里，弓箭是最重要的信物。会面赠箭、插箭结盟、插箭分份、友好、敌视等意愿的表达，都在满族先民的符号文字和萨满祭祀仪式里鲜活地存在。

弓箭还是满族先民对外友好邦交的礼物。在由汉字书写的《竹书纪年》记载：帝舜二十五年，息（肃）慎来朝献弓矢。后来，弓箭称为"肃慎氏矢"，如史记里《史记》卷四十七孔子世家载：定公十三年（公元前496年）仲尼在陈（今河南境内），有隼集于陈侯之庭而死，楛矢贯之，石砮其长尺有咫，陈惠公使人以隼如仲尼之馆问之。仲尼曰："隼之来远矣，此肃慎氏矢也。"

这一支落在中原的"肃慎氏矢"，成为南北方文化交往的媒介，并在后来的岁月里称为"楛矢石砮"。民国36年，宁安县知事王世选先生编撰的《宁安县志》卷四载：黑水靺鞨居肃慎地，其矢石镞长二寸，尽楛砮遗法。石砮名水花石，坚利入铁，可锉矢镞，土人取之，必先祈神。居人多得以虎尔哈河（牡丹江），相传肃慎人以此为之，好事者藏之家中，非斗粟不易。做弓的楛木，名雉尾荆，色赤中为矢，世传肃慎氏楛矢即此。1963年，在黑龙江宁安的莺歌岭上，历经几千年原始社会的"楛矢石砮"得以挖掘出土。出土的石镞，有三角形、柳叶形，还有长形的，其样式有五种之多。

莺歌岭上在镜泊湖西南角，出土的"楛矢石砮"还记载了宁古塔的历史，也使人们常会联想到许多清宫戏里的一句话："着尔等发配宁古塔。钦此。"这里是清代的流放之地。宁古塔现为黑龙江省宁安市。清王朝定都北京14年后，宁安成为清王朝流放钦犯之地。从顺治十五

女真先民的石镞

年（1658年）起，陆续被发配到这片寒苦之地的，有安徽桐城人方拱乾、河南人张缙彦、江苏吴江人吴兆骞、浙江山阴人杨越等人。他们携妻率子生活在宁古塔这块土地上，他们著书立说，设馆授教，帮助土著满人根据本地资源进行参貂贸易，还教授南方（绍兴）的烹饪技艺。他们还与当地八旗部队一起参战，抵抗外侵，保卫祖国的边疆。在与土著满人和睦相处的日子里，他们将汉文化传播到被称为"穆陵西东，肃慎故墟"的这块边莽之地，写下了所见所闻的《绝域记略》《宁古塔记略》《柳边记略》等书籍，为满族人、为北方民族、为中华民族的多元历史文化，留下了宝贵的精神财富。

在宁古塔，土著满人与江南农耕生活完全不同的生活方式，让吴兆骞妙笔生花，他以一首首文笔秀美的诗词，记录了他与满洲土著居民的深厚友情。如《校猎即事》《送阿佐领奉使黑斤》等。一首《赠少年》，灵动地写出了一个满洲阿哥打围狩猎时的形象：十八海东儿，容华皎白雪。结束紫貂衣，翩翩事游猎。豪鹰脱绿鞲，生马嘶红鬣。毡鞭五石弓，金𫐓两重申。秋草山头猎火烧，合围飞骑北风骄。少年独得嫖姚顾，笑傍金鞍共射鵰。

康熙二十年（1681年），吴兆骞客居宁古塔已二十二年，在大学士明珠和纳兰性德的帮助下，以一篇长白山序打动了康熙帝，获准返回江苏吴江。返乡时，其子吴桭臣将土著满人赠送的石砮"予父携归，示诸亲友"。（宁古塔记略）

吴兆骞离开宁古塔时，宁古塔将军巴海派拨驭车两辆、驮马两匹及饮食供其使用，并派拨什库一人、旗兵八人护送。得知吴兆骞要返回故乡，土著满人纷纷前来相送，人们依依不舍地将他送至依兰岗，痛哭而别。亲朋好友和他的学生又再送至沙岭，聚谈到黎明方才分手上路。此去关山千万里，相见梦里白云间！一路上，吴兆骞痛哭不止，与满洲乡民那情义深重的友情，让他禁不住又扬鞭策马追回20里，再聚片时才重又踏上归乡之路。回到家乡后，因已不习惯南方的生活，吴兆骞再度北上。三年后，吴兆骞在京病重，病中，他常常恋恋不舍地叙念着宁古塔土著满人淳朴的民风、镜泊湖的红翅鲤、

吴兆骞

山林里的蘑菇和山珍，那情那景，正如他早年间在一首自穆（牡）丹还城的诗里所写的：秋深城关还悲角，老去关山只敝裘。日暮登台瞻大漠，黑松草黄不胜愁。吴兆骞病逝后，他在宁古塔出生的儿子吴振臣扶柩南归，将其安葬在今江苏吴县尧峰山薛家湾，并将其遗留下的书稿整理编撰成为著名的《秋笳集》。

四、弓箭文化的现代传承与发展

热兵器时代的来临，清王朝于光绪三十二年（1906年），建立了新型的国家军事体系，封建社会制度终结，兵部变身为陆军部、海军部。弓箭从射杀的功能而变身为竞技、娱乐的活动。满洲八旗部队的射箭比武成为传统的射箭娱乐活动设施。在北京香山曾是八旗健锐营的所在地，现建立了设有射箭场的香山团城演武场。

满族传统射箭还成为满族青年既学习满族文化，又是都市休闲的生活方式，著名影视剧演员佟骏对满族传统文化情有独钟，他建立了骏贝勒工作室，手工生产山羊皮大号清弓、桦树皮大号清弓、黑色猪皮大号清弓、虎皮纹绸大号清弓、皮雕扳指、箭台护指、皮雕护臂、狩猎箭头、满族传统骑射撒袋等，与爱好者建立满族传统弓箭队，开设了QQ群，进行满文学习和射箭活动，他们如当年的先辈那样，拉弓射箭，一展英姿。在满族聚居地的满族风情园、农家乐里，也大多设有射箭场，各兄弟民族同胞常到这里来举行传统的射箭活动，欢度节日。

满洲先民制作弓箭的技艺也流传了下来，由满洲尼玛察氏后裔杨福喜先生、锡伯族的伊拉里氏后裔伊春光先生传承的制箭工艺分别成为国家、新疆省级的非物质遗产传承项目，古老而原始的弓箭故事，在他们的手中，化为一把把长弓，一支支羽箭，装在那

北京满族同胞射箭训练（一）

北京满族同胞射箭训练（二）

印刻着氏族生命密码的箭袋里，走进中央民族大学博物馆和新疆维吾尔自治区博物馆，随着锡力旦中华传统弓箭研究网WWW.CCABA.CN的传播，去到五洲四洋，讲述着满洲后裔古老箭袋里过去和现在的故事。

射箭则成为国家少数民族运动会及国家体育运动会、奥林匹克运动会的体育赛事之一。在同为八旗后裔的达斡尔族、锡伯族里有许多人是我国著名的射箭运动员。如锡伯族的汝光，先后获得国际、国内各种奖牌33枚。再如郭梅珍，先后获得25枚金牌。著名的锡伯族射箭运动员薛海峰还实现了中国男子射箭运动、新疆体育运动在奥运会上奖牌零的突破。

褚库尔·嘉宁

满族后裔也在传统的射箭运动会上崭露头角。2012年11月24日，甘肃省理工大学第一届传统弓射箭比赛拉开帷幕。本次比赛分为学生组、教师组和儿童组，参赛队员中年龄最大的50岁，最小的是目前国际国内已知参加赛事年龄最小的传统弓射箭、

褚海鹰夫妇与女儿的合影

骑射选手——满洲正黄旗后裔，年仅4岁的褚库尔·嘉宁，她以其父亲褚海鹰授以的家传正规满洲射法参加比赛。赛场上，她手持弓箭，淡定从容地引弓放箭，箭箭中矢，在众多观众的欢呼和赞赏声中，获得了第二名的优异成绩，受到中国射箭届泰斗徐开才（世界射箭冠军，原国家队射箭教练）、李淑兰（世界射箭冠军，原国家队射箭教练）夫妇的高度赞扬，欣慰地为其题词两幅：第一幅：开弓看动作，射箭观精神，快乐小射手承载古人技。希望天真可爱的小嘉宁在传统射箭的传承和发展进程中做个小先锋。第二幅：小嘉宁气质不凡，射箭动作优美规范，精神专注，充分体现了传统神箭的魅力，是目前我国传统弓箭界最小射手，想我古老技艺之后继有人，我心甚喜。本次比赛在甘肃电视台、ICN国际电视台予以报道，褚库

尔·嘉宁的名字在网络上盛传。随着媒体对褚库尔·嘉宁继承满族射箭技艺的陆续报道，中央民族大学的老师还特地联系嘉宁，专程前来兰州举办了中华人民共和国成立以来第一次的满语文教学，演绎了一曲21世纪的"国语骑射"之歌。

2014年9月24日，满族传统弓射箭比赛在长春举办。香港文汇报吉林频道记者苏志坚报道：

来自东北各地的三十余名满族射箭爱好者身着满族传统服饰参赛。同我们常见的射箭比赛不同，此次参赛选手不得使用反曲弓、复合弓（滑轮弓），所有参赛选手都身着满族的传统射箭用装——行袍，必须使用清弓、传统式样的"犴达罕"驼鹿角扳指。箭杆必须使用竹、木等天然材料；箭尾必须使用竹、木、角、骨等天然材料；箭羽必须使用天然材料或天然羽毛。不得使用各类碳素箭、铝合金箭等。最终，男子组有六名选手获得了名次与奖项。来自吉林市的阿克敦获得了冠军，来自长春的噶礼巴图获得了亚军，来自哈尔滨的阿济格获得了季军，来自开原的额勒隼位列第四，来自松原的宜里恒位列第五，来自哈尔滨的勇图鲁位列第六。女子组冠军由来自长春的莫林夺得。奖品设置更是别具一格：冠军获得了纯手工清式掏裆子哨箭五支、满文书法作品一幅；其他选手分别获得了三不齐竹箭五支，清式驼鹿角扳指一枚等特色奖品。比赛结束后，大家兴致勃勃地玩起了满族的传统游戏撞拐、拉地弓等。活动全程采用满汉双语主持，现场随处可见的满文条幅，彰显了浓厚的满族文化氛围。满族文化群群主、满族在线网站的版主噶礼巴图介绍说：近些年来，不仅满语教学在全国各大满族聚居城市如火如荼地进行，清代制式武器、享誉盛名的清弓也在弓箭爱好者中重新兴起。作为满族人，能够传承自己民族的文化，自己感到非常快乐与荣幸。

满族传统弓射箭比赛获奖选手合影

五、尼玛察哈拉的弓箭女神崇拜

尼玛察氏为满族古姓，意为打鱼人之意，汉音译亦有尼玛奇、尼麻车、尼忙古，世居黑龙江流域尼玛察地方(今苏联乌苏里斯克境内)。明中期迁至绥芬河流域及今黑龙江东宁以南地方。清初居长白山、绥芬河、宁古塔等地。据《满洲八旗氏族通谱》卷之39载：尼玛察本系地名，因以为姓。尼玛察部始祖本姓益得革里。始祖昂古里、星古力自黑龙江(因洪水)载木主(祖宗匣子)迁于渣鲁居焉。因扈伦人噶扬噶上墨图，姓纳喇氏，遂附其姓，宰七牛祭天，改姓纳喇。至第七世罕旺吉努降服尼玛察部诸部，于尼玛察部河边扈尔奇山(现辉发山)筑城居之，因名而为尼玛察部贝勒。努尔哈赤建大金国，发兵征讨尼玛察部，尼玛察部贝勒拜音达里被杀，尼玛察部亡，族众编入镶红旗。大清国迁都北京后，镶红旗驻守北京阜城门内、北界阜城门大街，南至西长安街，东界今西皇城根，西至城根。

尼玛察氏有传世的弓箭女神说部，有进关后专为制造八旗军队专用弓箭的世家，还有现代国家非物质文化制造弓箭项目的传承人。辛亥革命后，尼玛察部后裔多冠姓为于、鱼、余、杨、张。以上姓氏包括尼玛哈氏、尼玛奇氏等。近代名人有(部分)：张伯苓，中国奥运先驱，教育家，南开大学创始人。于非闇，著名画家、美术教育家，原中国画院院长。于永波，原中国人民解放军总政治部主任。俞智先，著名剧作家，代表作有电视剧《努尔哈赤》《成吉思汗》。于今，中国少数民族文物保护协会副会长。余梓东，中央民族大学科研处长，教授。张晓光，中国第一个少数民族航天员。张嵩龄，原中山舰副电讯官、昆明机场的开创者。张长卿，福建琴江八旗水师营在台同乡联谊会会长，与夫人捐资修建抗法烈士陵园等。张树霖，国际拉曼光谱学大会执委会终身委员、主席。张佐周，著名公路桥梁专家。张福泽，中国工程院院士，飞机结构寿命与可靠性专家。张蓉兰，云南省满族研究会会长，拉祜族文化专家。祖莪，故宫博物院画家。张越，国家博物馆古画研究、修复画家。张彪，上海吉祥餐饮管理有限公司总经理。张兰，俏江南集团公司创始人。张广新，道光廿五集团董事长。2001年被联合国授予文化和平奖。张双凤，著名画家。余巧云，秦腔皇后。张蕴华，著名单弦表演艺术家。于又川，著名军旅演员、书法家、画家。杨福喜，国家非物质文化遗产满族弓箭传承人。杨少华、杨义，著名相声、影视剧演员。杨济源，浙江工大学生，获杭州市见义勇为荣誉称号。张喜燕，女子拳击世界冠军，在世界职业拳王争霸赛上获得过WIBA、WIBC、WBA三条金腰带。杨连慧，2012年WBO洲际拳王、IPBU轻量级世界冠军、WBO中国区最佳拳手、中国拳击历史上第一个拿到韩国拳击协会职业冠军头衔的中国人。张薇丽，南通市少数民族联谊会副会长。

生命·生命

张伯苓	 于非闇	 于永波	 张福泽
 俞智先	 于　今	 余梓东	 张晓光
 祖　莪	 张　越	 张蓉兰	 张薇丽
 张　彪	 张长卿	 于又川	 张双凤

240

六、尼玛察哈拉萨满祭祀

时至今日，居住在黑龙江宁安的尼玛察后裔，萨满祭祀仍在进行。至明末清初，曾经居住在锡霍特山、鄂尔呼里山、乌苏里江右岸、依穆河的东海窝集尼玛察部伊穆哈拉等氏族，再度迁徙长白山居住，其中一支居住朱尔夏河的老桦树林一带。

祭祀神舞

康熙二十一年（1682年），雅克萨战役爆发，康熙皇帝调兵遣将，众多长白山、黑龙江满洲氏族编入依彻（新）满洲各旗，其中尼玛察一支编入镶黄旗，迁往宁古塔兰岗镇、东升村一带驻防，落脚牡丹江畔，在世世代代举行的萨满祭祀里，延续着氏族的故事。

20世纪60年代的一场红色风暴里，氏族的萨满祭祀被打断，埋没于"文化大革命"的血雨腥风之中。直到1986年民族文化复兴，这个氏族的萨满祭祀才重新再现。

2008年12月11日，"伊穆哈拉盅达得，昂邦玛法索啦密（祖先的恩德，后人永远铭记）"的对联高悬，氏族萨满以满语的神词虔诚地请出祖先神偶和神像，掌舵萨满杨学芹率领族众唱起深情的萨满神歌：

雄伟壮丽的长白山，那是圣洁的地方，
富饶辽阔的黑土地，那里有我可爱的家乡。
高高山岩上的青松，那是阿玛、阿哥彪悍威武的英姿，
亭亭玉立的白桦，那是俏丽飒爽的格格们。
呼啸的松涛，是阿玛阿哥战场围场上的呐喊，
寂寞的群山啊，那是无怨无悔孤守家门的额娘。
我们的祖先创造了古老的文明，也铸就了特有的民族精神，
今奉盛世，国泰民安，还要把先人的美德传给，我们的后人。

啊伊嘿……

2009年6月，杨氏家族萨满鹰神祭被评为黑龙江省省级非物质文化遗产。

七、尼玛察哈拉祖先神偶与祖像

虔诚敬请祖先神

神圣祭坛上的鹰母神帽和神偶

吉祥神偶

牛马瞒尼

祖先神画像

背灯祭神偶

（摄影：张伟、张爱云等）

第三节　鄂多玛发（部落迁徙神）崇拜

满族敬崇先祖。因为祖先来自遥远的东北亚之西，所以，满族人居住的房屋里，放置祖宗传世宝物的匣子在西炕、西墙，那里是尊贵的所在，是不能坐的地方。

一、怀念先祖供奉祖物

敬祖是满族重要的风俗习惯。在东北三省，在满族聚居地的满族家庭里，都可以看到这个民俗现象。就是在遥远的广州，这个民俗至今也未走样，当年南下保卫祖国的满洲八旗后裔，也将放着当年先祖从东北老家带来的子孙绳上的小弓箭，或是先祖袍衣的一角、用过的物品等祖物，用红布或黄布袋装着，挂在正厅西墙上，每年春节前夕，全家吃团圆饭时，先向祖宗袋祭拜，表示对先祖的怀念。

广州满族挂在西墙装祖物的福袋

二、永世铭记先祖迁徙路

生活在鄂震次克海（东海）一带的满族先民是从什么时候开始逐渐向南迁徙的？是哪位穆昆达带领族众南迁？在一路南迁的路上经历了怎样的艰难困苦？郭络罗哈拉萨满传承的鄂多玛法故事，以传奇的色彩，讲述了风霜雨雪的南迁历程：

郭络罗哈拉的祖先居住在西北很远很远的地方。那地方一年四季不是刮风就是下雪。那雪可大啦，野牲口掉到雪窝里都会被埋上。人们冬天蹲在地洞子里，穿着兽皮。夏天住在树林子里，搭个撮罗子就算房子。吃的是野牲口肉、野菜、草籽，一点树盐全家要省着吃一个青青。

第六章　萨满女神与祖神崇拜

243

郭络罗哈拉的第一代穆昆达是鄂多玛发,他生下来就跟平常人不一样,有时是女人,有时又是男人。他不但心灵手巧,还力大无穷,敢跟黑熊摔跤,敢同梅花鹿赛跑。他使的硬弓谁也拉不开,他用的石刀谁也抬不动。有一年,在部落举行的神判斗兽比赛里,他擒获好几条大蟒,被族人选为穆昆达。

鄂多当上穆昆达以后,他教族人造弓造箭,捕鱼打猎,和族人一起祭神祭天。但他就是有一个坏毛病,脾气太爆,动不动就发火,不是打人就是骂人。他要是说啥,谁也不敢反驳,必须都得照他的话去办。谁要不按他说的办,轻了抽几鞭子,重了打得浑身是伤。

他想出了晒肉干的方法,心想有了肉干后,行围打猎、过冬就都不用发愁了,吃起来也很香。他就让大家都晒肉干。可是族人不太愿意晒。他把这些人关在大树屋里,不给吃喝,直到这些族人饿得求饶了,答应学着做肉干,他才把族人放了出来。于是,在草黄打秋猎的时候,各家晒得肉干都挂满了撮罗子。那个冬天,雪可大了,野牲口都冻死不老少,但是,因为家家都晒了肉干,才没有人饿死。这时,大家才明白了穆昆达让晒肉干的好处。

女真先民鄂伦春部沿用至20世纪50年代的村落

女真先民冬居半地穴

鄂多虽然想了不少办法,但是,天气寒冷,全族人的日子总是过不好。有一天,他看到从南边飞来一群大雁,领头的落到地上一打滚,变成一个讷讷阿姆,其他的都变成小哈哈珠和小萨尔甘追。讷讷阿姆教哈哈珠子们唱呀、跳呀、飞呀、跑呀。他心想这位讷讷阿姆肯定有大本事,知道得多,鄂多忙一个箭步冲了上去,抱着讷讷阿姆的腰,就行抱腰大礼,鄂多冷不丁地这么一下,把讷讷阿姆吓了一大跳:"小阿哥,你这嘎哈啊?"

"讷讷阿姆,指个方向吧,"鄂多说:"这里太冷了,日子过不好。"

讷讷阿姆轻轻抚摸着他的头顶说:"阿哥啊,那个地方太远了,从这往东南,那有乌托阿林,还有虎尔哈乌拉,可不容易走啊!路远,最快也得六个青青(六年)才能走到那,路太险还得要过六道关。"

鄂多说:"为了族人,再难再苦我也不怕。"

讷讷阿姆说:"我还得往南去,不能帮你啥,送给你一件羽衣吧,穿上它可以飞到天空,山挡不住,河水拦不住。冷天可以给你暖,热天可以给你凉,拆出的羽毛还可以变成衣服,你们穆昆的人穿不了用不尽。"

讷讷阿姆变成大雁,带着一群大雁从鄂多头上飞过,领头的大雁低飞了三次,向他叫了三声向南方飞去。后来,这只大雁因为把羽毛衣送给了窝集里的人,冷天的时候,变成了一只没有羽衣的寒鸟,年年挨冻受罪。郭络罗哈拉祭祀这位讷讷阿姆时,上边总是供着一只没毛的小鸟神偶。

大雁走后,鄂多决定领着族人向东南方向迁徙。他把大家召集在海兰恩都哩——榆树神前面:"我要领你们到虎尔哈去,那地方天暖,林密,河水清甜。大家回去收拾收拾,祭了天咱们就走。"于是,全族人集合在神树下,祭祀了阿布卡恩都哩赫赫、觉昆恩都哩赫赫(指路女神),向东南方向出发了。

走呀,走呀,越走越热,最后简直像靠近火堆一样烤人,烤得人喘不出气来,就连眼睛也不敢大睁。鄂多穿上羽衣,飞到半天空一看,原来前面横着一座冒着浓烟烈火的高山,火苗子蹿出一二百丈高,浓烟滚滚,呛得人没法再往前走。

有的族人埋怨鄂多,说他把族人带到的这个地方是死路,赶快带着族人再往回走吧。听到这话,鄂多心里不得劲:"谁要是再说走回头路,我就把他扔到火堆里烧死他!现在,你们赶快躲到山洞里去避避火,我去看看是咋回事。"

鄂多穿上羽衣,飞到半空里往下看,原来,在山的南坡有五条突姆木都哩(火龙)在那里喷烟吐火。鄂多抖一抖羽衣,顿时,瓢泼般大雨从天而降,都浇在火山上。看到火龙仍然在翻卷起风,鄂多又抡起砍山刀直奔突姆木都哩,但因为他的两只脚露在外面,被山火烧焦了,但他仍然咬紧牙关,一口气杀死三条突姆木都哩(火龙)。那两条一看不好,一溜火光向北方飞去。熊熊燃烧的山火顿时烟消火灭,清凉起来,但鄂多却为此失去了双脚。

族人被鄂多感动:"好心的穆昆达,你是为了我们好啊,从现在起,我们跟着你走!"

第六章 萨满女神与祖神崇拜

245

生命·生命 冬·冬

没有了双脚的鄂多不能再走路，只好飞在半空里领着族人向东南方向走。走啊走，走到一条大江边。这条江的江水黑乎乎的，想要过河真是难上加难！再往东河沿一看，有一个像草窝似的小窝棚，有一只老大的黑老鸭蹲在窝里。鄂多就喊："鸭大哥，鸭大哥，能不能想个办法帮我们过河？"

黑老鸭嘎嘎地说："前些日子，尼雅阿姆从这飞过，告诉我等在这帮你们过河，可是，我只有一个柳树筏子，一次最多只能坐十个人。"

"没事，咱们就一拨人一拨人地过呗。"黑老鸭一次又一次运着，没一会儿功夫，把大家都送过了江。正在族人们都高兴的时候，黑老鸭对鄂多说："穆昆达，在你们前面的路上，还有一条乌拉，我不能离开这去渡你们了，但我可以把双爪送给你，把鸭子衣送给你，只要有了这两件东西，什么江河你们都能过。可有一样，这双爪接在你脚上再也不能拿下来。还有，那条大乌拉鹅毛扔下去都会沉，千万不能用柳筏摆渡，只能靠你披上黑鸭衣，背着人渡河了。"后来，这只黑老鸭被许多满洲氏族敬为专管行船过河的恩都哩。他住在桅杆上，大大小小的威虎(船)都供奉这只黑老鸭神偶。

鄂多领着族人们又走了四个青青后，走到一片一望无际的草原。正赶上下大雪，走了三天三夜，连个住的地方都没找到。大雪又封住了前进的道路，分不清东西南北，天上看不到飞禽，地上看不到走兽。忽然有一天，从西边来了一群罕达犴，它们饿得站不起来，躺在雪地上不能动弹。鄂多看罕达犴再不吃点东西，就得饿死了，他就把带的肉干拿出来一大半，对它们说："罕达犴呀！你们快吃罢，吃了你们还能逃个活命。"

这群罕达犴大口大口地吃了起来，很快地就一个个都精神起来。说也怪，这些罕达犴吃完了并没有走，它们齐心协力用双角和蹄子在雪地里趟出一条路。这下族人们看到活路了，扶老携幼地跟着罕达犴一步一步向东南走去。

又走了一个青青，族人的衣服都穿坏了，破破烂烂的，有的人只能弄块兽皮遮遮。鄂多有心想折羽衣给大家做衣服。可是他没有双脚，不能走路得全靠它飞行，不拆羽衣吧，族人都没有穿的。他忽然想起来黑老鸭给的那双鸭爪，何不穿上它代替双脚？想到这他拿出那双鸭爪，往两只秃脚上一套，这两只鸭爪就牢实地长到了双腿上，迈两步试试，走起路来左右乱晃费点力气，但毕竟能在路上走啦。他立刻把羽衣拆开，变成了一件件又轻又软的新衣，分给族人穿戴起

246

来，又暖和又漂亮。

快到封江的时候，他们来到一条大乌拉旁。一看乌拉的木克（水）浪高过人，水深不见底，河面上漂浮着冰块，这就是乌拉了。鄂多披上黑老鸭皮跳入水中，立刻变成一只像牛似的黑老鸭，在江里游着。他吩咐族人："一次多上些人，我驮你们过河，快！"他忍着刺骨的寒冷，一次一次地驮着大伙过乌拉。

人们含着眼泪趴在穆昆达的背上，一拨一拨地渡过了乌拉。人们全都渡过乌拉后，鄂多一头倒在地上，昏死过去。全族的人围在他身旁，一个个哭得像泪人似的，纷纷双手拍地，祈求阿布卡恩都哩赫赫保佑鄂多的真魂。

终于，鄂多醒了过来，他吩咐族人们继续往前走，找个暖和的地

女真先民的水上交通工具——桦皮船

现成为文物的桦皮船

方，好保全族人的活命。走啊，走，走到一个山窝里，刚要坐下来休息，就听到一声巨响，四面突然围起像钢铁一样坚硬的石头墙，把全族人围了个严严实实。又听有人像狼嚎似地喊道："这是我的领地，你们竟敢闯进来，我正愁这大雪天没吃的呢？"

这可咋办，好不容易走到了这，倒要成为野牲口的吃食了？鄂多正着急，突然听到有萨尔甘追说话的声音："穆昆达不用怕，尼雅讷讷阿姆让我告诉你，用剩下的羽衣领子套在脖子上，会长出又长又尖的利嘴，就能凿开石墙逃出这地方。"

鄂多四下瞧了瞧，没有看见人，他心想：我要真的变成这种嘴，再加上一双鸭子爪，可怎么见族人呀！可是又一想：难道就这样眼睁睁看着全族人活活地在这等着当野牲口的吃食？他立刻拿起羽衣的领子套在了脖子上。顷刻间，他觉得嘴唇像用什么东西往下拽似的难受。过了一会再一摸，真的长出一尺来长的嘴。他

就用嘴向石墙凿去。凿呀，凿呀，长嘴把石墙凿出一个深洞，凿呀，凿呀，长嘴磨下去五寸多。终于凿出一个通到外面的小门，全族人终于逃出魔爪，沿着大乌拉边上朝着东南的方向继续走去。

到第六个青青（六年）的时候，鄂多和族人终于来到了虎尔哈河（现镜泊湖）。这里果然是块好地方：有见不到天的茂密老林子可以狩猎，有虎尔哈乌拉可以捕鱼，他们就在河东建立了噶栅，从此过上了好日子。可是，鄂多这位穆昆达却因为自己变得人不像人、鸟不像鸟，再也不愿意在噶栅里出现。他天天在山林里游荡，后来被阿布凯恩都哩召到长白山去了。

族人们怀念鄂多玛发，是他千辛万苦，历经各种磨难，带领全族一路迁徙来到虎尔哈河畔，过上了好日子，族人尊敬地称他为"恩都哩玛发"。从此郭络罗哈拉供奉着鄂多玛发木刻神偶，这个神偶高一尺五六寸，人形鹰嘴鸭子爪。每次祭祀时必须把这神偶摆在供桌上，前边摆上家谱，供上一把鹿肉干。祭祀开始先将一盅米酒注入木像嘴内（木像内部是空的），然后正式开祭。

（傅英仁搜集整理）

郭络罗哈拉人世世代代供奉着鄂多玛发，他们氏族的大萨满可了不得，是黑龙江流域最有能耐的人。他们传承的故事就像天上的星星一样多，数也数不清，在清朝的时候，他们还被召到紫禁城去给慈禧太后讲满洲人的萨满故事呢。

黑龙江宁安市境内的五花山

三、郭络罗哈拉的部落迁徙神崇拜

满族先民从鄂霍次克海开始了逐水草而迁徙的渔猎生涯，郭络罗哈拉传承的部落迁徙神，是满族，也是满通古斯语族先民迁徙历史的记忆之一。郭络罗满语汉意为"远"。这个哈拉曾经住的很远很远的西边在哪里？很远的以前没有文字记录，现在难以考证。据清代乾隆年间编撰的《钦定八旗通志》卷五十八氏族志五记载：郭络罗氏。居住地：一、沾河（又名"沾别拉河"，黑龙江支流逊河的支流。位于黑龙江省逊克县西部。发源于小兴安岭北麓）。二、白河（松花江南源，为二道白河）。三、布勒德（格）（现吉林省松原市前郭尔罗斯蒙古族自治县吉接吐乡布勒格村）。四尼玛察（黑龙江入海口东海窝集一带）、五纳殷（长白山一带）。六、郭络罗。从以上郭络罗哈拉部落的迁徙中，我们既可以看到满族先民一路迁徙到黑水白山的记录，也可以看到满蒙一家的文化渊源。

郭络罗哈拉这个族群是怎么分化，又离开黑龙江世居地南迁的？

《八旗满洲氏族通谱》卷之三十二载：清初，该氏常舒同弟弟杨舒率众归顺，清太祖努尔哈赤编镶白旗佐领，封他统领，又编半个佐领，交给常舒的第四子布汉图。杨舒被招为和硕额附，进入四大臣预选之列。其氏族在后来陆续编入八旗各旗，20余人屡建功绩，被清太祖努尔哈赤、清太宗皇太极恩昭加职。

道光二十二年（1842年），鸦片战争中的镇江保卫战爆发，京口驻防旗营副都统海龄率领驻京口（今镇江）满蒙八旗将士1534人与镇江人民抵御英侵略军，终因寡不敌众而城破，他与妻、孙投火自焚，以身殉国。

清代，达斡尔人赤胆忠心，精诚报国，从顺治初年起，在镇守边关要塞或掌管八旗布特哈、收复台湾、平定准噶尔叛乱、抵御沙俄入侵黑龙江流域等保卫祖国北疆战斗中，历任过将军、都统、头等侍卫、总管、总安达、协

海 龄

领、佐领、内大臣、骁骑校、领队大臣等职的有106人。如在平定廓尔喀中为国捐躯的镶红旗蒙古副都统阿满泰。如雍正十年（1732年）塔尔岱被授为黑龙江将军，统领盛京、船厂、黑龙江兵丁。咸丰年间，郭布罗·阿尔景被封为武显将军、建威将军。郭布罗·长顺任以辅佐咸丰、同治、光绪三位皇帝之功，任吉林大将军镇守祖国北疆。有屡立战功，图形紫光阁的索伦总管扎尔善。阿拉尔·墨尔根保，满洲索伦部正红旗人，参加平定台湾、平定廓尔喀等战役，因军功图形紫光阁。阿拉尔·索多尔凯，满洲索伦部正红旗人，著名将领，从征台湾，镇压林爽文叛乱，赐号巴图鲁，清乾隆五十七年(1792年)，在平定廓尔喀时在西藏阵亡，乾隆帝追赠其为云骑尉。图瓦强阿，新疆塔尔巴哈台领队大臣，在与俄谈判时，为国收回大片领土。荣禄，历任索伦左翼旗佐领、索伦左翼旗副总管、呼伦贝尔副都统衙门右厅帮办、索伦旗旗长等职。敖拉·昌兴，清朝末期达斡尔族著名文人。清代，郭络罗氏有族女入宫为妃。满洲镶黄旗郭络罗佐领三官之女，为康熙宜妃。育有皇五子恒温亲王允祺、皇九子允禟、皇十一子允禌。晚清，郭布罗氏族女婉容入宫，是清代末代皇后。

　　辛亥革命后，郭络罗氏多冠姓为郭、国。郭姓的满族老姓包括郭布(博)罗氏（达斡尔族）、果尔吉氏、郭佳氏、郭尔本氏，以及郭尔罗特氏、郭贝尔氏、阿噜氏（鄂

| 扎尔善 | 允禟 | 婉 容 |

温克族)、郭罗罗氏(锡伯族)等。

中华人民共和国成立后,满洲八旗体族群分为满族、鄂伦春族、鄂温克族、赫哲族、锡伯族、达斡尔族。郭络罗哈拉所属族群与众多满通古斯语族的古老族群一样,民族成分包含在以上各民族之中。近代郭姓及郭络罗氏满族著名人物有:郭启儒,著名相声名家。郭维城,抗战时期曾主办《解放日报》,中国人民解放军高将领。柏杨(郭衣洞),台湾著名作家,著有《中国历代帝王皇后亲王公主世系》《丑陋的中国人》《酱缸震荡》等著作。郭小川,著名当代诗人。郭平,高级航天工程师,上海眼角膜捐献第一人。郭宝山,公安部国际合作局副局长,赴海地执行维和任务,于2010年1月在海地大地震中牺牲。果杰,黑龙江五常市华藏寺主持。柳遐,上海电视台著名主持人、制片人、重大节目筹划人,其主持制作的纪录片多次在全国及上海市纪录片评选中获奖。

达斡尔名人有:郭道甫,创办海拉尔学校,用拉丁字母创制达斡尔文字。满都尔图,中国社会科学院研究生院教授。毕力格图,索伦旗第一任副旗长。德古来,台湾"立法委员",台湾蒙古同乡会会长和蒙古文化协会理事长。色热,达斡尔族说唱艺术的传承人。敖福斌,音乐家、二胡演奏家、作曲家。杨士清,达斡尔族音乐家,编著出版了达斡尔族第一本民歌集,并撰写了《达斡尔族民歌初探》等多篇达斡尔族民歌研究文章。巴达荣嘎,语言学家,通晓达斡尔、鄂温克、满、蒙古、汉、日、俄、英等语言文字。宝勒日,医学家,首次分离出肿瘤转移相关基因,获牛津大学科研专利,在世界上首次克隆出新的与前列腺癌转移相关的基因。王鹏林,语言学家,美国华盛顿大学人类学系终身教授,香港中文大学教授。阿尔达扎布,《蒙古秘史》译者。杜伟军,达斡尔族特级飞行员,原空军飞行学院副院长。卡索,在内蒙古围棋锦标赛上先后8次夺得冠军。萨娜,女作家,曾获第八届全国少数民族文学创作骏马奖。苏梅,达斡尔族手工艺哈尼卡传承人。肖贵宁,中央电视台著名主持人、中国广告模特大赛冠军、中国首届"健康形象大使"、中国汽车工业协会颁发的"环境保护大使"。梦迪,创建中国达斡尔族论坛,为繁荣达斡尔族文化作出了贡献。

生命·生命

郭维城 　　　柏　杨 　　　郭小川

郭宝山 　　　柳　遏　　　果　杰

苏　梅 　　　杜伟军 　　　郭道甫

毕力格图 　　满都尔图 　　色　热

第七章　民族团结美美与共

2014年中央民族工作会议暨国务院第四次全国民族团结进步表彰大会

  多民族是我国的一大特色,也是我国发展的一大有利因素。各民族共同开发了祖国的锦绣河山、广袤疆域,共同创造了悠久的中国历史、灿烂的中华文化。我国历史演进的这个特点,造就了我国各民族在分布上的交错杂居、文化上的兼收并蓄、经济上的相互依存、情感上的相互亲近,形成了你中有我、我中有你,谁也离不开谁的多元一体格局。中华民族和各民族的关系,是一个大家庭和家庭成员的关系,各民族的关系,是一个大家庭里不同成员的关系。
  ——摘自《人民日报》对2014年"中央民族工作会议暨国务院第六次全国民族团结进步表彰大会"的报道

著名中国社会学和人类学的奠基人之一费孝通

中华民族作为一个自觉的民族实体，是近百年来中国和西方列强对抗中出现的，但作为一个自在的民族实体则是几千年的历史过程所形成的。我这篇论文将回溯中华民族多元一体格局的形成过程。它的主流是由许许多多分散孤立存在的民族单位，经过接触、混杂、联结和融合，同时也有分裂和消亡，形成一个你来我去、我来你去，我中有你、你中有我，而又各具个性的多元统一体。这也许是世界各地民族形成的共同过程。

中华民族成为一体的过程是逐步完成的。看来先是各地区分别有它的凝聚中心，而各自形成了初级的统一体。经过多次北方民族进入中原地区及中原地区的汉族向四方扩散，才逐步汇合了长城内外的农牧两大统一体。又经过各民族流动、混杂、分合的过程，把东亚这一片土地上的各民族串联在一起，形成了中华民族自在的民族实体，并取得大一统的格局。在现代化的过程中，通过发挥各民族团结互助的精神达到共同繁荣的目的，继续在多元一体的格局中发展到更高的层次。在这层次里，用个比喻来说，中华民族将是一个百花争艳的大园圃。

——费孝通：《中华民族的多元一体格局》

民族是在一定的历史发展阶段形成的稳定的人们共同体。一般来说，民族在历史渊源、生产方式、语言、文化、风俗习惯以及心理认同等方面具有共同的特征。"中华民族"具有从单一转向多元的特点：先是排他的"中华民族"，后有包容的"中华民族"，即存在从"驱逐鞑虏"到"五族共和"再到"五十六个民

中国长江学者、国际萨满学会副主席纳日碧力戈

族"的过渡。"五十六个民族"的认定是历史进步,是中华人民共和国优于中华民国的一个重要方面。中国的"民族"既有历史继承性,也有现代创新性。在全新的信息时代,冷战时代的那种隔绝和封闭已经不复存在,人与人、民族与民族、国家与国家之间的沟通比以往任何时代都更加频繁和便捷。全新的形势呼唤我们创造和建设新文化,以指号规训符号,以神统形,缘气交流,三元归心,这是对中国古人形气神"三通"论的活用。

——纳日碧力戈:《民族共生与民族团结》

第一节 满洲族进关后的文化嬗变与融合

天聪九年(1635年),清太宗皇太极宣告由女真各部组建的满洲族诞生。时满洲族群由满洲八旗与索伦八旗中的现鄂温克、鄂伦春、达斡尔、赫哲、锡伯族共同组成,他们与蒙古八旗、汉军八旗成为中国封建社会历史上的一个新的民族共同体。

顺治元年(1644年),由满洲族建立的清王朝入主中原,带来了自己的文字、风俗习惯、宗教信仰。满族文化与先进的汉文化产生碰撞、交融、发展。在这一民族文化融合的历史情况下,怎样处理民族与民族之间的政治关系(政治上的对抗、隶属、结盟、联邦、平等民主等关系)、经济关系(经济竞争、掠夺、扶持互助等关系)、文化关系(宗教、科学技术和文学艺术的交流、风俗的互融、语言的交互影响等关系)等一系列的民族问题呢?

清王朝吸取以往朝代的经验教训,采用同以往政权不同的做法,未将国内的民族分等论级,只是有"旗人"与"民人"之分。

旗人,是满洲八旗所属的职业军人及其家属。入关后的满洲八旗作为大清帝国的部队,驻防京师及全国各军事要地,时称为京八旗或驻防八旗。据历史资料记载,全国共有八旗驻防97余处,其中以满洲、蒙古籍军人为主的有95处。所以当时的北京,由满蒙汉八旗分驻内城,担负着保卫首都的责任。驻防八旗则驻守在祖国各地,保卫祖国领土的安全。

民人,是清代老百姓的统称。

所以说,处理好"旗人"与"民人"的关系,也就是处理好军与民的关系,也就是处理好占统治地位的满族与国内各民族的关系。清王朝是怎样比较好地处理民族之间关系,从而建立起多民族的大一统的封建王朝的?本节就具有社会性、民众性特点的清朝初期四条定制做简单介绍。

一、旗人不许做工,不许经商,惟服兵役

清王朝入关后,以八旗制度为基础,顺治帝在蒙古族女政治家孝庄皇太后、摄政王多尔衮、大学士范文程等人的辅佐下制定国策:凡八旗壮丁差德,粮草布匹等永停输纳,惟服兵役(见《满族大辞典》13)。此定制在民间说白了就是"旗人不许做工,不许经商,不与民人争利"。

在了解这条定制前,首先介绍一下八旗制度。

八旗制度是清王朝的立国之本,由努尔哈赤创建。于1601年"定兵制,初以黄、红、白、黑四旗统兵,后增至四镶旗,易黑为蓝"(《清史稿卷一·太祖本纪》)。自建立八旗,所有的满族人都编入旗中。皇太极继承汗位后,又先后增设了蒙古八旗和汉军八旗。

进关后的满、蒙、汉八旗部队驻防全国各地,兼有地方行政和战斗职能。康熙即位后,继续执行每个旗人男孩儿来到人世,清王朝就有了一名旗兵的八旗制度。满族是个崇武尚文的民族,旗人的孩子从小在旗营里长大,长年累月的耳濡目染,形成了一个根深蒂固的报忠思想:我是吃皇上的钱粮长大的,我的命是皇上给的,我的天职就是用生命保卫祖国的江山。著名民族学家金启孮先生在《北京郊区的满族》一书里写道:儿时在旗营里听人们聊天儿,多半是某家人在什么地方战死的,某家是在什么时候阵亡,某家是在什么地方全家殉难的。在谈到这些事的时候,他们绝没有畏惧和抱怨的感情。并自豪地说:"我们满族人都是好样的,一肚子忠诚。"

清代,八旗将士赤胆忠心,开疆拓土。以收复台湾、雅克萨、平定准噶尔、平定廓尔喀等一系列战事,建立了大一统的清王朝江山社稷。

道光二十二年(1842年),英国侵略军发动扬子江战役。英军驱使军舰70余艘侵入长江,逼近南京、镇江。镇江守军中1000名察哈尔蒙古八旗,400青州满洲八

旗兵奋起抗敌。当时的战况据《草间日记》载："夷人登城是取书院所贮修城长梯十数张蚁附而上,时城中以青州兵为军锋,奋勇向前,枪炮竟发,夷人坠梯者纷纷,仍无退阻,攀堞者愈众。绿旗兵怖而走,青州兵众寡不敌,死者十七八,城遂破也。"

当年青州八旗兵的一首战歌,铭记在满族后裔的心中:"我有宝刀怎理事?杀敌齐出征。上前线,临大敌,哪怕铜炮声。快活沙场死,刀劈鬼子兵,征袍滴滴英夷血,图了一生青史名。巴图鲁,前进!巴图鲁,前进!"

镇江保卫战之惨烈震惊世界。恩格斯在《英人对华的新远征》一文中,较具体地叙述了这次战役的实况:"英军逼近镇江城的时候,才认识到驻守旗兵虽然不通兵法,可是绝不缺乏勇敢和锐气,这些驻守旗兵只有1500人,但都殊死奋战,直至战斗到最后一人。他们在应战以前就好像预料到战争的结局,他们将自己的妻子儿女绞死或淹死……司令官看到大势已去,就焚烧了自己房屋,本人也投火自尽。在这次战争中英军损失185人,他们为了对此进行报复,在攻城进入时候大肆屠杀……如果这些侵略者到处遭到同样的抵抗,他们绝对到不了南京。"

光绪二十年(1894年),中日甲午海战爆发。在弹尽船倾斜的情况下,致远、定远等舰艇上的海军满汉官兵,面向祖国的方向跪在甲板上,向着日军的炮舰冲去,全舰官兵共赴国难。在晚清,维护祖国领土完整的战斗中,八旗将士不负使命,以生命与各族人民一起,不畏牺牲,英勇战斗,他们的生命已然融入耸立在天安门广场上人民英雄纪念碑的碑文里:"……由此上溯到一千八百四十年,从那时起,为了反对内外敌人,争取民族独立和人民自由幸福,在历次斗争中牺牲的人民英雄们永垂不朽!"

如今,那块竖立在江苏镇江烈士陵园的青州旗兵忠烈亭里,镌刻着满洲八旗将士姓名的忠烈碑,那琴江八旗烈士陵园里安息的水师旗营烈士忠魂,是千千万万个在鸦片战争及一系列保卫国家领土的战斗中,为国捐躯的八旗将士的代表,他们是中华民族的优秀儿女,以生命表现了中华民族抵御外来侵略的大无畏的民族精神。

综上所述,旗人不许做工,不许经商的这条定制,确定了国家管理的重要决策,是清王朝有效管理国家296年的根基。

1000多个满洲氏族的民众,为建立多民族、大一统的大清王朝国家版图,作出了巨大的民族牺牲。

二、旗人不许点状元——不与民人争名

状元是科举考试中名列第一者。申申学子，苦读寒窗，历经乡试、会试、殿试方夺得桂冠。中状元者号为"大魁天下"，为科举中最高荣誉。中国一句古话"洞房花烛夜，金榜题名时"，把中状元者的喜悦之情完美地描写了出来。

清王朝入关后，延续了历代朝廷采用的封建科举制度。那么，是不是可以把这个一举成名的机会留给自己民族的巴克什（学者）？

清王朝采取了明智的做法。在蒙古族女政治家孝庄皇太后、辅政王多尔衮的辅佐下，顺治皇帝于顺治元年(1644年)昭曰：文武制科，仍于辰丑未年举行会试，子午年举行乡试。顺治二年(1645年)命陕西于十月份行乡试。顺治八年(1651年)定乡试满洲、蒙古为一榜，汉人为一榜。会试、殿试如之。《清史稿卷五·世祖本纪》。

康熙皇帝亲政后，把原有的满洲和蒙古人一榜也取消了。康熙八年(1669年)，命满汉一体考试汉文，同榜揭晓，并规定旗人在乡试、会试中不列第一名，只能有进士之份。这样一来，让天下的读书人明明白白地看见了，清王朝以这个民族平等的政策，为有才有德的汉族知识分子铺平了一条以才学报国的仕途之路。此举即为民间所说"宗室子弟不得点壮元，不与民人争名"《满族大辞典·798》。

"旗人不得点状元"的国家民族政策得到具体落实，自顺治九年以后，在清王朝统治中国296年里，没有一个满族人点状元。而贵为皇家贵胄的太子们，也多以军功而辉煌传世，少有以权势经商而富溢海内外。正是在这样公平透明、相互尊重的文化环境里，大量的汉族和满族知识分子创造出空前的文化风气，满学、汉学、西学融合为国学，以文化的底蕴治理政治国家，因此带来了一个国泰民安、疆土稳固的社会，开创了中国封建历史上长达130多年的"康雍乾盛世"。

"旗人不得点状元"的清代国家民族政策，并没有影响到满族的文化进步。满族人来到中原后，面对扑面而来的汉文化，投入了积极的学习之中，唱诗吟词，才气横溢的大有人在。皇室家族中有不少人在文学上卓有建树，如清太宗皇太极第六子高塞，他以五言诗抒情诗见长，颇受古乐府和陶渊明的影响，继承了中国诗歌的传统，在清朝初的诗文界里独树一帜。继高塞之后，多罗亲王安和之子岳端，翻译家和素、徐元梦等人，都有很高的文化造诣。更有纳兰性德，他的词取

法自南唐，情深致婉，犹如远山近水，恬静而不凄婉，被大学者王国维赞为"唐宋以来第一人也"。

至近代，满族作家层出不穷，虽然他们已不用满语创作，但在汉语文学创作上却累有建树，成为新时代的状元。

三、通婚与习俗融合——实现民族情感交融

《结构人类学》一书的作者列维·斯特劳斯认为：一切文化都可认为是符号体系的整体，在这些符号体系里面，排列在前的有：语言、结婚仪式、经济关系、艺术、科学、宗教。所有的这些体系都力求表现出自然现实和社会现实的某些方面。

清王朝入关后，满洲八旗将士驻防各省，满洲族人逐渐分布在祖国各地。满族民族传统文化与汉族文化，由于人民之间的相处产生接触，在接触的历史时期内有个互相适应的过程，相适应以后才能产生一个稳定社会的基本要素。怎么处理这存在于民众之间的民族关系？

清王朝明智地把这个问题放在了最平民化、最生活化、最社会化的基础上。清顺治五年清廷颁令：满汉民皆朕臣子，欲其各相亲，莫若使之缔结婚姻。自此，开满汉通婚之先河。清王朝满汉通婚的民族政策，造就了千千万万个稳定的家庭细胞，使家庭这一社会的基本点，以良好的关系辅助建立了稳定社会的基本要素，经"康雍乾盛世"200多年来的自然繁衍，旗民通婚的家庭增强了民族民众间的团结，在清代"红楼梦""儿女英雄传"等古典小说中，都可以找到旗民之间相互吸引、相互影响、相互团结所留下的文化融合见证。在这个融合中，"八旗"和"满族"是两个不同的概念，但就满族的形成来说，两者是密不可分的。加入八旗的蒙古、汉族，以及其他民族，同样在八旗制度的管理下，其政治地位和经济待遇，与八旗满洲基本一致；其生活习俗、语言文化、心理认同等方面，与八旗满洲也大体相同。清末，满族中有句谚语叫"不分满汉，但问旗民"。从今天户籍中填报满族的居民情况看，有不少就是汉军八旗和蒙古八旗的后裔，这说明了谚语的实际性。

满汉通婚的历史延续至今，如今散居和聚居的满族家庭，有很多属满汉结合。在这样的家庭中，他们语言相通，没有民族间差异。在民族团结、民族平等、民族共同繁荣发展的现代社会大背景下，这样的家庭多把后代的族属报为满族。如

原上海市长途电信局少数民族职工联谊会共有满族职工五人,其中四人已婚,其配偶均为汉族人,而后代的族属都登记为满族。广西桂林市离休干部、四野老战士朱琳,祖居黑龙江省双城县许家屯,原为八旗后裔。1946年参加革命后报为汉族。20世纪80年代以后,他回到家乡开出一张证明,把全家人的民族改为满族。以上的事例说明,满汉通婚所带来的历史效应是满族人成为民族团结中独特的、天然的黏合剂。

四、制定民族政策——促进民族团结

国家管理体系建立后,需要大批的国家管理人员。

清政府承继了努尔哈赤执政时期就启用汉族官员,皇太极时"满汉官员,皆朕臣子"的国家官员政策。顺治帝在蒙古族女政治家孝庄皇太后,满族政治家、军事家多尔衮的辅佐下,出台"满汉一体"政策,各级政府官员由满、蒙、汉及各民族自治地方官员担任,在内阁、六部、大理寺、国子监等朝廷部院,大学士、尚书、侍郎等职均由满汉官员同等担任。如六部每部设尚书(相当于现在的国务院副总理)2人,左右侍郎2人,由满、汉官员各占一半。就连管理国家大事最重要的军机处,军机大臣下也设章京(将军),分满汉官员两班,各8人轮流担任缮写诏旨、记载档案、查核奏议等具体工作。

清代,全国划分为18个省,设置省、道、府、县四级政权机关,在东北设置将军,实行旗民分治。蒙古实行盟旗制,新疆实行伯克制,西藏实行政教合一制,西南实行土司制,进一步完善了国家管理体制的建设。一系列的民族政策,在各民族官员的贯彻下得到实施,多民族文化得到尊重,增进了文化的认同,带来了国家政权的稳定,使文化与经济得到进一步发展。统一的、多民族的大清王朝从稳定走向巩固和发展,成为当时世界上一个强盛的东方大国。这个管理模式传承演化为当代民族区域自治制度。

国家的强大,增强了各族人民对祖国的向心力。康熙朝,喀尔喀蒙古拒绝沙皇俄国的利诱和威逼,归附清廷。乾隆朝,土尔扈特部族众在首领渥巴锡的带领下,在沙俄的围追堵截、血腥屠杀下,全族老少,行程万里,回归祖国,在中国乃至世界民族史上写下了可歌可泣、感天动地的伟大篇章。

如今,在当年接见土尔扈特部族众的地方——河北承德普陀宗乘之庙,竖立

着由乾隆皇帝亲撰的《土尔扈特全部归顺记》《优恤土尔扈特部众记》之碑，这块碑上前面刻的是满文，碑后是汉字，左右是蒙文和藏文，这四种文字，是清政府民族政策的一个文化象征，是清代多民族统一的国家民族团结的象征。站在这块碑前，来自祖国各地的游客们听到导游介绍那一段土尔扈特悲壮的民族迁徙史时，无不为祖国强大的感召力、凝聚力而感动。

这种多民族文字的碑，开中国多民族文字在官方大规模使用之先河。这一文化遗迹在大陆，在台湾，均有所见，就连官员的下马碑都为六种民族文字，如此的文化气度，如此的文化尊重，让我们看到了清王朝重视民族文化，建立大一统国家，创造中华民族共同团结进步的文化历史，也让人们看到了文化多元而产生的政治效应、民心效应。正因为如此的多元文化融合，在晚清时期，虽然国家动乱，外侵内乱不断，然而，经过200多年的积淀，各民族之间感情融汇，同心同德，面对西方列强的侵略，各族人民与八旗部队的将士们在广东、浙江、江苏、福建、山东等地的炮台上，在黑龙江、乌苏里江、兴凯湖畔，在新疆广袤的边疆哨卡和天山脚下，同仇敌忾、众志成城地捍卫着国家主权和领土安全。

1912年，清王朝走下历史舞台。在这个历史更换的时刻，虽然驻防八旗有的毁灭于战火之中，许多妇女和儿童失去了宝贵的生命，如西安、荆州旗营，但是，也有的旗营在汉族官员的力保之下而保存至今，如福建琴江八旗水师营、成都驻防旗营等。当时，成都驻防旗营面临着生死存亡之际，在成都将军前往与革命军谈判时，旗营里所有的军人和眷属都做好了殊死抵抗的准备，然而，令全体旗人没有想到的是，近200多年的感情积淀，四川人民已把他们当做了自己的家人，新任成都革命军的汉族将领决定保留旗营，不伤分毫。

在抗日战争中，满族人民和全国各族人民一道，涌现出许多献身于中华民族解放事业的革命志士，有向日本侵略者打响第一枪的29军副军长佟麟阁；有华北抗日联军副司白乙化，他被老百姓称之为"平东洋"和"小白龙"，让日本侵略者闻风丧胆；有高喊"中国无被俘空军！"用最后一颗子弹自杀殉国的国民革命军空军烈士阎海文、李桂丹；有"还乡复土，义尽东北"的将军常恩多、邓铁梅、李兆麟、黄显声、吴克仁；在长城抗战中英勇牺牲的白毓麟，等等。义忠义勇、为国为民舍命抗日的满族英雄浩若星辰。

在波澜壮阔的解放战争中，满族青年纷纷参军入伍，在为中国人民解放事业

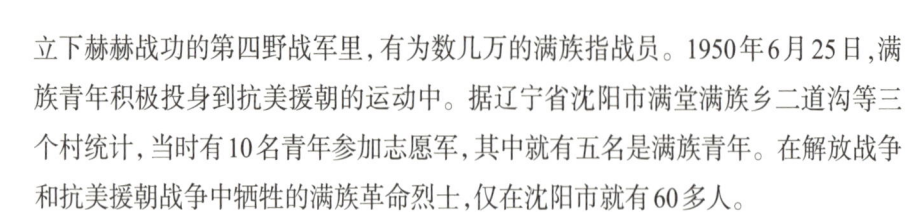

立下赫赫战功的第四野战军里,有为数几万的满族指战员。1950年6月25日,满族青年积极投身到抗美援朝的运动中。据辽宁省沈阳市满堂满族乡二道沟等三个村统计,当时有10名青年参加志愿军,其中就有五名是满族青年。在解放战争和抗美援朝战争中牺牲的满族革命烈士,仅在沈阳市就有60多人。

中华人民共和国成立后,中央政府确定满族为中华人民共和国境内的少数民族,毛主席还亲自批准成立了成都市满蒙人民学习委员会,并且赠送亲笔题词"中华人民共和国各民族团结起来"。

20世纪80年代,经国务院批准,先后成立了11个满族自治县;经地方政府批准,还建立了满族自治乡、镇。如今,满洲八旗的后裔——满族已是小聚居、大散居分布在祖国各地。满族人与各兄弟民族姐妹和睦相处,每逢满族的节日——颁金节,各兄弟民族姐妹与满族同胞一起共同庆祝,在节日里,地方政府领导亲临祝贺。在节日里,满族同胞以传统的民俗祭天祭祖,兄弟姐妹们敲起欢乐的锣鼓,扭着东北大秧歌,呈现出一派满族与各兄弟民族一家亲的和谐美好景象!

在人类跨入21世纪,中华民族文化伟大复兴,中华各民族文化进入交往、交流、交融,共圆美美与共"中国梦"的历史进程中,满族世传的萨满文化也拂去历史的尘埃,辉煌耀世,展现人类初年文明的悠远与绵长,与各兄弟民族文化交相辉映,共同创造着21世纪世界民族之林中璀璨恢宏的中华民族文明。

上海南京西路颁金文化工作室各民族同胞团结和睦

第二节　上海知青与黑龙江满族人

20世纪60年代末,知识青年上山下乡运动在全国兴起。从1968年起,北京、上海、天津、哈尔滨、浙江等地一百余万知识青年陆续来到被称为北大荒的满洲东海窝集国(部)的黑龙江、乌苏里江、牡丹江、兴凯湖、七星河、穆棱河等流域,继1958年10万转业官兵之开发北大荒的事业,建设祖国的北大仓。其中,到黑龙江生产建设兵团的各地知青约有54万人;上海知青插队落户在大兴安岭的约有5万人,瑷珲县有5521人,其他分布在呼玛、勃利、富锦、抚远和同江县等地。

当年,在黑龙江边原驿站之一,满族人占60%的外三道沟村插队落户的有27名上海知青。在这个边远的小山村里,他们得到了乡亲们无微不至的关怀,如满族纳喇氏姚大娘为这些南方来的孩子们缝缝补补,料理生活,被知青们称做知青妈妈,而知青们更是以自己充满理想的青春,为这个小山村注入了新文化,改变了这里的社会生活面貌。70年代末,知识青年大返城,回到上海的知青对他们在黑龙江插队落户的岁月总结道:

北方夏季的原野上,有一种开着金黄色花朵的野草,北方人叫做"黄花",南方人叫做"金针"。它的学名叫"萱草"。据《博物志》记载:萱草,"食之令人好欢乐,忘思忧,故曰忘忧草"。我们就像是吃了忘忧草,忘记了那曾有的忧伤,留下了美好的回忆。在我们的故事里更多的是黑土地的热情,是亲朋好友的关爱,是人生苦旅带给我们的成熟,是艰苦劳动磨就的坚强独立的意志。曾几何时,我们已经将那段经历当做我们人生的宝贵财富。

——上海黑龙江瑷珲知青联谊会《那山那水那嘎哒》

20世纪六七十年代,来自祖国各地的知识青年们,为黑龙江畔古老原住民族带来了新的文化理念、新的生活习惯。他们与黑土地上的满、鄂伦春、鄂温克、赫哲、达斡尔等民族的乡亲们和睦相处,共同劳动,互相学习,推进了东北边陲少数

民族地区政治、文化、经济的进步；推进了东北边陲各民族平等团结、共同繁荣的社会历史进程。

　　知青们以青春的歌唱，把300多年来各民族人民共同建设东北边疆的故事延伸到了黄浦江、钱塘江畔……岁岁年年，他们就如远飞的大雁，一次次回到黑土地上，为第二故乡的发展贡献力量。2009年8月11日，一座知青博物馆耸立在黑龙江边上，将一代知青吟唱的民族团结文化融合之歌世代传颂，光昭日月，光照人间！

当年赴黑龙江插队落户

乡亲们依依不舍送别知青回沪

千万里，我们追随着那片黑土地

外三道沟乡亲们50里外迎知青

满汉一家亲（左为上海知青张刚）

深情祭奠知青妈妈姚大妈（纳喇氏）

上海知青邀请乡亲访问上海 　　　　黑龙江畔知青博物馆留下历史印记

第三节　上海、河南知青与逊克人

前排左一徐桔桔，前排右一贾爱春 　　徐桔桔和贾爱春在检查合作社的农机设备

　　逊，满语为太阳。在黑龙江，有条河叫逊别拉，满语意为太阳河。源自阿布卡赫赫命鹰母乘天马飞到太阳取火种，为人类带来阳光，人间有了温暖，有了生命繁衍，而鹰母在大火中化为天空的鹰星，天马的骨血化作了连绵的山峰，化作了太阳河，化作了黑土地上玛瑙和宝石。

　　而今，这里又传诵着新的阳光故事。30多年前，上海知青徐桔桔和河南知青贾爱春从黑龙江省黑河市逊克县山河村插队返城；而今的2011年，她们分别告别在上海和北京的城市生活，重新回到有92户、300多人的山河村担任"村官"，徐桔桔担任山河村党支部书记；贾爱春担任理事长和法人代表。他们引入现代企业管理方式帮助农民成立专业合作社。在2012年当地虽遭遇地区性

大旱时，秋天卖完粮后农民每公顷土地分红6100元，比正常年份种黄豆多挣2000元。

2012年，上海知青杨晓沪，在历经赴黑龙江插队、返程的岁月后，满怀着对黑土地的眷恋，曾担任生产队长的他回到第二故乡黑河市瑷珲镇腰屯村，进行新农村建设考察调研，并制定了建设规

张刚、杨晓沪（右）在黑龙江考察新农村

划，在上海赴黑龙江知青的帮助下，共筹款80万元，带领着乡亲们成立了三好农业种植合作社，他由乡亲们推举为"只做事不拿报酬"的理事长。历经三年的努力，就在合作社走上正轨，人们期盼着来年丰收的心愿中，2015年4月13日，63岁的杨晓沪在与知青朋友们共同在微信群中欣赏了《北大荒人》的歌曲后，永远告别了他挚爱的黑土地。

在黑龙江畔插队的知青以生命的阳光谱写了黑龙江21世纪的人文历史和故事。

第四节　上海知青与鄂伦春人

安亭中学赴黑龙江呼玛插队落户同学合影 　　在黑龙江呼玛林区的上海知青

266

从1969年起，在上山下乡的热潮中，近万名汉族知识青年从齐齐哈尔，从上海、浙江等地出发，向着黑龙江、呼玛尔河、刺尔滨河而来，其中，先后有80名上海青年、7名上海干部插队落户来到遥远偏僻、鄂伦春人聚居的黑龙江省爱辉县新生公社。10年的时间里，他们跟剽悍、淳朴的鄂伦春人学会了骑马、打枪、放树、倒套子，学会了穿"齐哈密"、睡"狍皮被"等狩猎文化。而鄂伦春人也从他们身上看到了遥远的海洋和都市，那是山林外一片广阔的天空。

1970年4月15日，十六岁的我离别上海彭浦火车站人山人海的欢送人群，来到祖国东北边陲大兴安岭山麓——呼玛县插队落户。当时我们七一中学一行十人打着"雪原红心战斗队"的旗帜，一腔热血踏上了迷人的黑土地。从此，"青春的种子"撒进了那黑油油的土地。

我的青春真是金子般的青春。

——桂成钢，原呼玛县依西肯三队插队上海知青

知青的到来，开始了鄂汉民族文化融合交流的新篇章：

我们终于踏上了神秘的期待已久的第二故乡的黑土地。

鄂伦春人透着黑红的脸上洋溢着真诚、热情的笑容。他们簇拥着我们，在我们每个人的胸前戴上了一枚毛主席像章。这对我们上海人来讲也许不稀奇，但是对身居交通不便的深山老林中的鄂伦春人来讲，这礼物可真是最贵重的了！我们的心被灼得热热的，胸中涌起一种从未有过的激动——从踏上这片黑土地的那一刻起，我深深地感受到了鄂伦春人的纯朴、真挚，感受到了游猎民族待人的宽厚和处事的豪爽。

记得下乡几个月后的七八月间，我们随着猎民进山打草。鄂伦春人手把手地教我们用树条和草搭窝棚，又教我们如何打草、搂草、堆草垛子、抬草垛子。有一个猎民，名叫关宝福，他对我们很友好，能用不太流利的普通话与我们交流。他爱喝酒，还会唱古老的鄂伦春小调。他有一件事让我非常感动。有一天，我们围坐在篝火边，有位猎民在教我们万一被割伤时如何自救，当时，关宝福怕我们听不明白，随手从腰间抽出猎刀在自己手指上划了一刀，鲜血立即涌

了出来，我们都吓得叫了起来，他却笑嘻嘻地、若无其事地说："嗨，没事，没事！"从身边的草地上迅速地拔了一根长长的草，把割破的手指紧紧地缠了起来，血被止住了。他为了教会我们自救，竟然用这么直接的方式！这就是纯朴、豪爽的鄂伦春人！

——蔡毓芳，呼玛县新生公社新生大队上海知青

知青把一生最美好的青春年华奉献给了呼玛：

九年，是漫长的，而九年在人的一生中又是短暂的，九年的风风雨雨，可以作为一曲赞歌，九年的酸甜苦辣，可以作为歌曲的亢奋音符，黑土地九年的历史更是我们一生的主旋律！

九年中，我充满理想和激情。金子一样的年轮，让我们毫无保留地在白山黑水奉献着青春。感谢三合村的老乡，给了我们深情的爱；感谢大森林，开阔了我们的胸怀；感谢黑土地，滋润了我们的生命！

——包建民、周晓萍，原呼玛县上海知青

知青与鄂伦春及呼玛各族人民共同创造了民族团结的历史：

诸多来自祖国各地的知识青年和上海干部，在呼玛这块偏远的国土上，战天斗地，辛勤耕耘，为边疆的政治、经济、文化等各项事业的发展作出了贡献，这一历史功绩永远刻在呼玛人民的心中。

——徐峰，《呼玛知青风云录》副主编

40年过去，曾经的如歌如潮，岁岁年年在刺尔滨河和黄浦江荡起美丽的涟漪，2009年8月7日，新生乡鄂伦春人用最美的山花编成花环，用最美的民歌编成花环，用最美的心儿编成花环，用最美的衣服编成花环，用最美的酒儿编成花环，以最隆重的民族礼节盛情欢迎上海知青回到他们的第二故乡。

以古老的鄂伦春民俗迎亲人

身着民族盛装在等待

献上一杯杯迎亲酒

点点滴滴沁心怀

欢欢喜喜回故乡

鄂汉民族情谊代代传

(本处照片：张连柱)

第七章 民族团结美美与共

第五节　上海、浙江知青与大兴安岭人

　　1969—1971年，大兴安岭迎来了一批批来自上海、杭州、嘉兴、温州、台州、湖州、舟山、绍兴等地的知青共5万多人。他们为古老的大兴安岭带来了新的文明和文化，与当地满、鄂伦春、汉等各族人民结下了深厚的情谊，2009年，他们再度回到这块承载着青春岁月的土地上……

上海知青在呼玛 　　　浙江台州知青在塔河 　　　大兴安岭知青纪念碑

上海、浙江知青满怀喜悦回访第二故乡

大兴安岭人民隆重迎接远归的亲人 　　　隆重纪念知青上山下乡40周年

第六节　上海知青与珲春人

1969年,上海5800名知识青年来到吉林省珲春县插队落户。

珲春是满语,汉译是爬犁。当年,上海知青分布在珲春县各公社生产队,与当地的满族、朝鲜族同胞和睦相处。他们当中有近200人插队在三家子满族乡,他们为这个古老的满族乡带去了新的文化,与当地的乡亲们结下了深厚的民族情谊。当地满族同胞与知青之间"不是亲人胜似亲人"地相处,更是让这些来自上海的十六七岁的孩子们难以忘怀。

曾在珲春英安村插队的刘希平在一篇文章里写道:

我插队的生产队大部分是满族人。我记得,在一个风雪弥漫的冬天,我在梨花沟等车去县城办事,天太冷了,我就跑到公路旁一家人家的门口避寒。这家人是满族人,男主人热情地拉着我的手,让我进屋烤烤火、取暖。不一会儿,他又端着一大碗热气腾腾的饺子给我吃,我说我吃过饭了,但是他的父母、他的媳妇非常热情,一个劲地让我脱鞋上炕,吃下这碗饺子。我远离上海的父母七千里,在遥远的边疆插队,能受到淳朴、善良、热情、好客的满族人这样的关照,是我的幸福!

我吃下了这碗饺子,心中感激不尽,我拿出2元钱给他们,可他们说:"你怎么把我当外人?"怎么也不肯收下钱,我只好问他叫什么名字,他告诉我他叫郎常平。回到上海后,每当我想起白山黑水,就不由得想起他,也一直惦记着他,几次回珲春去,都没找到他。2009年,我又回到珲春,再一次去寻找这位名叫郎常平的满族同胞,很可惜,还是没有找到。我非常想念他。

当年上海知青在吉林珲春

和龙县上海知青与朝鲜族姑娘排练节目

第七节　北京、浙江知青与达斡尔人

1951年，国家在内蒙古呼伦贝尔市成立鄂伦春族自治旗。1958年又在内蒙古呼伦贝尔市成立鄂温克族自治旗、达斡尔族自治旗。黑龙江沿岸设有鄂伦春族、达斡尔族自治乡。

1968年，在中国知识青年上山下乡运动中，近4000北京、浙江的知识青年来到莫力达瓦达斡尔族自治旗插队落户。他们带来了城市文化、江南文化的柳枝，以青春的岁月栽种在内蒙古草原上。如今，历史的大潮已经远去，留下的是记录着知识青年们与达斡尔人和睦相处、达汉文化在交流融合中发展，并成为新文化和合体的象征——位于尼尔基镇乌尔科村的"知青林"。

就如那片郁郁葱葱的知青林那样，达斡尔族的文化新绿已从草原和黑土地上走向一片更广阔的天地。在中华民族文化伟大复兴的历史进程中，达斡尔的民族文化以既古老悠久，又时尚现代的面貌而闪耀着亮丽的光芒：

民族体育项目曲棍球、射箭在全国领先，数名达斡尔运动员走上奥运领奖台；达斡尔语进入课堂；民族手工艺哈尼卡被评为内蒙古非物质文化遗产；《神奇达斡尔》进京展演；《吉祥三宝》走红中华大地；全国最大的萨满文化博物馆、祭斡包等萨满文化复苏；《达斡尔百年实录》向世界展现着达斡尔民族文化的勃勃生机！这种文化现象正如林中那块石碑上所撰写的：知青与达斡尔人这一段历史的行走，如澎湃的浪花，永远流淌在内蒙古草原，流淌在达斡尔人心中，"寄情寓永年，存恩于后人"。

知识青年初到莫力达瓦　　　　　"知青林"一片新绿传万代

（本处照片由吕宗纬、北京赴莫力达瓦知青"散步"等人提供）

第八节　满族、鄂伦春族、鄂温克族、达斡尔族、赫哲族、锡伯族的文化影像

丰富多彩的少数民族文化是中华文化宝库中一颗璀璨的明珠，少数民族为丰富中华文明和人类文明作出了巨大的贡献。

——选自《中国少数民族文化的保护与发展》

全国两会上的赫哲族代表

全国两会上的满族代表

全国两会上的鄂温克族代表

全国两会上的达斡尔族代表

全国两会上的鄂伦春族代表

全国两会上的锡伯族代表（左）

生命·生命

满族学校开设满族艺术课 　　　　　　满族语文教育进入学校

满族文化节走向世界 　　　　　　　　建成赫哲民族文化村

民族歌舞的现代翻唱 　　　　　　　　盛大的乌日贡文化节

使鹿部的歌谣唱遍世界 　　　　　　　古老的文化符号现代传承

建成鄂温克博物馆 　　　　　　　　　　　锡伯人台湾行

锡伯族的语言在传承 　　　　　　　　　　锡伯族的西迁节遍及迁徙地

达斡尔的舞蹈从小就跳 　　　　　　　　　布特哈的八旗文化万世铭记

达斡尔学会活动丰富多彩 　　　　　　　　鄂伦春儿童传承民族文化

建成鄂伦春族博物馆 　　　　　　欢庆下山定居60年

第九节　亲爱的祖国母亲，我爱您！

中国是世界上历史最悠久的国家之一。中国各族人民共同创造了光辉灿烂的文化。

中华人民共和国各民族一律平等。国家保障各少数民族的合法的权利和利益，维护和发展各民族的平等、团结、互助关系。

各民族都有使用和发展自己的语言文字的自由，都有保持或者改革自己的风俗习惯的自由。

——引自《中华人民共和国宪法》

我，爱我的祖国，960万平方公里的土地，是祖国母亲温暖的怀抱。

我，愿是一只飞翔在天空的鸟儿，为我亲爱的祖国母亲献歌，唱着她曾为我吟唱的摇篮曲，邀来蒙古姑娘的长调，侗族姑娘的大歌，康巴汉子的藏歌，回族小伙的花儿，还有那苗岭畲寨、彩云之南、多彩贵州、魅力四川的兄弟姐妹们，共同为您——我们亲爱的祖国母亲，永远、永远唱着心中的爱歌。

我，愿是一匹奔驶在草原的骏马，为我亲爱的祖国母亲献舞，跳着她曾教我旋转的满族蟒式舞，邀来壮族姐妹的竹竿舞、彝族阿哥的锅庄舞、汉族姐姐的莲花舞、维吾尔兄弟姐妹的麦西来甫、伊犁河谷的"贝伦""路日给勒"，让海峡两岸的兄弟姐妹们，以欢乐的舞姿，共同为您——我们亲爱的祖国母亲，永远、永远跳着

民族团结和睦和亲和融

手拉手的爱舞。

　　我,愿是一簇簇红黄蓝白的杜鹃花,艳丽妩媚,婀娜多姿,岁岁年年,盛开在祖国960万平方公里的乡村山寨、江河之畔。我,愿是一片片青翠挺拔的青松林,伟岸英俊,气宇轩昂,岁岁年年,在祖国960万平方公里的远疆边地、海疆万顷中,共同为您——我们亲爱的祖国母亲,妆点您美丽的容颜。

　　亲爱的兄弟姐妹,亲爱的同胞,让我,让你,让他,让我们一起手挽着手,肩并着肩,在祖国960万平方公里的土地上,心心相依,心心相印,永远为我们亲爱的祖国母亲放歌起舞——亲爱的祖国母亲,我爱你!

第七章　民族团结美美与共

参考文献　图版文献

赵尔巽、柯劭忞等著：《清史稿》，中华书局1977年版。
唐晏撰，王承礼点校：《渤海国志三种》，天津古籍出版社1992年版。
[清]吴兆骞撰：《秋笳集》，上海古籍出版社2009年版。
[清]弘昼、鄂尔泰等编纂：《八旗满洲氏族通谱》，辽海出版社2002年版。
金启孮著：《北京城区的满族》，辽宁民族出版社1998年版。
[清]张大昌等著：《杭州八旗驻防旗营志略》，辽宁大学出版社1994年版。
刘小萌著：《满族从部落到国家的发展》，辽宁民族出版社2001年版。
富育光著：《七彩神火》，吉林人民出版社1984年版。
富育光著：《萨满论》，辽宁人民出版社2000年版。
赵阿平著：《满族语言与历史文化》，民族出版社2008年版。
赵展著：《满族文化与宗教研究》，辽宁民族出版社1993年版。
赵志忠著：《满学论稿》，辽宁民族出版社2005年版。
孙文良主编：《满族大辞典》，辽宁大学出版社1990年版。
卞丽娜著：《驯鹿鄂温克人文化研究》，辽宁民族出版社2006年版。
施立学著：《关东岁时风俗论》，吉林文史出版社1998年版。
陈景河著：《走出柳条边》，时代文艺出版社2000年版。
田兆元著：《神话与中国社会》，上海人民出版社1999年版。
杨锡春著：《东北地名语源考》，黑龙江人民出版社1998年版。
张佳生主编：《中国满族通论》，辽宁民族出版社2005年版。
王纪、王纯信著：《萨满绘画研究》，时代文艺出版社2003年版。

王纪、王纯信著:《满族民间美术》,时代文艺出版社2000年版。
杨有洪著:《中国清代民间绣枕片选萃》,远方出版社2004年版。
黑龙江大学满族语言研究中心:《满语研究》1985—2010年。
辽宁省民族研究所:《满族研究》:1985—2010年。
黄斌、刘厚生著:《大金国史话》,吉林人民出版社2002年版。
杨清源、徐玉良主编:《满族历史文化研究》,中国戏剧出版社。
兰州满族联谊会编:《满族风情录》,四川民族出版社1994年版。
刘厚生、李乐营主编:《汉满词典》,民族出版社2005年版。
路地、孙辑六主编:《现代满族英烈传》,辽宁民族出版社1993年版。
郭淑云、王宏刚主编:《活着的萨满》,辽宁人民出版社2001年版。
傅英仁搜集整理:《满族神话故事》,北方文艺出版社1985年版。
张其卓、王明恩著:《丹东满族史略》,吉林大学出版社2006年版。
王迅著:《郭尔罗斯考略》,辽宁民族出版社2002年版。
《檀营》,北京密云县檀营地区工委宣传科,自印本.
千里原主编:《民族工作大全》,中国经济出版社1994年版。
广州市满族历史文化研究会会刊:《广州满族》,2010—2016年刊
袁亚非主编:《一代盛京》,中国人民大学出版社1993年版。
李凤琪、唐玉民、李葵:《青州旗城》,山东文艺出版社1999年版。
佟明宽、李德进编著:《满族佟氏史略》,1999年版。
李治亭、刘小萌等:《爱新觉罗家族全书》,吉林人民出版社1997年版。
瀛云萍编著,翁福祥编审:《满族史》,自印本,1900印制。
平湖市《乍浦镇志》编纂委员会编:《乍浦镇志》,中国文史出版社2011年版。
《陕西省志》,第五十九卷军事志,陕西人民出版社1994年版。
《江苏省志》,军事志上册,军事科学出版社2000年版。
《上海民族志》编纂委员会编:《上海民族志》,上海社会科学院出版社1997年版。
保晓冲著:《南通保氏轶事》,江苏文艺出版社2013年版。
陈江明著:《清代杭州八旗驻防史话》,杭州出版社2015年版。
程光裕、徐圣谟主编:《中国历史地图》,中国文化大学出版社1984年版。
沈阳市委民族志编撰办:《沈阳满族志》,辽宁民族出版社1991年版。

哈尔滨双城区政协编,周振文主编:《双城谱》,2015年印制。

宋兆麟著:《最后的捕猎者》,山东画报出版社2001年版。

姜相顺著:《神秘的清宫萨满祭祀》,辽宁人民出版社1995年版。

张熙、林茂玉著:《图说琴江新志》,香港天马出版有限公司2007年版。

关纪新著:《满族现代文学家艺术家传略》,辽宁人民出版社1987年版。

傅英仁、张爱云编:《傅英仁满族故事》,黑龙江人民出版社2006年版。

傅英仁、张爱云编:《傅英仁满族故事》,黑龙江人民出版社2006年版。

中国民间文艺研究会辽宁、吉林、黑龙江三省分会编:《满族民间故事选》,春风文艺出版社1983年版。

王学良主编:《追寻远古》,双鸭山市文物考古资料汇编编委会,2008年。

郭淑云著:《原始活态文化——萨满教透视》,上海人民出版社2001年版。

黄任远著:《赫哲那乃阿伊努原始宗教研究》,黑龙江人民出版社2003年版。

博大公、季永海、白立元、赵志忠编:《满族民歌集》,辽宁民族出版社1989年版。

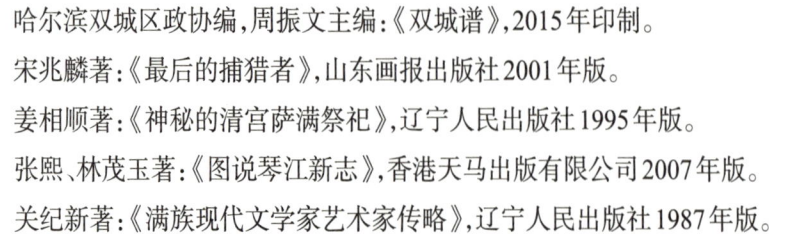

谷长春等主编:《满族口头遗产传统说部丛书》,吉林人民出版社2009年版。

杨锡春、李兴盛著:《宁古塔历史文化》,黑龙江人民出版社2010年版。

鲁连坤讲述,富育光译注:《天宫大战》《乌布西奔妈妈》,吉林人民出版社2007年版。

马亚川遗稿,黄任远、王益章整理:《女真萨满神话》,黑龙江人民出版社2006年版。

马协弟主编,《杭州八旗驻防营志略绥远旗志京口八旗志福州驻防志》,辽宁大学出版社1994年版。

后　记　女神颁金　生命吉祥

"中国海洋萨满女神系列丛书"集人类初年文明的满洲先民萨满文化、满洲族源、族群思想意识、社会体制、社科哲学、文学艺术之记忆，其源头来自海洋文化。满族先民在漫长的社会历史上，海纳百川地完成了其从海洋文化—森林文化—农耕文化—八旗文化—与多民族文化相结合，成为中华民族文化组成部分的文化进步之路，完成了从氏族—部落—国家的人类族群发展之路。这个叙写历经十余年学习和采风积累，2007年开始整理并开始创作，2010年完成初稿，2011年全面修改，2015年定稿。

"中国海洋萨满女神系列丛书"有满族民间文学的传承和创作，有满族历史的传承和挖掘，对于我来说，是一个作家的跨界创作之路，其过程固然需要作者本人付出十多年的文化积累，以坚韧的毅力而就，但是，更重要的是由更多的前辈和同行者的共同努力而成，因此，就本书得以在上海社会科学院出版社的鼎力支持下出版，在深情感恩众多学者赠书送宝，众多各界人士"雪中送炭"，众多单位领导大力支持之际，我用"幸运"这个词来形容十多年来追寻萨满女神的创作之路。

第一个幸运，是源于2000年。那一年，我有幸应哈尔滨满族联谊会的邀请，出席阿城首届金源文化节，首次祭拜了完颜阿骨打，前往宁安市拜见了黑龙江世传萨满达富察·哈楞阿（大萨满傅英仁）。第二年，我应邀出席吉林国际萨满学术会议，有幸在吉林拜识著名萨满文化学者富育光先生，是他们把我领进了萨满文化的圣殿，也有幸得到国际萨满学会副主席白庚胜先生的鼓励，他说："白玉芳，你们满族的萨满很宝贵，要好好传承啊。"更有幸的是，我认识了众多国内的萨满文化学者，从此，萨满文化元素进入我的文学创作，成为我文学作品的灵魂。

第二个幸运，是多年来在我独自一人或结伴学者赴东北、华北、华东、广西等地采风时，各地专家学者和族胞给予了亲切的关心和支持，其中成都市族胞赵尔劲、上海市族胞张彪、福建泉州族胞粘伟诚等人在我的采风费用上，提供了很大的帮助。

第三个幸运，是结识了众多萨满文化学者和民间艺术家，如白长青、王纯信、刘厚生、施立学、朱立春、黄任远、赵志忠、穆鸿利、郭淑云、关云蛟等，是他们赠书送宝，使我得以系统地学习和了解萨满文化，为我所做的满族萨满文化的研究和创作，提供了扎实的理论依据，给予了我极大的鼓励，在此一并表示衷心的感谢！

第四个幸运，是属于所有东海女真人后裔的。2009年，列入国家级的"满族口头遗产传统说部丛书"在众多学者、专家的努力下，由吉林人民出版社隆重出版，其中《天宫大战》《恩切布库》《乌布西奔妈妈》等说部，让我们满族后裔有幸在21世纪，看到了东海女真人远去的岁月和古老的萨满文化；看到了中国乃至世界上最古老的海洋萨满女神文化；看到了人类文明初年的第一缕曙光，人类文明之海的第一朵浪花。

第五个幸运，是幸运与台湾海洋学校友会名誉会长冯台源先生的文化相逢。据说每一个人来到世上，上苍就已为她（他）安排好了前生未了的事业，也许是的。要不然，怎么一听到他在讲述南极海豹时，我就联想起我阅读过的满族传统说部里的海豹女神？当他讲起南极的冰山雪海时，我就联想到遥远东海的冰雪世界？感谢冯先生，将我带进了世界海洋文化，从此我从一个新文化的角度去探索萨满文化之源，从东西方文化融合中去探索满族历史文化之源。在日后的文化合作中，我又幸运地发现了冯先生作为企业家的另一面，他以其周游世界，行万里路而对世界海洋人文文化独到的叙述，启迪了我的心智，使我在满族文学创作和满族历史研究的路上，又前进了一步——我开始全面将以往的萨满文化重新整理，以我们合作的起源于鄂霍次克海，繁荣于东北亚，蕴涵东西方海洋文化的《中国萨满女神——东海·南极》一书为起点，将2010年完成的文稿，重新整理，系列地创作书写"中国海洋萨满女神系列丛书"。

在本书完成出版之际，就满族萨满文化中的海洋文化，特别邀请台湾海洋大学校友会名誉会长冯台源先生在本书后记中作如下论述：

本套丛书的创作，白玉芳女士用幸运来述写，我再加上一个词：发现。

首先是幸运我与白玉芳女士的文化相逢。与她的初次见面，是朋友们邀请我开南极文化讲座。是她赠送给我的作品和她对南极的联想让我感到好奇。后来，我发现这个文化相识是我们彼此的幸运。因为，我虽是商者，曾学习海洋，周游海洋，但仍眷恋着海洋。而她虽远离海洋，却有着古老而久远的、由氏族生命物质DNA所传承的海洋信息，正是基于这个共同的文化点，使我们的文化相逢转为文化相识、文化合作，这也可以说是个文化的传奇故事了。

中国萨满女神《东海南极》首发新闻发布会

在文化合作的过程中，我对白玉芳女士和满族文化有了新的发现。

发现了白玉芳女士作为一个满族作家对自己民族的挚爱。在她赠送给我的作品里，看到了她的创作思想和文化灵魂，都基于她对祖先的敬崇，基于她脚踏实地的田野调查和写作。坦率地说，在如今非常物化的社会里，能够像她这样热爱、追寻自己民族文化的不多，更不要说能够把自己的民族文化述写得如此系统，则更是凤毛麟角了。这让我很感动。所以，也就难怪地我们能在书中看到她的族胞

冯台源（右二）应邀出席吉林满族说部成立大会

冯台源夫妇（前排左三、四）和朋友影展合影

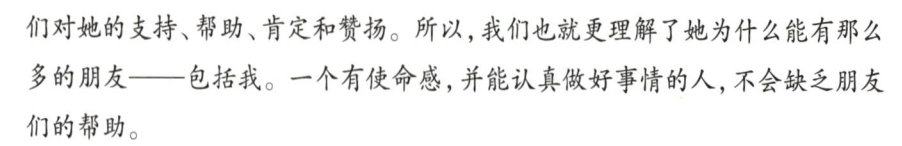

们对她的支持、帮助、肯定和赞扬。所以，我们也就更理解了她为什么能有那么多的朋友——包括我。一个有使命感，并能认真做好事情的人，不会缺乏朋友们的帮助。

与白玉芳女士的文化合作，让我发现了满族如此灿烂、悠久的萨满女神文化，发现了满族实在是个历史悠久、文化底蕴丰厚的民族，这个发现实在是让我震撼。我们以往所看到和听到的海洋神话，大多来自西方国家。而白玉芳女士所谈到的满族萨满文化中的海洋文化，是成系统的、早于西方人类母系社会时期的、中国的海洋女神故事。更宝贵的是，源于东海女真人先民古老的女神崇拜、神偶、神歌、神舞、萨满祭祀仪式等，至今还在满族的氏族中很民间地存在，这属于中国的海洋女神文化，是我学习系统海洋文化、了解海洋文化以来鲜有所闻的。

与白玉芳女士合作的《中国萨满女神——东海·南极》，是海峡两岸第一部关于中国古代海洋女神文化与西方海洋文化交集的书籍，是"海洋，人类生命的共同体，海洋，人类文明的共同体，海洋，人类历史的共同体"的叙述。本书出版后，我受吉林省社会科学院民族研究所的邀请，出席由中国上海社会科学院文学研究所、吉林省社会科学院、长春师范学院、伊通满族自治县等单位联合举办的"吉林省满族说部学会成立暨满族历史文化与说部研究论坛"，会上我作了《东海女真海洋文化与西方海洋文化的比较》的报告，与参会专家学者共同分享了满族海洋萨满女神文化。登上了长白山，参观了通化师范学院满族美术博物馆，对满族的萨满文化和历史文化有了更质感的体验。是年底，在静安区台办等单位的支持下，联合举办了"上海，我与您携手舞蹁跹的"采风影展。而今，由白玉芳女士编撰，有萨满文化、民族文化学者，民间艺术家给予帮助的"中国海洋萨满女神系列丛书"，从鄂霍次克海拉开帷幕，波及东北亚、北欧、北美，再到满族聚居和散居的环海洋文化带，可以说是世界性的人类海洋文化载体，作为参与其中的我来说，这是个很让我投入热情的文化工作。

感谢冯台源先生的叙写，他的叙写是个总结，亦是开端。从远古至今，在萨满女神文化的海洋里，潮起潮落，氏族更迭有代，但民族文化有着坚韧的生命力。由满族先民——东海女真人创造的人类初年萨满文化，由满洲氏族在现代的萨满祭祀的祭天、祭神、祭祖中，以其纯真的，虔诚的，绝无杂质的，充满人类正直本根文明、敬神不信鬼、敬天崇自然的、坦荡有文化自信的信仰，而加以完美传承。

在21世纪的今天，"中国海洋萨满女神系列丛书"集满族萨满薪火传承的文化智慧，受众多萨满文化专家学者、满族民间艺术家鼎力相助之情，承上海"海纳百川，大气谦和"而荣誉出版，值本书出版面世之际，谨向为本书提供帮助的专家、学者、民间艺术家，向上海社会科学院出版社社长、总编缪宏才先生，副总编唐云松先生，总编办公室主任杨国先生表示衷心的感谢！

在本套丛书历经十多年的创作，而今正式出版之际，所有的艰辛，所有的喜悦中，我感谢阿布卡恩嘟哩赫赫赐予了我一个幸福的家庭，感谢我的父亲白永胜、母亲高秀坤给了我生命，养育了我，给我讲述和传承了家族的文化根脉。感谢我的丈夫侯国华为支持我远赴外地的民间采风和田野调查，承担了家里的全部重担，他和我们的儿子侯超斌、儿媳孙燕给我了一个阳光明媚的港湾，使我得以扬起生命的风帆，去探寻海洋萨满女神文化的神奇和久远。

在本书出版之际，我要特别感谢满族萨满剪纸艺术家关云德、关长宝、傅清泉、瓜尔佳·塔娜，画家尼玛察·双凤、王纪，满文书法家班布尔（蒙古族）、金标、王硕、段宝成等满文专家和许多未能一一列出的满族艺术家，提供他们的艺术作品给本书使用，为本书的创作增添了民间艺术和美学的魅力。同时还要特别感谢帮助我学习和传承萨满文化的学者，为我民间采访提供帮助的族胞，正是他们的帮助，《中国海洋萨满女神系列丛书》，才得以"众人捧柴火焰高"地创作完成。

人类诞生于大自然生物圈里，氏族生命如海洋潮起潮落，更迭有代，但族群文化有着坚韧的生命力。在斗转星移中，每一个明天、后天都是文化消亡和新生的世界，未来的世界，是发现新文化的世界，是多元文化结合的世界。期待读者发现我们创作上的不足，给予我们宝贵的帮助，也期待与读者们一起，在人类前行的道路上，继续航行在人类生命之海、文明之海、历史之海，追逐翻腾飞扬的浪花，去发现在波峰浪谷中呈现的新生命、新文化、新人类文明的光彩。

尼阳尼雅·那丹珠（白玉芳）
2015年11月24日（颁金节）

特 别 声 明

"中国萨满女神系列丛书"共四卷，分别为《萨满·萨满》《生命·生命》《八旗·八旗》(上下)，其创作是本人历十余年田野调查、采风四方，在各民族萨满文化学者，满族文化学者，满族文学家、艺术家以及各兄弟民族同胞真诚和无私的帮助下而完成。

在本书的创作过程中，满族文化学者、满族民间艺术家以他们享有知识产权的学术、文学、艺术作品与本人合作，使得本书以首次将人类初年文明的萨满文化贯穿于满族族群文化，具有八旗文化、社会历史文化的独创性和唯一性，图文并茂地成书，并在上海社会科学院出版社的鼎力支持下，付梓出版。

鉴于本书的文字、图形、绘画、剪纸艺术品、表格制作等皆为本人与萨满文化，满族文化专家、学者，满族民间艺术家毕生研究原创并正式出版的著作，享有完全著作权。现对本书的著作所有权特别声明如下：

本书所有文字、图形、绘画、剪纸艺术品、表格制作为全部版权所有，保留所有权利，欲利用、商用本书内容者（包括模仿及变形使用），必须依照国家版权法规定，征求本人及相关著作权人同意与书面授权。

尼阳尼雅·那丹珠（白玉芳）

2015年11月24日

图书在版编目(CIP)数据

生命·生命/白玉芳著.—上海：上海社会科学院出版社,2015

(中国海洋萨满女神系列)

ISBN 978-7-5520-1001-5

Ⅰ.①生… Ⅱ.①白… Ⅲ.①萨满教—宗教文化—研究—中国 Ⅳ.①B933

中国版本图书馆CIP数据核字(2015)第207370号

生命·生命
(中国海洋萨满女神系列丛书)

作　　者：	尼阳尼雅·那丹珠（白玉芳）
责任编辑：	杨　国
封面设计：	周清华
出版发行：	上海社会科学院出版社
	上海顺昌路622号　邮编200025
	电话总机021-63315900　销售热线021-53063735
	http://www.sassp.org.cn　E-mail: sassp@sass.org.cn
照　　排：	南京展望文化发展有限公司
印　　刷：	上海景条印刷有限公司
开　　本：	787×1092毫米　1/16开
印　　张：	19
插　　页：	2
字　　数：	292千字
版　　次：	2016年7月第1版　2016年7月第1次印刷

ISBN 978-7-5520-1001-5/B·119　　定价：69.80元

版权所有　翻印必究